# ŒUVRES COMPLÈTES

DE

# P. CORNEILLE

SUIVIES

DES ŒUVRES CHOISIES

DE THOMAS CORNEILLE

TOME SEPTIÈME

PARIS
LIBRAIRIE HACHETTE ET C$^{ie}$
79, BOULEVARD SAINT-GERMAIN, 79

# ŒUVRES COMPLÈTES

DE

# P. CORNEILLE

COULOMMIERS. — TYPOGRAPHIE PAUL BRODARD ET Cⁱᵉ

# ŒUVRES COMPLÈTES

DE

# P. CORNEILLE

ŒUVRES CHOISIES

DE THOMAS CORNEILLE

TOME SEPTIÈME

PARIS

LIBRAIRIE HACHETTE ET C${}^{ie}$

79, BOULEVARD SAINT-GERMAIN, 79

1884

# LES
# SEPT PSAUMES
## PÉNITENTIAUX.

*Antienne.* Ne vous ressouvenez point.

### PSAUME VI[1].

Je l'avouerai, Seigneur, votre juste colère
Ne peut avoir pour moi trop de sévérité :
    Mais ne me corrigez qu'en père,
    Et non pas en maître irrité.

Avec compassion regardez ma foiblesse :
Je souffre sans relâche et languis sans repos.
    Guérissez-moi, le mal me presse,
    Et passe jusque dans mes os.

Mon âme en est troublée, et ne sait plus qu'attendre,
Tant chaque jour l'accable et de crainte et d'horreur,
    Jusques où voulez-vous étendre
    Les marques de votre fureur ?

Détournez-en le cours qui sur moi se déborde ;
Du torrent qui bondit venez me préserver :
    C'est à votre miséricorde
    Qu'il appartient de me sauver.

L'empire de la mort sous qui mon corps succombe
Nous laisse-t-il de vous le moindre souvenir ?
    Et le silence de la tombe
    Nous apprend-il à vous bénir ?

---

1. Ps. VI. Seigneur, ne me reprenez point en votre fureur, et ne me corrigez point en votre colère.
    Prenez pitié de moi, Seigneur, dans l'infirmité où je suis : guérissez-moi d'un mal qui a ébranlé tous mes os.
    Mon âme en est toute troublée : mais vous, Seigneur, jusques à quand me délaisserez-vous ?
    Seigneur, tournez les yeux sur moi, et délivrez mon âme : rendez-moi la santé par votre miséricorde.
    Vous savez que parmi les morts aucun ne se souvient de vous : et dans l'enfer qui chantera vos louanges ?

Abattu de tristesse et travaillé d'alarmes,
Soupirer et gémir, c'est tout ce que je puis;
    Et baigner mon lit de mes larmes,
    Ce sont mes plus heureuses nuits.

Mon œil épouvanté de toutes parts n'envoie
Que des regards troublés d'un si cuisant malheur;
    Et mes ennemis ont la joie
    De me voir blanchir de douleur.

Sortez d'auprès de moi, noirs ouvriers du crime,
Qu'on voyoit si ravis de me voir aux abois!
    Du Seigneur la bonté sublime
    Daigne entendre ma triste voix.

Mes larmes ont monté jusque devant sa face,
Il a reçu mes vœux, mes soupirs l'ont touché;
    Mes cris en ont obtenu grâce:
    Il n'a plus d'yeux pour mon péché.

Allez, qu'à votre tour la misère vous trouble;
Rougissez tous de honte en cette occasion;
    Et que chaque moment redouble
    Cette prompte confusion.

Gloire au Père éternel, la première des causes,
Gloire au Verbe incarné, gloire à l'Esprit divin;
    Et telle qu'avant toutes choses,
    Telle soit-elle encor sans fin.

## PSAUME XXXI[1].

Heureux sont les mortels dont les saints artifices
Ont lavé les péchés par des pleurs assidus,
Et par le rude choix de leurs justes supplices
Les ont si bien couverts que Dieu ne les voit plus.

Je me suis tourmenté jusqu'ici à gémir : je ferai plus, je laverai mon lit toutes les nuits, et arroserai ma couche de mes larmes.

Mon œil en a été troublé de fureur : et j'en suis envieilli à la vue de tous mes ennemis.

Retirez-vous de moi, vous tous qui ne faites que des œuvres d'iniquité; et sachez que le Seigneur a exaucé la voix de mes pleurs.

Oui, sachez que le Seigneur a exaucé ma prière, et qu'il a bien reçu mon oraison.

Que mes ennemis rougissent de honte et se troublent; qu'ils rougissent, et tournent le dos avec la dernière promptitude.

Gloire soit au Père, etc.

1. Ps. xxxi. Bienheureux sont ceux à qui leurs iniquités sont remises, et ceux de qui les péchés sont couverts.

Plus heureux l'homme encor dont l'innocente vie
N'a rien que Dieu lui veuille imputer à forfait,
L'homme en qui jamais fourbe et jamais calomnie
N'infecte ce qu'il dit, n'empeste ce qu'il fait.

Mon crime s'est longtemps caché sous le silence,
Mes maux en sont accrus, mon visage enviellli;
Et les cris que m'arrache enfin leur violence
Sont le fruit douloureux que j'en ai recueilli.

Mon âme en a senti ta main appesantie
Sous leur fardeau secret m'accabler nuit et jour;
Mon corps en a senti sa vigueur amortie,
Et l'angoisse a plus fait sur moi que ton amour.

C'est elle qui me force à ne te plus rien taire :
Je veux t'avouer tout, Seigneur, et hautement;
Me dire un assassin, un traître, un adultère,
En accepter la honte, aimer le châtiment.

En vain, mon âme, en vain cet aveu t'effarouche;
Il faut servir à Dieu de témoin contre nous.
Vois que ces mots à peine ont sorti de ma bouche,
Qu'ils m'ont rendu sa grâce et fléchi son courroux.

C'est comme en doit user une âme qui n'aspire
Qu'à rentrer au vrai calme où met la sainteté.
Il faut qu'elle s'accuse, il faut qu'elle soupire,
Tandis qu'elle a le temps d'implorer sa bonté.

Que la fureur des eaux par un nouveau déluge
Sur les plus hauts rochers ose encor s'élever :
Quand l'homme t'a choisi, Seigneur, pour son refuge,
Ces eaux jusques à lui ne sauroient arriver.

---

Bienheureux celui à qui Dieu n'a point imputé de péché, et dans l'esprit duquel il ne se trouve aucune fraude.

Parce que j'ai voulu taire mon péché, mes os se sont envieillis, et mes maux m'ont fait crier toute la journée.

Car votre main s'est appesantie sur moi jour et nuit, et ma misère ne m'a converti que quand ses épines m'ont percé.

Alors je vous ai fait connoître mon péché, et j'ai cessé de cacher mon injustice.

J'ai dit hautement : « Je confesserai mon injustice au Seigneur contre moi : » et vous m'avez pardonné aussitôt l'inhumanité de mon crime.

C'est sur cet exemple que tout homme saint vous adressera ses prières, tandis que le temps y est propre.

Et dans les déluges des grandes eaux, elles n'approcheront point de lui.

J'ai mis en toi le mien, contre l'affreux ravage
Des tribulations où tu m'as vu plongé ;
J'ai mis en toi ma joie : achève, et me dégage
De toutes les fureurs dont je suis assiégé.

« Oui, je te donnerai, me dis-tu, la prudence,
Pour servir à tes pas de règle et de flambeau ;
Je t'instruirai moi-même en ma haute science,
Et j'aurai l'œil sur toi jusque dans le tombeau. »

Vous donc, si vous voulez éviter les tempêtes
Que son juste courroux roule à chaque moment,
Mortels, ne soyez pas semblables à des bêtes
Qui manquent de raison et de discernement.

Domptez avec le mors, domptez avec la bride
Ces esprits durs et fiers, ces naturels brutaux,
Qui refusent, Seigneur, de vous prendre pour guide :
Hommes, mais après tout, moins hommes que chevaux.

Il est mille fléaux pour le pécheur rebelle
Qui ne veut suivre ici que son propre vouloir ;
Mais la miséricorde est un rempart fidèle
Pour quiconque à vous seul attache son espoir.

Faites-en éclater une pleine allégresse,
Justes, sans crainte aucune ou de trouble, ou d'ennui :
Et vous, cœurs purs et droits, glorifiez sans cesse
L'auteur de votre joie, et vous-mêmes en lui.

Gloire au Père éternel, la première des causes,
Gloire au Verbe incarné, gloire à l'Esprit divin ;
Et telle qu'elle étoit avant toutes les choses,
Telle soit-elle encor, maintenant, et sans fin.

Vous êtes mon refuge dans la tribulation qui m'a environné : délivrez-moi de celles qui m'environnent, vous qui êtes ma joie.

Je te donnerai de l'intelligence, je t'instruirai dans la voie où tu marcheras : je tiendrai fermement les yeux sur toi.

Ne devenez pas semblables au cheval et au mulet, qui n'ont aucun entendement.

Seigneur, serrez avec le mors et la bride les mâchoires de ceux qui leur ressemblent, et qui ne veulent point approcher de vous pour vous obéir.

Les fléaux du pécheur sont en grand nombre, mais la miséricorde environnera celui qui espère au Seigneur.

Justes, réjouissez-vous au Seigneur ; et que tous ceux qui ont le cœur droit se glorifient en lui.

Gloire soit au Père, etc.

## PSAUME XXXVII [1].

Seigneur, quand tu voudras convaincre ma foiblesse,
Mets à part la fureur de tes ressentimens,
Et ne consulte point ton ire vengeresse
    Sur le choix de mes châtimens.

Les flèches que sur moi ton bras a décochées
De leurs pointes d'acier hérissent tout mon cœur,
Et ta main enfonçant leurs atteintes cachées
    S'est affermie en sa rigueur.

Je ne vois sur ma chair que blessures mortelles,
Qu'ulcères qu'à toute heure ouvrent de nouveaux traits :
Mes crimes ont pour moi des pointes éternelles
    Qui de mes os chassent la paix.

Ces crimes entassés élèvent sur ma tête
Des eaux de ta colère un fier débordement;
Et d'un fardeau si lourd la pesanteur m'apprête
    Un long et triste accablement.

Ma folie a longtemps négligé ma blessure;
Elle en a vu sans soin la plaie et les tumeurs,
Et voit honteusement tourner en pourriture
    La corruption des humeurs.

La misère m'accable et la douleur me presse;
J'en marche tout courbé, j'en vis tout abattu;
Et partout où je vais, l'excès de ma tristesse
    M'y traîne foible et sans vertu.

Ce n'est qu'illusion que l'éclat de ma vie,
Qu'un vieux songe qui flatte, et qu'on rappelle en vain :
Il fait place à l'horreur de cette chair pourrie,
    Et d'un corps qui n'a rien de sain.

---

[1] Ps. XXXVII. Seigneur, ne me reprenez point en votre fureur, et ne me châtiez point en votre colère.

Vos flèches se sont enfoncées en mon corps, et vous avez affermi votre main sur moi.

Il n'y a rien de sain en ma chair à la vue de votre colère : il n'y a aucune paix en mes os à la vue de mes péchés.

Le comble de mes iniquités s'est élevé au-dessus de ma tête, et comme un fardeau très-lourd elles se sont appesanties sur moi.

J'ai été assez fou pour négliger mes plaies, et la pourriture et la corruption se sont mises dans leurs cicatrices.

Je suis devenu misérable et tout courbé, et tout le long du jour je ne marche qu'avec un accablement de tristesse.

Mes reins se sont remplis d'illusions, et il n'y a rien de sain en ma chair.

Dans ces afflictions et ces gênes cruelles,
Quand je crois ne pousser que des gémissemens,
Je sens de nouveaux maux et des rigueurs nouvelles
    Les tourner en rugissemens.

Seigneur, jetez les yeux sur ma douleur profonde :
Vous savez mes désirs, vous les connoissez tous;
Et j'ai beau déguiser ces maux à tout le monde,
    Ils n'ont rien de caché pour vous.

Mon cœur est plein de trouble, et ma vigueur entière
M'abandonne et m'expose à des âmes sans foi;
Et celui qui servoit à mes yeux de lumière
    Lui-même n'est plus avec moi.

Son exemple a séduit mes amis et mes proches;
Ils ont vu ma misère, et s'en sont écartés;
Et ces lâches esprits reviennent aux approches,
    Sous l'étendard des révoltés.

Les plus attachés même à chercher ma présence
M'ont regardé de loin sans m'offrir de secours,
Et laissé sans obstacle agir la violence
    Qui cherchoit à trancher mes jours.

De ceux qui m'ont haï les langues mensongères
Par des contes en l'air chaque jour m'ont noirci;
Et leurs fourbes sans cesse ont forgé des chimères
    Par qui mon nom fut obscurci.

J'ai fait la sourde oreille, et refusé d'entendre
Ce que de l'imposture osoit l'indigne cours;
Et ma bouche muette a dédaigné de rendre
    Réponse aucune à leurs discours.

J'ai été affligé et abattu jusqu'à l'excès, et les gémissemens de mon cœur ont ressemblé à des rugissemens.

Seigneur, tout mon désir est exposé à votre vue, et mon gémissement ne vous a point été caché.

Mon cœur n'est que trouble, ma vertu m'a abandonné; et la lumière même de mes yeux n'est pas avec moi.

Mes amis et mes proches ne se sont approchés de moi que pour me nuire, ou du moins ils se sont arrêtés à me regarder sans me secourir.

Ceux qui étoient le plus près de ma personne s'en sont éloignés, tandis que ceux qui cherchoient à m'ôter la vie s'y portoient avec la dernière violence.

Et ceux qui cherchoient à me procurer toutes sortes de maux n'avoient en la bouche que des mensonges, et ne pensoient tout le jour qu'à des tromperies.

Quant à moi, je ne les écoutois non plus que si j'eusse été sourd, et n'ouvrois non plus la bouche que si j'eusse été muet.

J'ai mieux aimé passer pour un homme incapable
Et de rien écouter, et de rien démentir;
Ou plutôt pour un homme, ou stupide, ou coupable,
    Qui n'a point de quoi repartir.

Vous répondrez pour moi, Seigneur, et je l'espère,
Moi qui n'ai jamais eu d'espérance qu'en vous :
Vous saurez, et bientôt, exaucer la prière
    Que je vous en fais à genoux.

Vous ne permettrez point qu'une pleine victoire
Mette au-dessus de moi ces esprits insolens,
Eux qui n'ont déjà pris que trop de vaine gloire
    D'avoir vu mes pas chancelans.

S'il faut souffrir encore un coup de fouet plus rude,
Je suis prêt, déployez votre sévérité :
Ma peine est au-dessous de mon ingratitude,
    Et mon crime a tout mérité.

Je l'avouerai tout haut, pour rendre mieux connue
L'infâme énormité de tout ce que j'ai fait;
J'y pense nuit et jour, et n'ai devant la vue
    Que l'image de mon forfait.

Mais faut-il cependant que mes ennemis vivent
Avec tant d'avantage affermis contre moi,
Et que le nombre accru de ceux qui me poursuivent
    A jamais me fasse la loi?

Vous voyez à quel point enflent leur médisance
Ceux dont l'injuste aigreur rend le mal pour le bien;
A quel point ma bonté réduite à l'impuissance
    Les porte à ne douter de rien.

---

Et je suis devenu comme un homme qui n'entend point, et qui n'a point de quoi repartir.

Mais vous m'avez vu alors espérer en vous; et à cause de cela, Seigneur, mon Dieu, vous m'exaucerez.

Je vous ai prié d'empêcher que mes ennemis ne se réjouissent de mes misères, eux qui se glorifient si hautement, dès qu'ils voient que mes pieds chancellent.

Je suis préparé à souffrir toute sorte de fléaux, et la douleur que j'ai méritée pour punition est toujours devant mes yeux.

J'avouerai à tout le monde mon injustice, et mon péché occupera toujours ma pensée.

Cependant mes ennemis vivent, et s'affermissent incessamment contre moi; et le nombre de ceux qui me haïssent s'est multiplié de jour en jour.

Ceux qui rendent le mal pour le bien médisoient de moi, parce que je n'avois que de la bonté.

Ne m'abandonnez pas à toute ma disgrâce;
Autre que vous, Seigneur, ne peut me relever :
Ne vous éloignez pas que ce torrent ne passe,
    Vous qui seul m'en pouvez sauver.

Venez, venez, mon Dieu, venez tôt à mon aide
Contre tant de malheurs qui m'ont choisi pour but;
Vous qui de tous mes maux êtes le seul remède,
    Et l'espoir seul de mon salut.

Gloire au Père éternel, la première des causes,
Gloire au Verbe incarné, gloire à l'Esprit divin;
Et telle qu'elle étoit avant toutes les choses,
    Telle soit-elle encor sans fin.

### PSAUME L[1].

Prenez pitié de moi, Seigneur,
Suivant ce qu'a d'excès votre miséricorde :
Souffrez qu'en ma faveur son torrent se déborde,
    Et désarme votre rigueur.

Au lieu de ces punitions
Que doit votre justice à mon ingratitude,
Jetez sur mon péché toute la multitude
    De vos saintes compassions.

Daignez de plus en plus laver
De mes iniquités les infâmes souillures :
Vous avez commencé de guérir mes blessures;
    Hâtez-vous, Seigneur, d'achever.

Je ne me trouve en aucuns lieux,
Où d'un si noir forfait l'image ne me tue;
Et, de quelque côté que je porte la vue,
    Elle frappe aussitôt mes yeux.

Seigneur mon Dieu, ne me délaissez pas; ne partez point d'auprès de moi.
    Venez promptement à mon secours; vous, Seigneur, qui êtes le Dieu de mon salut.
    Gloire soit au Père, etc.

1. Ps. L. Mon Dieu, ayez pitié de moi, selon la grandeur de votre miséricorde;
    Et selon la multitude de vos commisérations, effacez mon iniquité.
    Lavez de plus en plus la tache de cette iniquité, et nettoyez-moi de mon crime.
    J'ai connu la grandeur de mon offense, et mon péché est sans cesse contre moi.

Je n'ai péché que contre vous;
Mais aussi j'ai péché, Seigneur, à votre face :
Ainsi vous serez juste, et si vous faites grâce,
    Et si vous jugez en courroux.

Que puis-je après tout que pécher,
Si c'est par le péché que j'ai vu la lumière?
Et si c'est en péché que m'a conçu ma mère,
    Par où puis-je m'en détacher?

C'est par cette seule bonté
Qui tire du pécheur l'aveu de sa foiblesse,
Et qui m'a révélé ce que votre sagesse
    A de plus sainte obscurité.

Jusqu'en mon sein faites couler
Ces eaux qui de blanchir ont le grand privilége :
Quand j'en serai lavé, la blancheur de la neige
    N'aura point de quoi m'égaler.

Parlez, et me faites ouïr
De si justes sujets de véritable joie,
Que jusque dans mes os mon oreille renvoie
    De quoi toujours se réjouir.

Mais pour cela, Seigneur, il faut
Détourner vos regards de mes fautes passées,
En rendre au dernier point les taches effacées,
    En purger le moindre défaut.

Ce n'est pas tout : il faut en moi
Créer un cœur si pur, qu'il tienne l'âme pure;
Renouveler en moi cet esprit de droiture
    Qui n'agit que sous votre loi.

---

J'ai péché contre vous seul, j'ai fait de méchantes actions en votre présence ; et je l'avoue afin que vous soyez justifié en vos paroles, et que vous triomphiez en vos jugemens.

J'ai été formé dans les iniquités, et c'est en péché que ma mère m'a conçu.

Mais vous avez toujours aimé que l'on avouât la vérité, et je suis d'autant plus coupable que vous m'avez révélé les secrets de votre sagesse sur les choses qui paroissent les plus incertaines, et qui sont les plus cachées.

Vous m'arroserez avec de l'hysope, et je serai nettoyé ; vous me laverez, et je deviendrai plus blanc que la neige.

Vous me ferez entendre des paroles qui me combleront de joie, et cette joie pénétrera jusque dans mes os, que vous avez humiliés.

Détournez vos yeux de mes offenses, et effacez toutes mes iniquités.

Créez en moi un cœur net et pur, et renouvelez en mes entrailles un esprit droit.

Lorsque vous m'aurez pardonné,
Ne me rejetez plus de devant votre face,
Et ne retirez pas l'esprit de votre grâce
    Après me l'avoir redonné.

Rendez-moi ce divin transport
Où s'élevoit ma joie en votre salutaire,
Cet esprit tout de feu qui s'efforce à vous plaire,
    Et dont vous bénissez l'effort.

J'enseignerai ces vérités
Qui ramènent l'injuste à suivre la justice;
Et je veux qu'à son tour mon exemple guérisse
    Ceux que mon exemple a gâtés.

Surtout préservez-moi, Seigneur,
De plus faire verser le sang de l'innocence;
Et je dirai partout quelle est votre clémence
    A justifier un pécheur.

Ouvrez mes lèvres, ô mon Dieu,
Que je puisse mêler ma voix aux voix des anges;
Et je ferai comme eux de vos saintes louanges
    Mon plus doux objet en tout lieu.

Sur des autels fumans pour vous,
Si vous l'aviez voulu, j'aurois mis des victimes:
Mais l'holocauste enfin n'efface pas tous crimes,
    N'éteint pas tout votre courroux.

Le sacrifice qui vous plaît,
C'est un esprit touché, des yeux fondus en larmes:
Le cœur humble et contrit vous arrache les armes,
    Vous fait révoquer votre arrêt.

Ne me rejetez point de devant vos yeux, et ne retirez point de moi votre Saint-Esprit.

Rendez-moi la joie de votre salutaire, et donnez-moi un esprit principal qui me fortifie.

J'enseignerai vos voies aux méchans, et les impies se convertiront à vous.

O Dieu, ô Dieu de mon salut, préservez-moi de répandre davantage de sang, et ma langue publiera votre justice avec grande joie.

Seigneur, vous ouvrirez mes lèvres, et ma bouche annoncera votre louange.

Si vous eussiez voulu des sacrifices, je vous en eusse offert; mais je sais que les holocaustes ne vous plaisent pas assez pour apaiser tout votre courroux.

Un esprit affligé d'avoir failli est le sacrifice que Dieu demande: mon Dieu, vous ne mépriserez pas un cœur contrit et humilié.

Que mes crimes n'empêchent pas
Que pour votre Sion votre bonté n'éclate;
Relevez-en les murs s'il faut qu'on les abatte,
Protégez-la dans les combats.

Vous daignerez lors accepter
Des taureaux immolés le juste sacrifice,
Et l'holocauste offert à votre amour propice
Ne s'en verra point rebuter.

Gloire aux Trois, dont l'être est divin;
Gloire soit en tous lieux à leur unique essence;
Et telle qu'elle étoit lorsque tout prit naissance,
Telle soit-elle encor sans fin.

### PSAUME CI[1].

Seigneur, écoutez ma prière,
Laissez-lui désarmer votre juste courroux,
Et permettez aux cris que pousse ma misère
De pénétrer le ciel pour aller jusqu'à vous.

Ne détournez plus votre face
Des mortelles douleurs qui m'ont percé le sein;
Et dès leur premier coup, dès leur moindre menace,
Penchez vers moi l'oreille, et retirez la main.

A quelque heure que ma souffrance
Implore votre appui, réclame votre nom,
Ne regardez mes fers que pour ma délivrance,
Ne regardez mes maux que pour leur guérison.

Mes jours ne sont que la fumée
D'un tronc que vos fureurs viennent de foudroyer;
Ils vont s'évanouir, et ma chair consumée
Couvre à peine des os aussi secs qu'un foyer.

---

Seigneur, répandez les grâces de votre bienveillance sur Sion, afin que les murs de Jérusalem se bâtissent.
Vous accepterez alors un sacrifice de justice, et les offrandes et les holocaustes : alors on chargera vos autels de veaux immolés.
Gloire soit au Père, etc.

1. Ps. CI. Seigneur, exaucez ma prière, et que mes clameurs aillent jusqu'à vous.
Ne détournez point vos yeux de dessus moi; et, en quelque jour que je tombe dans la tribulation, penchez vers moi votre oreille.
En quelque jour que je vous invoque, hâtez-vous de m'exaucer.
Car mes jours se sont évanouis comme la fumée, et mes os se sont desséchés comme un foyer.

Le foin sur qui le soleil frappe
A moins d'aridité que le fond de mon cœur :
Ma languissante vie à toute heure m'échappe,
Et, faute de manger, je nourris ma langueur.

En vain je pleure et me tourmente,
Ce n'est que me hâter de courir au tombeau ;
A force de gémir mon supplice s'augmente,
Et mes os décharnés s'attachent à ma peau.

Le pélican est moins sauvage
Au fond de son désert que moi dedans ma cour ;
Et, comme si le jour me faisoit un outrage,
Je fuis comme un hibou les hommes et le jour.

Tel qu'un passereau solitaire,
J'ai peine à supporter mon ombre qui me suit ;
Et tout le long du jour si je ne puis me taire,
Je repose encor moins tout le long de la nuit.

Mais ce qui plus enfin me touche,
C'est que mes ennemis déclament contre moi,
Et que ceux qui n'avoient que ma gloire à la bouche
Conspirent avec eux pour me faire la loi.

Tandis qu'ils apprêtent leurs armes,
La cendre en mes repas se mêle avec mon pain ;
Et comme mon breuvage est trempé de mes larmes,
L'amertume rebute et ma soif et ma faim.

Votre colère est légitime ;
Vos bontés m'ont fait roi, j'en ai trop abusé :
Mais ne m'éleviez-vous qu'à dessein que mon crime
Me fît choir de si haut que j'en fusse écrasé ?

Mon cœur est devenu aussi aride que le foin battu du soleil, parce que je me suis oublié de manger mon pain.

A force de crier et de gémir, mes os se sont attachés à ma chair.

Je suis devenu semblable au pélican de la solitude, et au hibou qui fait sa demeure dans les trous d'un vieux bâtiment.

J'ai veillé durant les nuits, et me suis fait comme un passereau solitaire qui ne sort point de son toit.

Mes ennemis me faisoient des reproches tout le long du jour ; et ceux même qui me louoient le plus leur prêtoient serment contre moi ;

Parce que je mangeois de la cendre comme si cela eût été du pain, et que je mêlois des larmes avec mon breuvage.

J'étois réduit à cette extrémité par votre colère et par votre indignation, d'autant qu'après m'avoir élevé vous m'avez écrasé par la chute.

L'ombre, plus elle devient grande,
Se perd d'autant plus tôt dans celle de la nuit :
C'est là de mes grandeurs ce qu'il faut que j'attende;
Mon crime est leur ouvrage, et ma perte est leur fruit.

Vous êtes seul que rien n'efface,
Toute une éternité ne change rien en vous;
Et vous vous souviendrez, Seigneur, de race en race,
Que vous nous devez grâce après tant de courroux.

Votre serment nous l'a promise,
Hâtez-vous par pitié de secourir Sion :
Seigneur, il en est temps, le mal est à sa crise;
Il est temps d'exercer votre compassion.

De ces murailles fracassées
Le débris est si cher à vos vrais serviteurs,
Que sa poussière allume en leurs âmes blessées
L'ardeur d'en voir les maux tourner sur leurs auteurs.

Par tous les climats de la terre
Les peuples aussitôt trembleroient sous vos lois,
Et ce coup merveilleux serviroit de tonnerre
A jeter l'épouvante au cœur des plus grands rois.

Ce qu'ils ont refusé de croire,
Ils le verroient alors, et diroient hautement :
« Le Seigneur dans Sion a rétabli sa gloire,
Et rebâti ses murs jusqu'à leur fondement. »

Nous leur dirions pour repartie :
« C'est ainsi que de l'humble il écoute les cris,
Et que, jetant les yeux sur l'âme convertie,
Il en reçoit l'hommage et les vœux sans mépris. »

Mes jours ont décliné comme l'ombre, et je suis devenu sec comme du foin.
Mais quant à vous, Seigneur, vous demeurez éternellement ; et la mémoire que vous avez de vos promesses passe de génération en génération.
Vous prendrez pitié de Sion quand vous vous lèverez, parce que le temps d'en avoir compassion est arrivé.
Vous savez que ses pierres, toutes brisées qu'elles sont, plaisent encore à vos serviteurs; et qu'ils ne regardent son terroir désolé que d'un œil de compassion.
Seigneur, les nations craindront votre nom, et tous les rois de la terre trembleront à l'aspect de votre gloire ;
Lorsque vous aurez rétabli Sion, et que vous vous y serez fait voir dans cette gloire qui les fera trembler.
On dira que vous aurez tourné vos regards sur l'oraison des humbles, et que vous n'aurez pas méprisé leur prière.

Qu'à toute la race future
On laisse par écrit qu'il est et juste et bon :
Les peuples qu'après nous produira la nature
Feront dès le berceau l'éloge de son nom.

Surtout que l'histoire leur marque
Comme assis dans son trône il voit de toutes parts,
Et que du haut du ciel ce tout-puissant monarque
Daigne jusque sur terre abaisser ses regards.

C'est de là qu'il entend la plainte,
Que des tristes captifs il descend au secours,
Pour retirer des fers la race heureuse et sainte
De ceux qui pour sa gloire ont prodigué leurs jours.

Il veut qu'après leur esclavage
Ils courent annoncer cette gloire en tous lieux,
Et qu'en Jérusalem un plus entier hommage
Le respecte, l'exalte, et le connoisse mieux.

Leurs âmes de ses biens comblées
A de sacrés transports se laisseront ravir ;
Les peuples en son nom feront des assemblées,
Et les rois s'uniront exprès pour le servir.

Mais, cependant que je m'emporte
A prévoir les chemins que tiendra sa vertu,
Dis-moi ce qui me reste à vivre de la sorte
Et combien doit languir mon esprit abattu.

Ne borne point sitôt ma course,
Recule encore un peu le dernier de mes jours :
Les tiens ont de la vie une immortelle source,
Tu peux m'en faire part sans qu'ils en soient plus courts.

Que toutes ces choses soient écrites à la race suivante ; et le peuple qui sera créé en louera le Seigneur.
Que l'histoire dise qu'il a regardé du plus haut de son lieu saint, et qu'il a jeté les yeux du ciel en terre,
Pour écouter les gémissemens de ceux qui sont dans les fers, et en délivrer les enfans de ceux qui ont été massacrés pour sa gloire ;
Afin qu'ils annoncent en Sion le nom du Seigneur, et sa louange en Jérusalem ;
Lorsque les peuples s'uniront ensemble, et que les rois s'assembleront pour servir le Seigneur.
Il a répondu dans la voie de sa vertu au succès qu'il avoit promis : mais cependant déclarez-moi, Seigneur, le peu qui me reste à vivre.
Ne me rappelez point quand je ne suis qu'à la moitié de mes jours, vous dont les années iront de génération en génération.

Au moment que tout prit naissance,
Tu préparas la terre en faveur des humains;
Et ces vastes miroirs de ta toute-puissance,
Les cieux, furent, Seigneur, l'ouvrage de tes mains.

Tandis que tu vivras sans cesse,
Ils céderont au feu qui les doit embraser,
Comme ce qui respire ils auront leur vieillesse,
Et comme un vêtement on les verra s'user.

Cette brillante couverture
N'attend que ton vouloir à perdre son éclat :
Toi seul n'es point sujet à changer de nature,
Et tout le cours des ans te voit en même état.

Mais, dans notre peu de durée,
Du moins tes serviteurs revivent en leurs fils;
Ils habitent par eux la terre désirée,
Et passent dans leur race aux siècles infinis.

Gloire au Père, cause des causes,
Gloire au Verbe incarné, gloire à l'Esprit divin;
Et telle qu'elle étoit avant toutes les choses,
Telle soit-elle encor, maintenant, et sans fin.

### PSAUME CXXIX[1].

Des abîmes profonds où mon péché me plonge,
Jusqu'à toi j'ai poussé mes cris :
Tu vois mon repentir, et l'ennui qui me ronge :
Seigneur, ne reçois pas mes vœux avec mépris.

Prête à mes longs soupirs cette oreille attentive
Qui n'entend point sans secourir;
Jette sur les élans d'une douleur si vive
Cet œil qui ne peut voir de maux sans les guérir.

Seigneur, vous avez affermi les fondemens de la terre dès le commencement, et les cieux sont des ouvrages de vos mains.

Ils périront tandis que vous serez permanent et immuable ; et toutes choses vieilliront comme un vêtement.

Vous les changerez comme une couverture, et ils changeront de forme à votre choix : mais quant à vous, vous demeurerez toujours le même, et vos années ne finiront point.

Les enfans de vos serviteurs habiteront en Jérusalem, et leur race sera éternellement conduite par vous.

Gloire soit au Père, etc.

1. Ps. CXXIX. Seigneur, je me suis écrié vers vous des lieux profonds : Seigneur, exaucez mon oraison.
Que vos oreilles se rendent attentives à la voix de ma supplication.

Pour grands que soient les miens, je le dis à ma honte,
    Seigneur, je les ai mérités :
Mais qui subsistera, si tu demandes compte
De tout l'emportement de nos iniquités?

Auprès de ta justice il est une clémence
    Que souvent tu choisis pour loi;
Elle est inépuisable, et c'est son indulgence
Qui m'a fait jusqu'ici subsister devant toi.

Je me suis soutenu, Seigneur, sur ta parole,
    Dans ce que je n'ai su parer :
Un Dieu n'afflige point qu'ensuite il ne console;
C'est ce que tes bontés m'ordonnent d'espérer.

Espère ainsi que moi, peuple de la Judée;
    Fils de Jacob, espérez tous;
Et du matin au soir gardez la sainte idée
D'espérer en sa grâce en craignant son courroux.

A sa miséricorde il n'est point de limites,
    Il en a des trésors cachés;
Et prépare lui-même un excès de mérites
A racheter bientôt l'excès de nos péchés.

Attends donc, Israël, attends avec courage
    L'effet de ce qu'il a promis :
Il paiera ta rançon, rompra ton esclavage,
Et brisera les fers où ton péché t'a mis.

Gloire au Père éternel, la première des causes,
    Gloire au Fils, à l'Esprit divin;
Et telle qu'elle étoit avant toutes les choses,
Telle soit-elle encor, maintenant, et sans fin.

  Seigneur, si vous prenez garde à toutes les iniquités, qui osera vous attendre?
  Vous avez un fonds inépuisable de clémence; et à cause de votre loi, Seigneur, je vous ai attendu.
  Mon âme a attendu le Seigneur sur sa parole : mon âme a espéré au Seigneur.
  Depuis la garde du matin jusqu'à la nuit, Israël doit espérer au Seigneur;
  Parce qu'il y a miséricorde chez le Seigneur, et pleine abondance de rédemption.
  Et il rachètera lui-même Israël de toutes ses iniquités.
  Gloire soit au Père, etc.

## PSAUME CXLII[1].

Exauce-moi, Seigneur, suivant ta vérité ;
　　　Il est temps que ta fureur cesse :
Exerce ta justice à remplir ta promesse,
Ou ta justice aura trop de sévérité.

Ne demande point compte, ou souffre à ta pitié
　　　Que ce soit elle qui l'entende :
S'il faut qu'à la rigueur chacun de nous le rende,
Qui pourra devant toi se voir justifié ?

Ne te suffit-il point qu'un ennemi cruel
　　　Persécute ma triste vie,
Que l'opprobre en tous lieux me suive et m'humilie,
Que je sois du mépris l'objet continuel ?

Cette obscure demeure où je me tiens caché
　　　Comme si j'étois mort au monde,
Ma noire inquiétude et ma douleur profonde,
Mes troubles, mes sanglots, ne t'ont-ils point touché ?

Je rappelle en mon cœur le souvenir des jours
　　　Où tu faisois tant de merveilles ;
Je rappelle à mes yeux tant d'œuvres sans pareilles,
Tant de soins amoureux, et tant de prompts secours.

J'élève à tous momens mes foibles mains vers toi,
　　　Et jamais la campagne aride
Ne fut des eaux du ciel si justement avide
Que l'est tout mon esprit des bontés de mon Roi.

Hâtez-vous, ô mon Dieu, hâtez-vous, Roi des rois,
　　　Je suis sur le bord de la tombe :
Pour peu que vous tardiez, c'en est fait, je succombe,
Et l'haleine me manque aussi bien que la voix.

---

1. Ps. CXLII. Seigneur, exaucez mon oraison, écoutez ma prière selon la vérité de vos promesses, et m'exaucez selon votre justice.

N'entrez point en jugement avec votre serviteur, puisque aucun homme vivant ne peut être justifié devant vous.

Un ennemi a poursuivi mon âme, et a ravalé en terre la gloire de ma vie.

Il m'a réduit à me cacher en des lieux obscurs, comme si j'étois mort au monde : mon esprit en a eu mille anxiétés, et mon cœur s'en est troublé.

En cet état je me suis souvenu des siècles passés, j'ai médité sur tous vos ouvrages, et considéré ce que vos mains ont fait.

J'ai élevé les miennes à vous ; et mon âme a soupiré après vous, comme une terre aride après l'eau.

Hâtez-vous, Seigneur, de m'exaucer ; car la force et l'haleine me manquent.

CORNEILLE VII　　　　　　　　　　　　　　　　　　　　　2

De mes jours presque éteints rallumez le flambeau,
    Chassez la mort qui les menace :
En l'état où je suis détourner votre face,
C'est achever ma perte, et m'ouvrir le tombeau.

Montrez dès ce moment comme votre courroux
    Cède à votre miséricorde :
Montrez comme au besoin votre bonté l'accorde
Aux âmes dont l'espoir ne s'attache qu'à vous.

Daignez faire encor plus, montrez-moi le sentier
    Qu'à me rétablir je dois suivre :
C'est de vous que j'attends la force de revivre,
Moi qui dans tout mon corps ne vois plus rien d'entier.

Arrachez-moi des mains qui m'ont persécuté :
    J'ai mis en vous tout mon refuge,
Vous êtes mon Dieu seul, et serez mon seul juge ;
Réglez mes actions sur votre volonté.

Vous porterez plus loin vos célestes faveurs,
    Votre esprit saint sera mon guide ;
Et, me rendant ce trône où votre nom préside,
Vous y ranimerez mes premières ferveurs.

Vous passerez l'effet que je m'en suis promis ;
    Et, m'ayant tiré de misère,
Vous la renverserez sur le parti contraire,
Et vos bontés pour moi perdront mes ennemis.

Oui, vous disperserez tous mes persécuteurs,
    Vous vous en montrerez le maître,
Et leur ferez à tous hautement reconnoître
A quel point votre bras soutient vos serviteurs.

Ne détournez point votre face de moi, ou je deviendrai semblable à ceux qui descendent dans les cachots sous terre.

Faites-moi entendre dès le matin votre miséricorde, puisque j'ai espéré en vous.

Faites-moi connoître la voie où il faut que je marche, en récompense de ce que j'ai élevé mon âme vers vous.

Seigneur, délivrez-moi de mes ennemis, puisque je me suis réfugié vers vous : enseignez-moi à faire votre volonté, puisque vous êtes mon Dieu.

Votre esprit me conduira par sa bonté dans une terre droite et unie ; vous me vivifierez en votre équité pour l'amour de votre nom.

Vous tirerez mon âme de sa tribulation, et, dans la miséricorde que vous me ferez, vous perdrez tous mes ennemis.

Et vous ferez périr tous ceux qui tourmentent mon âme, parce que je m'attache à vous servir.

Gloire soit au Père, etc.

Gloire au Père éternel, à son Verbe incarné,
A l'Esprit comme eux adorable,
Telle encor maintenant à jamais perdurable
Qu'elle étoit en tous trois avant que tout fût né.

*Antienne.* Ne vous ressouvenez point de nos manquemens, Seigneur, et ne prenez point vengeance de nos péchés.

### LES LITANIES DES SAINTS.

Seigneur, ayez pitié de nous.
Jésus-Christ, ayez pitié de nous.
Seigneur, ayez pitié de nous.
Jésus-Christ, écoutez-nous.
Jésus-Christ, exaucez-nous.
Père céleste, véritable Dieu, faites-nous miséricorde.
Fils, Rédempteur du monde, véritable Dieu, faites-nous miséricorde.
Esprit saint, véritable Dieu, faites-nous miséricorde.
Trinité sainte, qui n'êtes qu'un seul Dieu, faites-nous miséricorde.
Sainte Marie, priez pour nous.
Sainte Mère de Dieu, priez pour nous
Sainte Vierge des vierges, priez pour nous.
Saint Michel, priez pour nous.
Saint Gabriel, priez pour nous.
Saint Raphaël, priez pour nous.
Tout ce que vous êtes de saints anges et de saints archanges, priez pour nous.
Tout ce que vous êtes de saints ordres d'esprits bienheureux, priez pour nous.
Saint Jean-Baptiste, priez pour nous.
Tout ce que vous êtes de saints patriarches et de saints prophètes, priez pour nous.
Saint Pierre, priez pour nous.
Saint Paul, priez pour nous.
Saint André, priez pour nous.
Saint Jacques, priez pour nous.
Saint Jean, priez pour nous.
Saint Thomas, priez pour nous.
Saint Jacques, priez pour nous.
Saint Philippe, priez pour nous.
Saint Barthélemy, priez pour nous.
Saint Matthieu, priez pour nous.
Saint Simon, priez pour nous.
Saint Thadée, priez pour nous.
Saint Mathias, priez pour nous.
Saint Barnabé, priez pour nous.

Saint Luc, priez pour nous.
Saint Marc, priez pour nous.
Tout ce que vous êtes de saints apôtres et de saints évangélistes, priez pour nous.
Tout ce que vous êtes de saints disciples du Seigneur, priez pour nous.
Tout ce que vous êtes de saints Innocens, priez pour nous
Saint Étienne, priez pour nous.
Saint Laurent, priez pour nous.
Saint Vincent, priez pour nous.
Saint Fabien et saint Sébastien, priez pour nou
Saint Jean et saint Paul, priez pour nous.
Saint Côme et saint Damien, priez pour nous.
Saint Gervais et saint Prothais, priez pour nous.
Tout ce que vous êtes de saints martyrs, priez pour nous.
Saint Sylvestre, priez pour nous.
Saint Grégoire, priez pour nous.
Saint Ambroise, priez pour nous.
Saint Augustin, priez pour nous.
Saint Jérôme, priez pour nous.
Saint Martin, priez pour nous.
Saint Nicolas, priez pour nous.
Tout ce que vous êtes de saints pontifes et de saints confesseurs, priez pour nous.
Tout ce que vous êtes de saints docteurs, priez pour nous.
Saint Antoine, priez pour nous.
Saint Benoît, priez pour nous.
Saint Bernard, priez pour nous.
Saint Dominique, priez pour nous.
Saint François, priez pour nous.
Tout ce que vous êtes de saints prêtres et de saints lévites, priez pour nous.
Tout ce que vous êtes de saints moines et de saints ermites priez pour nous.
Sainte Marie-Madeleine, priez pour nous
Sainte Agathe, priez pour nous.
Sainte Luce, priez pour nous.
Sainte Agnès, priez pour nous.
Sainte Cécile, priez pour nous.
Sainte Catherine, priez pour nous.
Sainte Anastasie, priez pour nous.
Tout ce que vous êtes de saintes vierges et de saintes veuves, priez pour nous.
Tout ce que vous êtes de saints et de saintes de Dieu, intercédez pour nous.
Seigneur, soyez-nous propice et pardonnez-nous.
Seigneur, soyez-nous propice et exaucez-nous.

Seigneur, préservez-nous de tout mal.
Seigneur, préservez-nous de tout péché.
Seigneur, préservez-nous de votre colère.
Seigneur, préservez-nous de la mort subite et imprévue.
Seigneur, préservez-nous des embûches du diable.
Seigneur, préservez-nous de la colère, de la haine, et de toute mauvaise volonté.
Seigneur, préservez-nous de l'esprit de fornication.
Seigneur, préservez-nous de la foudre et de la tempête.
Seigneur, préservez-nous de la mort perpétuelle.
Seigneur, préservez-nous-en par le mystère de votre sainte incarnation.
Seigneur, préservez-nous-en par votre avénement ici-bas.
Seigneur, préservez-nous-en par votre nativité.
Seigneur, préservez-nous-en par votre baptême, et par la sainteté de votre jeûne.
Seigneur, préservez-nous-en par votre mort, et par votre sépulture.
Seigneur, préservez-nous-en par votre sainte résurrection.
Seigneur, préservez-nous-en par votre admirable ascension.
Seigneur, préservez-nous-en par la descente du Saint-Esprit Paraclet.
Seigneur, préservez-nous de cette mort au jour du grand jugement.
Bien que nous ne soyons que des pécheurs, nous vous prions de nous écouter.
Afin que vous nous pardonniez, nous vous prions de nous écouter.
Afin que vous n'ayez pour nous que l'indulgence, nous vous prions de nous écouter.
Afin que vous nous daigniez conduire à une véritable pénitence, nous vous prions de nous écouter.
Afin que vous daigniez régir et conserver votre sainte Église, nous vous prions de nous écouter.
Afin que vous daigniez conserver en la sainteté de la religion le souverain pontife et tous les ordres ecclésiastiques, nous vous prions de nous écouter.
Afin que vous daigniez humilier les ennemis de la sainte Église, nous vous prions de nous écouter.
Afin que vous daigniez départir la paix et la véritable concorde à tous les rois et princes chrétiens, nous vous prions de nous écouter.
Afin que vous daigniez donner la paix et l'union à tout le peuple chrétien, nous vous prions de nous écouter.
Afin que vous nous daigniez fortifier et conserver en la sainteté de votre service, nous vous prions de nous écouter.
Afin que vous éleviez nos esprits à des désirs célestes, nous vous prions de nous écouter.

Afin que vous donniez des biens éternels pour rétribution à tous nos bienfaiteurs, nous vous prions de nous écouter.

Afin que vous préserviez de la damnation éternelle nos âmes, et celles de nos frères, de nos proches et de nos bienfaiteurs, nous vous prions de nous écouter.

Afin qu'il vous plaise donner des fruits à la terre et les conserver, nous vous prions de nous écouter.

Afin que vous accordiez le repos éternel à tous les fidèles défunts, nous vous prions de nous écouter.

Afin que vous nous exauciez, nous vous prions de nous écouter.

Fils de Dieu, nous vous prions de nous écouter.

Agneau de Dieu, qui effacez les péchés du monde, pardonnez-nous, Seigneur.

Agneau de Dieu, qui effacez les péchés du monde, exaucez-nous, Seigneur.

Agneau de Dieu, qui effacez les péchés du monde, faites-nous miséricorde.

Jésus-Christ, écoutez-nous.

Jésus-Christ, exaucez-nous.

Seigneur, ayez pitié de nous.

Jésus-Christ, ayez pitié de nous.

Seigneur, ayez pitié de nous.

Notre Père, qui, etc.

### PSAUME LXIX[1].

Des méchans, à qui tout succède,
Cherchent à me faire périr :
Seigneur, accourez à mon aide,
Hâtez-vous de me secourir.

Que leur haine contre ma vie
S'épuise en efforts superflus ;
Que leur rage mal assouvie
Les laisse tremblans et confus.

Que leur détestable conduite,
Qui me rend le mal pour le bien,
Cherche leur salut en leur fuite,
Et me voie assuré du mien.

---

1. Ps. LXIX. Mon Dieu, venez à mon aide : Seigneur, hâtez-vous de me secourir.

Faites que ceux qui cherchent à m'arracher l'âme soient confus et remplis d'épouvante.

Faites que ceux qui me veulent du mal tournent le dos avec honte.

Que sans tarder ils en rougissent,
Pleins d'épouvante et de douleur,
Ces lâches qui se réjouissent
Du noir excès de mon malheur.

Remplissez de tant d'allégresse
Quiconque en vous s'est confié,
Qu'il ait lieu de dire sans cesse :
« Le Seigneur soit magnifié. »

Moi qui ne suis qu'un misérable
Accablé de maux et d'ennui,
Qui sans votre main secourable
Vais trébucher, faute d'appui;

Seigneur, je succombe, je cède,
Mes ennemis me font périr :
Hâtez, mon Dieu, hâtez votre aide,
Il est temps de me secourir.

Gloire au Père, cause des causes,
Gloire au Fils, à l'Esprit divin;
Et telle qu'avant toutes choses,
Telle soit-elle encor sans fin.

℣. Mon Dieu, sauvez vos serviteurs,
℟. Qui n'espèrent qu'en vous.
℣. Seigneur, servez-nous de forteresse,
℟. A la face de l'ennemi.
℣. Que l'ennemi n'aie aucun avantage sur nous,
℟. Et que l'enfant d'iniquité ne se puisse vanter de nous nuire.
℣. Seigneur, ne nous traitez point selon nos péchés,
℟. Et ne réglez pas notre rétribution sur nos iniquités.
℣. Prions pour notre pontife, N.
℟. Que Dieu le conserve, qu'il le vivifie, qu'il le rende heureux sur la terre, et qu'il ne le livre point aux désirs de ses ennemis.

Que ceux qui jettent des cris de joie sur mon malheur, retournent soudain en arrière, et en rougissent.
Que tous ceux qui vous cherchent se réjouissent en vous, et disent incessamment : « Que le Seigneur soit magnifié par ceux qui aiment son salutaire. »
Pour moi, je ne suis qu'un pauvre misérable qui manque de tout : Seigneur, assistez-moi.
Vous êtes mon secours et mon libérateur : Seigneur, ne tardez pas davantage.
Gloire soit au Père, etc.

℣. Prions pour nos bienfaiteurs.

℟. Seigneur, daignez donner pour rétribution la vie éternelle à tous ceux qui nous font du bien pour l'amour de votre nom. Ainsi soit-il.

℣. Prions pour les fidèles défunts.

℟. Seigneur, donnez-leur le repos éternel, et que la lumière perpétuelle luise sur eux.

℣. Qu'ils reposent en paix.

℟. Ainsi soit-il.

℣. Prions pour nos frères absens.

℟. Sauvez, mon Dieu, vos serviteurs qui n'espèrent qu'en vous.

℣. Seigneur, envoyez-leur du secours de votre sainte demeure,

℟. Et protégez-les de Sion.

℣. Seigneur, écoutez ma prière

℟. Et que mes clameurs aillent jusqu'à vous.

*Oraisons.* Mon Dieu, qui avez cela de propre que vous êtes toujours prêt de faire grâce et de pardonner, recevez notre humble prière; et faites que tous ceux qui comme nous sont détenus esclaves dans les chaînes du péché, en soient bénignement détachés avec nous par la commisération de votre pitié.

Exaucez, Seigneur, les prières de vos humbles supplians, afin que, pardonnant les péchés à ceux qui vous les confessent, nous recevions notre rémission et votre paix.

Montrez-nous, Seigneur, avec bénignité votre ineffable miséricorde, afin que tout ensemble vous nous dépouilliez de nos péchés, et nous garantissiez des peines que nous avons méritées en les commettant.

Dieu, que le péché offense, et que la pénitence apaise, écoutez favorablement les prières de votre peuple, qui se prosterne devant vous; et détournez de nous les fléaux de votre colère, que nos péchés nous ont fait mériter.

Dieu tout-puissant et éternel, ayez pitié de votre serviteur, notre pontife N., et conduisez-le par votre clémence dans la voie du salut éternel; donnez-lui la grâce de ne désirer que ce qui vous plaît, et de se porter de toute sa force à l'accomplir.

Dieu, de qui partent les saints désirs, les bons desseins, et les œuvres de justice, donnez à vos serviteurs cette paix que le monde ne peut donner, afin qu'appliquant nos cœurs à l'observation de vos commandemens, et n'ayant à craindre aucuns ennemis, nous passions nos jours dans une parfaite tranquillité sous votre sainte protection.

Seigneur, brûlez nos reins et nos cœurs avec le feu du Saint-Esprit, afin que nous portions à votre service des corps chastes, et que nous vous devenions agréables par la pureté du dedans.

Dieu, qui êtes l'auteur et le rédempteur de tous les fidèles, accordez aux âmes de vos serviteurs et servantes la rémission de tous leurs péchés, et souffrez qu'elles obtiennent par la pieuse ferveur de nos prières le pardon qu'elles ont toujours désiré.

Nous vous supplions, Seigneur, de prévenir toutes nos actions par votre inspiration, et de nous favoriser de votre assistance pour les achever, afin que toutes nos prières et nos œuvres commencent et finissent par vous.

Dieu tout-puissant et éternel, qui êtes le maître absolu des vivans et des morts, et faites miséricorde à tous ceux que vous prévoyez devoir être de vos serviteurs par leur foi et par leurs œuvres; nous vous supplions humblement que ceux pour qui nous nous sommes proposé de vous offrir des prières, soit que ce monde les retienne encore dans leur chair mortelle, soit qu'ils soient déjà passés dans l'autre après avoir quitté la dépouille de leurs corps, obtiennent de votre clémence, par l'intercession de tous vos saints, le pardon de tous leurs péchés. Nous vous en conjurons par notre Seigneur Jésus-Christ, votre Fils, qui, véritable Dieu comme vous, vit et règne avec vous en l'unité du Saint-Esprit, par tous les siècles des siècles.

℟. Ainsi soit-il.

℣. Que le Seigneur tout-puissant et tout miséricordieux nous veuille exaucer.

℟. Ainsi soit-il.

℣. Que les âmes des fidèles reposent en paix par la miséricorde de Dieu.

℟. Ainsi soit-il.

# VÊPRES ET COMPLIES

## DES DIMANCHES.

### VÊPRES[1].

*Je vous salue, Marie, etc.*

O grand Dieu, de qui tout procède,
Qui faites et vivre et mourir,
Ne me refusez pas votre aide,
Hâtez-vous de me secourir.

Gloire au Père, souverain Maître,
Gloire au Fils, à l'Esprit divin;
Et telle qu'elle étoit quand tout commença d'être,
Telle soit-elle encor, maintenant, et sans fin.

Louez le Seigneur.
*Antienne.* Le Seigneur a dit.

#### PSAUME CIX[2].

Le Seigneur vient de dire à son Verbe ineffable,
Qui n'est pas moins que lui mon souverain Seigneur :
« Viens te seoir à ma dextre, et rends-toi redoutable
    Par ce dernier comble d'honneur.

« Cependant mon courroux aura soin de descendre
Sur ceux qui t'accabloient de leurs inimitiés ;
J'en confondrai l'audace, et je saurai les rendre
    Tels qu'un escabeau sous tes pieds.

Je ferai de Sion partir l'éclat suprême
Du sceptre universel qu'à tes mains j'ai promis :
Comme je règne au ciel, tu règneras de même
    Au milieu de tes ennemis.

---

1. Mon Dieu, venez à mon aide.
Seigneur, hâtez-vous de me secourir.
Gloire soit au Père, etc.

2. Ps. CIX. Le Seigneur a dit à mon Seigneur : « Seyez-vous à ma dextre,
« Jusqu'à ce que j'aie réduit vos ennemis à être l'escabeau de vos pieds.
« Le Seigneur fera partir de Sion la verge de votre vertu : dominez au milieu de vos ennemis.

« Au jour de ta vertu tu leur feras connoître,
Par les saintes splendeurs de tes droits éclatans,
Que mes regards féconds de mon sein t'ont fait naître
    Avant la naissance des temps.

Je te l'ai trop juré pour m'en vouloir dédire;
Selon Melchisédech tu seras prêtre et roi,
Et je joindrai moi-même un éternel empire
    Au sacrifice offert par toi. »

Oui, Seigneur, oui, grand Dieu, ce divin salutaire,
Qui se sied à ta dextre et nous donne tes lois,
Viendra briser lui-même, au jour de sa colère,
    Les plus fermes trônes des rois.

Parmi les nations ces lois autorisées
Feront tant de ruine et de tels châtimens,
Qu'en mille et mille lieux les têtes écrasées
    Feront voir ses ressentimens.

L'eau trouble du torrent lui servit de breuvage,
Tant qu'il lui plut traîner son exil ici-bas;
Et sa gloire en reçoit d'autant plus d'avantage,
    Que rudes furent ses combats.

Gloire au Père éternel, la première des causes,
Gloire au Verbe incarné, gloire à l'Esprit divin;
Et telle qu'elle étoit avant toutes les choses,
    Telle soit-elle encor sans fin.

*Antienne.* Le Seigneur a dit à mon Seigneur : « Seyez-vous à ma dextre. »

*Antienne.* Tous ses commandemens sont fidèles.

« Le principe étoit avec vous au jour de votre vertu, dans les splendeurs des saints : je vous ai engendré de mes entrailles avant le point du jour. »

Le Seigneur l'a juré, et il ne s'en repentira point : vous êtes prêtre pour toute l'éternité selon l'ordre de Melchisédech.

Le Seigneur est à votre droite : il a rompu et brisé les rois au jour de sa colère.

Il jugera parmi les nations, il fera des ruines entières; il écrasera sur la terre les têtes de beaucoup de gens.

Il boira de l'eau du torrent en son chemin, et c'est ce qui lui fera élever sa tête.

Gloire soit au Père, etc.

## PSAUME CX[1].

J'aurai, Seigneur, toute ma vie
Votre éloge à la bouche, et votre amour au cœur,
Et les plus gens de bien auront l'âme ravie
D'unir à mes efforts leur plus sainte vigueur.

Dans la grandeur de vos ouvrages
Je vois l'impression de toutes vos bontés;
Et dans ce qu'ont d'éclat leurs plus hauts avantages,
Le prompt et plein effet qu'ont eu vos volontés.

La gloire et la magnificence
Sont des trésors brillans qu'un mot seul a produits,
Et de votre justice on verra l'abondance,
Tant qu'on verra les jours fuir et suivre les nuits.

Le souvenir de vos merveilles
S'affermit à jamais par cet illustre don
Que fit votre pitié, de viandes sans pareilles,
A ce peuple choisi pour craindre votre nom.

Cette mémoire invariable
Du grand pacte qu'ont fait vos bontés avec nous
Vous fera déployer votre bras secourable,
Et pour un si cher peuple en montrer les grands coups.

Par eux vous le rendrez le maître
Des plus riches terroirs de tant de nations;
Et tous vos jugemens lui feront reconnoître
Ce qu'ont de sainteté toutes vos actions.

Vous avez des ordres fidèles,
De qui la fermeté jamais ne se dément:
Ils ont tous pour appui des règles éternelles,
Et la vérité même en est le fondement.

---

1. Ps. cx. Seigneur, je vous louerai de tout mon cœur dans l'assemblée des justes, et dans la congrégation des saints.

Les œuvres du Seigneur sont grandes, et achevées selon toutes ses volontés.

Ses ouvrages sont la gloire et la magnificence même : sa justice demeure immuable à toute éternité.

Le Seigneur, qui est tout miséricordieux et plein de compassion, a rendu toutes ses merveilles dignes de mémoire : et surtout celle d'avoir donné de la nourriture à un peuple qui le craignoit.

Il se souviendra à jamais de son testament : il fera connoître à son peuple quelle est la vertu de ses ouvrages,

Afin de lui donner l'héritage des nations : les ouvrages de ses mains ne sont que vérité et jugement.

Tous ses commandemens sont fidèles, et si affermis qu'ils dureront éternellement, parce qu'ils sont réglés sur la vérité et sur l'équité.

Peuple, adore son bras propice,
Qui nous envoie à tous de quoi nous racheter :
Mais sache qu'en revanche il veut que sa justice
A toute éternité se fasse respecter.

Son nom est saint, il est terrible ;
S'il le faut adorer, il le faut craindre aussi ;
Et des routes du ciel la science infaillible
Ne sauroit commencer que par sa crainte ici.

Leur plus parfaite intelligence
N'est utile qu'autant qu'on observe ses lois ;
Et la louange due à sa magnificence
Durant tout l'avenir doit occuper nos voix.

Gloire au Père, cause des causes,
Gloire au Verbe incarné, gloire à l'Esprit divin ;
Et telle qu'elle étoit avant toutes les choses,
Telle soit-elle encor, maintenant, et sans fin.

*Antienne.* Tous ses commandemens sont fidèles, et affermis à l'éternité.

*Antienne.* En l'observation de ses commandemens.

### PSAUME CXI[1].

Heureux qui dans son âme a fortement gravée
    La crainte du Seigneur :
  Sa loi, sans chagrin observée,
Tourne en plaisirs pour lui ce qu'elle a de rigueur.

De sa postérité, tant qu'elle suit ses traces,
    Le nom devient puissant ;
  Et tout ce qu'il obtient de grâces
Passe de père en fils en son sang innocent.

---

Dieu a envoyé la rédemption à son peuple, et lui a commandé d'observer à l'éternité son testament.

Son nom est saint et terrible : le commencement de la sagesse est la crainte du Seigneur.

L'intelligence de ses préceptes n'est bonne qu'à ceux qui agissent selon cette crainte ; et la louange de celui qui agit de cette sorte dure à jamais.

Gloire soit au Père, etc.

1. Ps. cxi. Heureux l'homme qui craint le Seigneur : il se portera de tout son cœur à faire ses commandemens.

Sa postérité sera puissante sur la terre : la race de ceux qui vont droit sera bénie.

Il voit en sa maison la gloire et la richesse
   Fondre de toutes parts;
  Et sa justice fait sans cesse
Un amas de trésors au-dessus des hasards.

Il voit pour les cœurs droits une vive lumière
   Naître en l'obscurité,
  Et de Dieu la faveur entière
A sa miséricorde enchaîner l'équité.

Il prend à son exemple une âme pitoyable,
   Prête au pauvre, et s'y plaît,
  Se prépare au jour effroyable,
Et se juge trop bien pour craindre un dur arrêt.

La mémoire du juste éclatante et bénie
   Percera l'avenir,
  Sans que jamais la calomnie
Dans sa plus noire audace ait de quoi la ternir.

Son cœur est prêt à tout, en Dieu seul il espère
   Dans ses calamités;
  Et se tient ferme en sa misère,
Jusqu'à ce qu'il ait vu ses ennemis domptés.

Aux pauvres cependant il départ, il prodigue
   Son bien sans s'émouvoir;
  Et le ciel, que par eux il brigue,
Le comble à tout jamais de gloire et de pouvoir.

Le pécheur le verra dans ce haut avantage,
   Et séchera d'ennui;
  Son cœur en frémira de rage,
Et ses désirs jaloux périront avec lui.

La gloire et les richesses abonderont dans sa maison; et sa justice sera perdurable à jamais.

La lumière s'est levée du milieu des ténèbres pour les droits de cœur : le Seigneur est miséricordieux, plein de commisération et de justice.

La joie règne en celui qui a pitié de son prochain : il réglera ses paroles avec un sain jugement, et ne sera jamais ébranlé.

La mémoire de l'homme juste sera en bénédiction éternelle : il ne craindra point de s'entendre déchirer par de mauvais bruits.

Son cœur se tient toujours prêt d'espérer au Seigneur; il s'affermit sur cette espérance, et attend sans s'émouvoir qu'il ait lieu de mépriser ses ennemis.

Parce qu'il a distribué et donné son bien aux pauvres, sa justice demeure à l'éternité, et son nom sera élevé en gloire.

Le pécheur le verra en cet état bienheureux, et en forcènera de colère; ses dents en frémiront, il en séchera de douleur, et les souhaits qu'il fera contre lui périront.

Gloire à ton Fils et toi, Père, cause des causes,
  Gloire à l'Esprit divin :
 Telle qu'avant toutes les choses,
Telle soit-elle encor maintenant, et sans fin.

*Antienne.* En l'observation de ses commandemens il prend un souverain plaisir.
*Antienne.* Que le nom du Seigneur.

### PSAUME CXII [1].

Enfans, de qui les voix à peine encor formées
  Ne font que bégayer,
C'est à louer le nom du Seigneur des armées
  Qu'il les faut essayer.

Que ce nom soit béni dans toute l'étendue
  Que les siècles auront !
Que la gloire en soit même au delà répandue
  De ce qu'ils dureront !

De climat en climat, ainsi que d'âge en âge,
  Il est à respecter ;
Et du nord au midi, de l'Inde jusqu'au Tage,
  Il le faut exalter.

Sa gloire, qui s'élève au-dessus des monarques,
  Est seule sans défaut ;
Et bien qu'on voie au ciel en briller mille marques,
  Elle est encor plus haut.

Quel roi fait sa demeure au-dessus du tonnerre
  Comme ce Dieu des dieux,
Qui voit de haut en bas et tout ce qu'a la terre,
  Et tout ce qu'ont les cieux ?

Il dégage le pauvre, et la pauvreté même,
  Du plus épais bourbier ;
Et tire le plus vil, par son pouvoir suprême,
  Du plus sale fumier.

Gloire soit au Père, etc.

1. Ps. cxii. Enfans, louez le Seigneur, louez le nom du Seigneur. Que le nom du Seigneur soit béni, de ce moment jusqu'à l'éternité. Du levant au couchant, le nom du Seigneur doit être loué.

Le Seigneur est élevé sur toutes les nations, et sa gloire va au-dessus des cieux.

Qui est comme le Seigneur notre Dieu, qui habite aux lieux les plus hauts, et ne dédaigne pas de jeter l'œil sur les choses les plus basses qui soient au ciel et en la terre ?

Il élève de terre le plus chétif, et tire le pauvre de dessus le fumier.

Il les place lui-même à côté de leurs princes,
  Parmi les potentats;
Il leur donne lui-même à régir leurs provinces
  Et régler leurs États.

Il fait plus, il répand sur la femme stérile
  La joie et le bonheur;
Et, faisant de sa couche une terre fertile,
  Il la met en honneur.

Gloire à ton Fils et toi, Père, cause des causes,
  Gloire à l'Esprit divin,
Telle encor maintenant qu'avant toutes les choses,
  Et telle encor sans fin.

*Antienne.* Que le nom du Seigneur soit béni à l'éternité.
*Antienne.* Nous qui vivons.

### PSAUME CXIII[1].

Du fidèle Abraham race heureuse et chérie,
Quand de tes premiers fers ton Dieu te garantit,
Que du fond de l'Égypte et de sa barbarie
  La maison de Jacob sortit·

Il voulut en Judée étaler l'abondance
De sa miséricorde et de sa sainteté;
Et choisit Israël pour siége à sa puissance,
  Et pour objet à sa bonté.

De ce peuple fuyant loin d'arrêter la course,
La mer fuit devant lui sitôt qu'elle le vit;
Et les eaux du Jourdain, rebroussant vers leur source,
  Lui cédèrent leur propre lit.

Soudain les plus hauts monts de joie en tressaillirent,
Comme un troupeau sur l'herbe au son des chalumeaux;
Soudain tout alentour les collines bondirent,
  Comme bondissent les agneaux.

Il les place avec les princes, avec les princes de son peuple.
 Il fait habiter la femme stérile avec joie dans sa maison, en la rendant mère de plusieurs enfans.
 Gloire soit au Père, etc.

1. Ps. CXIII. Quand Israël sortit d'Égypte, et la maison de Jacob du milieu d'un peuple barbare,
 Dieu fit de la Judée la demeure de ses saints, et choisit Israël pour son empire particulier.
 La mer vit ce peuple sur ses bords, et s'enfuit : le Jourdain le vit sur son rivage, et rebroussa en arrière.
 Les montagnes tressaillirent de joie comme des béliers, et les collines bondirent comme des agneaux autour de leurs mères.

O mer, qui t'obligeoit à prendre ainsi la fuite?
Indomptable élément, quel bras t'a déplacé?
Par quel ordre, Jourdain, et sous quelle conduite
    Tes eaux ont-elles rebroussé?

Qui vous fit tressaillir, orgueilleuses montagnes.
Comme au son du pipeau tressaillent les troupeaux?
Collines, qui servez de ceinture aux campagnes,
    Qui vous fit bondir comme agneaux?

Qui l'eût pu que ce Dieu qui fait trembler la terre,
Qui n'a qu'à le vouloir, et tout change de lieu;
Qui nous gouverne en paix, qui nous couronne en guerre;
    Qui de Jacob est le seul Dieu?

C'est lui qui convertit les rochers en fontaines;
Qui de leurs flancs pierreux tire des torrens d'eaux;
Qui des vastes déserts en arrose les plaines;
    Qui les y sépare en ruisseaux.

Ce n'est point aux mortels a prendre aucune gloire;
Le cœur qu'elle surprend la doit désavouer :
C'est ton nom qui fait seul plus qu'on n'eût osé croire;
    C'est lui, Seigneur, qu'il faut louer.

Fais de tes vérités briller si bien l'empire,
Et rends de ta pitié le pouvoir si connu,
Qu'entre les nations on ne puisse nous dire :
    « Votre Dieu, qu'est-il devenu? »

Aveugles mal guidés qui courez vers la chute,
Sachez que pour séjour c'est le ciel qui lui plaît;
Que son moindre vouloir hautement s'exécute;
    Que tout est par lui ce qu'il est.

---

Mer, qui t'obligea à prendre la fuite? et toi, Jourdain, qui te fit rebrousser en arrière?

Montagnes, pourquoi tressailliez-vous de joie comme des béliers? collines, pourquoi bondissiez-vous comme des agneaux autour de leurs mères?

C'étoit que la terre se mouvoit à la face du Seigneur, qui conduisoit son peuple; à la face du Dieu de Jacob.

Ce fut lui qui changea la pierre en étangs d'eaux, et le rocher en fontaines.

Ce n'est pas à nous, Seigneur, qu'il en faut donner la gloire, ce n'est pas à nous; mais à votre saint nom.

Il en faut glorifier votre miséricorde et la vérité de vos promesses, que vous avez fait éclater pour ne laisser aux nations aucun lieu de dire : « Où est leur Dieu? »

Notre Dieu est dans le ciel, d'où il a fait tout ce qu'il lui a plu de faire.

Vos dieux n'ont point de bras à lancer le tonnerre,
Gentils; ils ne sont tous que simulacres vains :
C'est de l'or, de l'argent, du bois, et de la pierre,
    Qui tient sa forme de vos mains.

Vous leur faites des yeux, vous leur faites des bouches,
Qui ne savent que c'est de voir, ni de parler;
Et leurs plus vifs regards sont bénins, ou farouches,
    Comme il vous plaît les ciseler.

Les oreilles chez eux sont de si peu d'usage,
Qu'autour d'elles le son frappe inutilement;
Et le nez que votre art plante sur leur visage
    Ne leur y sert que d'ornement.

Enfin ils n'ont des mains que pour faire figure;
Leurs pieds, s'il faut marcher, n'y sauroient consentir;
Et s'ils ont un gosier, il n'a point d'ouverture
    Par où leur voix daigne sortir.

Deviennent tout pareils à ces vaines idoles
Ceux qui leur donnent l'être, et les font adorer !
Devienne tout semblable à tous ces dieux frivoles
    Quiconque en eux veut espérer !

La maison d'Israël a mis son espérance
Aux suprêmes bontés du souverain auteur;
Et son bras tout-puissant l'a mise en assurance,
    Il s'en est fait le protecteur.

La famille d'Aaron y met son espérance,
Elle n'attend secours ni faveur que de lui;
Et son bras tout-puissant la met en assurance,
    Il lui sert d'invincible appui.

Mais les simulacres des gentils ne sont que de l'argent et de l'or, purs ouvrages de la main des hommes.

Ils ont une bouche, et ne parleront jamais : ils ont des yeux, et ne verront point.

Ils ont des oreilles, et n'entendront rien : ils ont des narines, sans aucun sentiment des odeurs.

Ils ont des mains dont ils ne sauroient rien toucher, des pieds dont ils ne marchent point, et une gorge qui ne peut former aucun son.

Que ceux qui les font deviennent semblables à eux, avec tous ceux qui s'y confient.

La maison d'Israël n'a espéré qu'au Seigneur; et elle l'a pour aide et pour protecteur.

La maison d'Aaron n'a espéré qu'au Seigneur; et elle l'a pour aide et pour protecteur.

Tous ceux qui craignent Dieu mettent leur espérance
Au suprême pouvoir de son bras souverain ;
Et ce Dieu juste et bon les met en assurance,
    Et pour appui leur tend la main.

Il nous tient à tel point gravés en sa mémoire,
Qu'il ne peut oublier nos bonnes actions ;
Et nous comble ici-bas, en attendant sa gloire,
    De mille bénédictions.

Aux enfans d'Israël il prodigue ses grâces,
Il entend leur prière, il bénit leurs ferveurs ;
Et sur les fils d'Aaron qui marchent sur ses traces
    Il verse les mêmes faveurs.

Il en est libéral par toutes nos provinces
A ceux dont l'âme sainte exalte et craint son nom ;
Aux petits comme aux grands, aux bergers comme aux princes,
    Il départ ce précieux don.

Puisse de jour en jour sa bonté souveraine,
Qui vous attache à lui par des liens si doux,
Et redoubler ce don, et l'épandre à main pleine
    Sur vos fils ainsi que sur vous !

Entre les nations dont il peuple le monde,
Il lui plut vous bénir comme ses bien-aimés ;
Et quand il a formé le ciel, la terre, et l'onde,
    C'est pour vous qu'il les a formés.

Ce créateur de tout, ce maître du tonnerre,
S'est réservé là-haut le ciel pour habiter :
Mais se le réservant, il vous donne la terre ;
    C'est de là qu'il y faut monter.

Ceux qui craignent le Seigneur n'ont espéré qu'en lui ; et ils l'ont pour aide et pour protecteur.

Le Seigneur s'est souvenu de nous, et nous a bénis ;
Il a béni la maison d'Israël, il a béni la maison d'Aaron.

Il a béni tous ceux qui le craignent, les plus petits comme les plus grands.

Que le Seigneur répande encore plus de grâces sur vous ; sur vous et sur vos enfans.

Vous êtes bénis du Seigneur, qui a fait le ciel et la terre

Il a réservé le ciel pour la demeure du maître du ciel, et a donné la terre aux enfans des hommes.

Cependant chez les morts il n'est aucune flamme
Qui ranime, Seigneur, ton sacré souvenir ;
Et sous un froid tombeau qui couvre un corps sans âme
    On n'apprend point à te bénir.

C'est à nous qui vivons à te rendre un hommage
De louange et de gloire, aussi bien que d'encens :
C'est à ceux qui vivront à t'offrir d'âge en âge
    Un tribut de vœux innocens.

Gloire au Père éternel, la première des causes,
Gloire au Verbe incarné, gloire à l'Esprit divin ;
Et telle qu'elle étoit avant toutes les choses,
    Telle soit-elle encor sans fin.

*Antienne.* Nous qui vivons, nous bénissons le Seigneur.

*Chapitre.* Béni soit Dieu, Père de notre Seigneur Jésus-Christ, Père des miséricordes, et Dieu d'entière consolation, qui nous console dans toutes nos tribulations. ℟. Rendons grâces à Dieu.

### HYMNE.

Père et maître de la lumière,
Qui de tes seuls trésors tires celle des jours ;
Qui commenças par elle à déployer leur cours,
Et préparer du monde et l'ordre et la matière ;

Qui donnes le nom de journée
Au doux enchaînement du matin et du soir :
Le chaos de la nuit répand son voile noir,
Écoute les soupirs de notre âme étonnée.

Empêche que le poids des crimes
L'exile du vrai jour qui seul fait vivre en toi ;
Empêche que l'oubli de ta divine loi
L'enfonce du péché dans les plus noirs abîmes.

Fais monter au ciel sa prière,
Fais qu'après ses combats la vie en soit le prix ;
De tout ce qui t'offense épure nos esprits,
De tout ce qui peut nuire affranchis leur carrière.

Seigneur, les morts ne vous loueront point, ni tous ceux qui descendent dans l'enfer.
  Mais nous qui vivons, nous bénissons le Seigneur ; et nous nous y emploierons de ce moment à tout jamais.
  Gloire soit au Père, etc.

Accordez-nous cette victoire,
Père incompréhensible, Homme-Dieu Jésus-Christ,
Qui régnez à jamais avec le Saint-Esprit
Au bienheureux séjour de lumière et de gloire.

℣. Seigneur, souffrez que mon oraison monte jusqu'à vous.
℟. Comme fait l'encens en votre présence.

### CANTIQUE DE LA SAINTE VIERGE [1].

*En saint Luc*, I.

Après un si haut privilége
Dont il plaît au Seigneur de me gratifier,
Je me dois tout entière à le magnifier,
Et mon silence ingrat seroit un sacrilége.

Quand même je voudrois me taire,
Un doux emportement parleroit malgré moi;
Et cet excès d'honneur m'est une forte loi
D'épanouir mon âme en Dieu mon salutaire.

Il a regardé ma bassesse,
Il a du haut des cieux daigné s'en souvenir;
Et depuis ce moment tout le siècle à venir
Publiera mon bonheur par des chants d'allégresse.

La merveille tant attendue
De son pouvoir en moi fait voir l'immensité;
Et je dois de son nom bénir la sainteté,
Dont la vive splendeur sur moi s'est répandue.

De sa miséricorde sainte
L'effort de race en race enfin tombe sur nous;
Il en fait part à ceux qui craignent son courroux,
Et je porte le prix d'une si digne crainte.

Son bras a montré sa puissance :
Les projets les plus vains, il les a dispersés;
Les desseins les plus fiers, il les a renversés;
Et du plus haut orgueil abattu l'insolence.

---

1. *Cantique de la sainte Vierge.* Mon âme magnifie le Seigneur;
Et mon esprit a tressailli de joie en Dieu mon salutaire.
Il a regardé la bassesse de sa servante; et à cause de cela toutes les générations me nommeront bienheureuse.
Parce que le Tout-Puissant a fait en moi de grandes choses, et a montré la vertu de son saint nom.
Et sa miséricorde passe de race en race à ceux qui le craignent.
Il a déployé la puissance de son bras, et mis les superbes bien loin de la pensée de leur cœur.

Les plus invincibles monarques
Se sont vus par sa main de leur trône arrachés;
Et ceux que la poussière avoit tenus cachés
Ont reçu de son choix les glorieuses marques.

Ce choix de ses faveurs solides
A su remplir de biens ceux que pressoit la faim;
Et ceux qui puisoient l'or chez eux à pleine main,
Sa juste défaveur les a renvoyés vides.

C'est ce qui nous donne assurance
Qu'il a pris Israël en sa protection,
Et n'a point oublié la grâce dont Sion
Avoit droit de flatter son illustre espérance.

Il la promit avec tendresse,
Abraham et ses fils en avoient son serment :
Tout ce qu'il leur jura paroît en ce moment,
Et ce miracle enfin dégage sa promesse.

Gloire au Père, cause des causes,
Gloire au Verbe incarné, gloire à l'Esprit divin,
Telle encor maintenant et telle encor sans fin
Qu'elle étoit en tous trois avant toutes les choses.

*On dit ensuite l'Antienne et l'Oraison propre.*

## COMPLIES DES DIMANCHES.

Seigneur, de tous les cœurs qui cherchent à vous plaire
L'unique salutaire,
Convertissez notre âme, et détournez de nous
Votre juste courroux[1].

Il a déposé les plus puissans de leur siége, et a exalté les plus ravalés.

Il a rempli de biens ceux qui étoient pressés de la faim, et renvoyé vides les opulens.

Il a pris en sa protection Israël son serviteur, en rappelant le souvenir de sa miséricorde.

Ainsi qu'il l'avoit promis à nos pères, à Abraham, et à sa postérité, pour tout jamais.

Gloire soit au Père, etc.

1. Convertissez-nous, ô Dieu, qui êtes notre salutaire.
Et détournez votre colère de nous.

O grand Dieu, de qui tout procède,
Qui faites et vivre et mourir,
Ne me refusez pas votre aide,
Hâtez-vous de me secourir.

Gloire au Père, souverain Maître,
Gloire au Fils, à l'Esprit divin;
Et telle qu'elle étoit quand tout commença d'être,
Telle soit-elle encor, maintenant, et sans fin.

Louez le Seigneur.
*Antienne.* Ayez pitié de moi.

### PSAUME IV[1].

Sitôt que j'invoquai le Dieu de ma justice,
Il exauça mes vœux, il prit pitié de moi;
Dans mes afflictions sa main me fut propice,
Et dilata mon cœur qu'avoit serré l'effroi.

Montrez pour moi, Seigneur, une pitié nouvelle :
Vous voyez sur mes bras de nouveaux ennemis;
Dissipez leurs conseils, ramenez mon rebelle,
Exaucez ma prière, et me rendez mon fils.

Lâches, dont le complot en ces ennuis me plonge,
Jusqu'où porterez-vous des cœurs durs et pesans?
Jusqu'où prendrez-vous soin d'appuyer le mensonge?
Jusqu'où d'un vain orgueil serez-vous partisans?

Avez-vous oublié par combien de miracles
Dieu m'a mis dans le trône et soutenu son choix?
Le croyez-vous moins fort à briser tous obstacles,
Aussitôt que vers lui j'élèverai ma voix?

Prenez contre le crime une digne colère,
Connoissez votre faute, et cessez de faillir;
Et faites dans vos lits un examen sévère
De ce que votre cœur espère en recueillir.

Mon Dieu, venez à mon aide, etc.

1. Ps. IV. Quand j'ai invoqué le Dieu qui me rend justice, il m'a exaucé : mon Dieu, vous m'avez dilaté le cœur dans la tribulation.
Ayez pitié de moi, et exaucez ma prière.
Fils des hommes, jusques à quand aurez-vous un cœur pesant et dur? à quel sujet aimez-vous la vanité, et cherchez-vous le mensonge?
Sachez que Dieu a fait des merveilles pour le saint qu'il a choisi : apprenez qu'il m'exaucera, dès que j'élèverai ma voix à lui.
Mettez-vous en colère, et quittez la volonté de pécher : tout ce que vous dites en vos cœurs, repassez-le dans vos lits avec componction.

Qu'un juste repentir offre vos sacrifices,
Mettez-vous en état d'espérer au Seigneur;
Venez, et laissez dire aux esclaves des vices:
« Qu'on nous offre du bien, on aura notre cœur! »

Sa lumière divine a mis sur mon visage
De ses vives clartés la sainte impression;
Et sa parfaite joie a mis dans mon courage
De quoi me soutenir contre l'oppression.

Avant cette fureur de la guerre civile,
A-t-on vu des sujets plus heureux que les miens?
L'abondance du vin, du froment, et de l'huile,
En augmentoit le nombre en augmentant leurs biens

Je reverrai, Seigneur, encor la même chose,
Dès qu'il vous aura plu me redonner la paix:
C'est sur ce doux espoir que mon cœur se repose,
C'est à ce doux effet qu'il borne ses souhaits.

Ces grâces, ô mon Dieu, passeroient les premières:
Mais sur votre bonté j'ose m'en assurer;
Et vous m'avez tant fait de faveurs singulières,
Que j'espère aisément plus qu'on n'ose espérer.

Gloire au Père éternel, la première des causes,
Gloire au Verbe incarné, gloire à l'Esprit divin;
Et telle qu'elle étoit avant toutes les choses,
Telle soit-elle encor, maintenant, et sans fin.

PSAUME XXX[1].

J'ai mis en vous mon espérance:
Sera-ce à ma confusion,
Seigneur? et votre bras est-il dans l'impuissance
De me faire justice en cette occasion?

Sacrifiez un sacrifice de justice, et espérez au Seigneur. Plusieurs disent: « Qui nous montre où sont les biens? »
La lumière de votre visage est empreinte sur nous; vous avez répandu la joie en mon cœur.
Mes sujets se sont multipliés par l'abondance de leur froment, de leur vin, et de leur huile.
Et j'espère encore de dormir quelque jour en paix, et de reposer dans l'union;
Parce que les faveurs singulières que j'ai reçues de vous m'ont mis en état de tout espérer.
Gloire soit au Père, etc.

1. Ps. xxx. Seigneur, c'est en vous que j'ai espéré, je n'en recevrai jamais de confusion: faites-moi justice, et délivrez-moi.

COMPLIES DES DIMANCHES. 41

Déployez-le, l'ennemi presse;
Prêtez l'oreille à mes clameurs :
Venez, et hâtez-vous d'appuyer ma foiblesse.
Pour peu que vous tardiez, tout me manque, et je meurs.

Je n'ai plus ni vivres, ni places,
Je n'ai ni troupes, ni vigueur;
Et si votre secours n'arrête mes disgrâces,
Je succombe à la force, ou tombe de langueur.

Mais vous serez ma citadelle,
Vous suppléerez tous mes besoins;
J'aurai pour ma conduite une grâce nouvelle,
J'aurai pour subsistance un effet de vos soins.

C'est en vain qu'on me dresse un piége,
C'est en vain qu'on veut m'assiéger;
Vous romprez les filets, vous confondrez le siége :
Un seul de vos regards saura me protéger.

Souffrez qu'en vos mains je remette
Une âme réduite aux abois :
O Dieu de vérité, servez-moi de retraite,
Vous qui m'avez déjà racheté tant de fois!

Gloire au Père, cause des causes,
Gloire au Fils, à l'Esprit divin;
Et telle qu'elle étoit avant toutes les choses,
Telle soit-elle encor, maintenant, et sans fin.

PSAUME XC[1].

Sous l'appui du Très-Haut quiconque se retire,
Et de tout se confie en lui,
Sous sa protection jusqu'au bout il respire,
Et n'a point besoin d'autre appui.

Penchez votre oreille vers moi, hâtez-vous de me tirer de péril.
Soyez pour moi un Dieu protecteur, et une maison de refuge, où je sois en sûreté.
Car vous êtes ma force et mon refuge, et vous me guiderez et nourrirez pour l'amour de votre nom.
Vous me retirerez du piége caché qu'on m'a tendu, parce que vous êtes mon protecteur.
Je vous recommande mon esprit, et le remets entre vos mains Seigneur, vous êtes le Dieu de vérité, qui m'avez racheté souvent.
Gloire soit au Père, etc.

1. Ps. xc. Celui qui habite en l'aide du Très-Haut, demeurera sous la protection du Dieu du ciel.

Il dira hautement : «Vous êtes mon refuge,
  Seigneur, vous me tendez la main;
C'est en vous que j'espère, et je n'aurai pour juge
  Que mon protecteur souverain.

«Sous un bras si puissant je suis en assurance
  Contre les piéges des chasseurs,
Et le plus noir venin de l'âpre médisance
  Ne m'imprime aucunes noirceurs. »

Espérez tous en lui : l'ombre de ses épaules
  Vous tiendra partout à couvert,
Et son vol étendu jusque sous les deux pôles
  Vous servira d'asile ouvert.

En cet heureux état sa vérité suprême
  Vous fait partout un bouclier;
Et, dans l'obscurité, la frayeur elle-même
  N'a point de quoi vous effrayer.

L'attentat en plein jour, les négoces infâmes
  Qui ne se traitent que de nuit,
Du démon du midi les pestilentes flammes,
  De tout cela rien ne vous nuit.

Un million de traits, un million de flèches
  Tomberont à vos deux côtés,
Sans que flèches ni traits fassent aucunes brèches
  Sur ce que gardent ses bontés.

Considérez d'ailleurs comme agit sa colère
  Sur qui se plaît à l'offenser :
Vous verrez les pécheurs recevoir leur salaire,
  Et ses foudres les terrasser.

Il dira au Seigneur : « Vous m'avez reçu en votre sauvegarde, et vous êtes mon refuge : oui, le Seigneur est mon Dieu, j'espérerai en lui.

« Car c'est lui qui m'a délivré des piéges des chasseurs, et des outrages de la calomnie. »

Il vous couvrira de l'ombre de ses épaules, et vous espérerez sous ses ailes.

Sa vérité vous environnera d'un écu si fort, que les terreurs nocturnes ne vous feront point trembler.

Vous ne craindrez ni la flèche qui vole en plein jour, ni la trahison qui se trame et s'exécute dans les ténèbres, ni les insultes, ni le démon du midi.

Mille traits tomberont à votre côté, et dix mille à votre droite; mais aucun n'approchera de vous.

Cependant vous considérerez tout cela de vos yeux, et verrez la rétribution des pécheurs.

Espérez tous en lui, j'aime à vous le redire,
  Et ne puis vous le dire assez :
C'est prendre un haut refuge, et le plus vaste empire
  N'a point de forts si bien placés.

L'asile que nous font sa grâce et sa justice
  Est inaccessible à tous maux;
Et sous quelque fléau que la terre gémisse,
  Vous n'en craindrez point les assauts.

Ses anges par son ordre auront soin de vos routes,
  Quelque part qu'il vous faille aller;
Et tout autour de vous ils seront aux écoutes,
  Dès qu'il vous faudra sommeiller.

Dans ces âpres sentiers qu'à peine ouvre la terre,
  Ils vous porteront en leurs mains,
De peur que votre pied heurtant contre la pierre
  Ne fasse avorter vos desseins.

Des plus hideux serpens l'affreuse barbarie
  Vous laissera marcher sur eux :
Vous foulerez aux pieds le lion en furie,
  Le dragon le plus monstrueux.

« C'est en moi qu'il a mis toute son espérance,
  Dira de vous ce Dieu tout bon;
Et je protégerai partout son innocence,
  Puisqu'il a reconnu mon nom.

« Il n'aura qu'à parler, j'entendrai sa prière,
  Je prendrai part à ses douleurs;
Je ferai succéder ma gloire à sa misère,
  Et mon bonheur à ses malheurs.

---

Parce que vous avez dit : « Seigneur, vous êtes toute mon espérance, » et que vous avez pris le Très-Haut pour votre refuge.

Aucun mal n'arrivera jusqu'à vous, et aucun fléau n'approchera de votre demeure.

D'autant qu'il a commandé à ses anges de vous garder en toutes vos routes.

Ils vous porteront en leurs mains, de peur que par le hasard votre pied ne heurte contre quelque pierre.

Vous marcherez sur l'aspic et sur le basilic, et vous foulerez aux pieds le lion et le dragon.

Dieu dira de vous : « Je délivrerai cet homme, parce qu'il a espéré en moi : je le protégerai, parce qu'il a connu mon nom.

« Il s'écriera vers moi, et je l'exaucerai ; je suis avec lui dans la tribulation, je l'en tirerai et le glorifierai.

« A la longueur du temps que je veux qu'il me serve
  Je joindrai mon grand avenir,
Et je lui ferai voir quel bonheur je réserve
  A ceux qui savent me bénir. »

Gloire au Père éternel, la première des causes,
  Gloire au Fils, à l'Esprit divin;
Et telle qu'elle étoit avant toutes les choses,
  Telle soit-elle encor sans fin.

### PSAUME CXXXIII[1].

Ministres du Seigneur, bénissez à l'envi
  Sa main toute-puissante :
  Qu'aucun ne s'en exempte,
Montrez tous le grand cœur dont vous l'avez servi.

C'est vous qui demeurez dans sa sainte maison,
  Que ce devoir regarde;
  Vous qui l'avez en garde,
Et qui pour tout le peuple offrez votre oraison.

Quand ce peuple accablé de travaux et d'ennui
  Paisiblement sommeille,
  Qu'autre que vous ne veille,
Levant les mains au ciel, bénissez-le pour lui.

Dites sur Israël : « Que le grand Dieu des dieux
  Par sa bonté propice
  A jamais vous bénisse,
Lui qui créa d'un mot et la terre et les cieux! »

Gloire au Père éternel, à son Verbe incarné,
  A l'Esprit adorable,
  Telle à jamais durable
Qu'elle étoit en tous trois avant que tout fût né.

*Antienne.* Ayez pitié de moi, Seigneur, et exaucez mon oraison.

---

« Je lui donnerai de longues années, et je lui montrerai mon salutaire. »
Gloire soit au Père, etc.

1. Ps. CXXXIII. Bénissez maintenant le Seigneur, tous tant que vous êtes de serviteurs du Seigneur;
Vous qui demeurez dans la maison du Seigneur, dans les parvis de la maison de notre Dieu,
Durant les nuits élevez vos mains vers le sanctuaire, et bénissez le Seigneur.
Que le Seigneur vous bénisse de Sion, lui qui a fait le ciel et la terre.
Gloire soit au Père, etc.

## HYMNE.

En ces derniers momens du jour qui nous éclaire,
Auteur de l'univers, nous t'osons demander
Qu'avec ta clémence ordinaire
Jusques à son retour tu daignes nous garder.

Repousse loin de nous l'insolence des songes,
Les fantômes impurs que le démon produit :
Retiens ce père des mensonges ;
Qu'aucune indignité ne souille notre nuit.

Fais-nous, Père éternel, fais à tous cette grâce,
Nous t'en prions au nom de ton Fils Jésus-Christ,
Qui règne en cet immense espace
Où tu règnes toi-même avec le Saint-Esprit.

*Chapitre. Jérémie*, XIV. Quant à vous, Seigneur, vous êtes en nous, et votre saint nom est invoqué sur nous : ne nous délaissez pas, vous qui êtes notre Seigneur et notre Dieu.

℣. Rendons grâces à Dieu.

*Bref.* ℟. Seigneur, je vous recommande mon esprit, et le remets entre vos mains.

*Et se répète.* Seigneur, je vous recommande mon esprit, et le remets entre vos mains.

℣. Vous nous avez rachetés, Seigneur, vous qui êtes le Dieu de vérité.

℟. Je vous recommande mon esprit.

℣. Gloire soit au Père, et au Fils, et au Saint-Esprit.

℟. Seigneur, je vous recommande mon esprit, et le remets entre vos mains.

℣. Gardez-nous, Seigneur, comme la prunelle de l'œil.

℟. Et protégez-nous sous l'ombre de vos ailes.

*Antienne.* Conservez-nous.

### CANTIQUE DE SIMÉON[1].

*En saint Luc*, II.

Enfin, suivant votre parole,
Vous me laissez aller en paix,
Seigneur, et mon âme s'envole
Au sein d'Abraham pour jamais.

---

1. *Cantique de Siméon.* Seigneur, vous laissez maintenant aller en paix votre serviteur, suivant votre parole.

Vous avez daigné satisfaire
De mes yeux le plus doux souci :
Ils ont vu votre salutaire,
Et n'ont plus rien à voir ici.

C'est le salutaire suprême
Que vos saintes prénotions
Vous ont fait préparer vous-même
Devant toutes les nations.

Par cette lumière adorable
Les gentils seront éclairés,
Et d'une gloire incomparable
Vos peuples seront honorés.

Gloire au Père, cause des causes,
Gloire au Fils, à l'Esprit divin ;
Et telle qu'avant toutes choses,
Telle soit-elle encor sans fin.

*Antienne.* Conservez-nous, Seigneur, lorsque nous veillons, gardez-nous lorsque nous dormons, afin que nous veillions avec Jésus-Christ, et que nous reposions en paix.

℣. Seigneur, exaucez ma prière.
℟. Et que mes clameurs aillent jusqu'à vous.

*Oraison.* Nous vous prions, Seigneur, de visiter cette demeure, et d'en repousser bien loin les embûches de l'ennemi : que vos saints anges y habitent, qu'ils nous y conservent en paix, et que votre bénédiction soit toujours sur nous. Nous vous en supplions par notre Seigneur Jésus-Christ votre Fils, qui, véritable Dieu comme vous, vit et règne avec vous en l'unité du Saint-Esprit, dans tous les siècles des siècles.

℟. Ainsi soit-il.
℣. Seigneur, exaucez ma prière.
℟. Et que mes clameurs aillent jusqu'à vous.
℣. Bénissons le Seigneur.
℟. Rendons grâces à Dieu.

*Bénédiction.* Que le Seigneur tout-puissant et tout miséricordieux, le Père, le Fils et le Saint-Esprit, nous bénisse et nous tienne en sa garde.

℟. Ainsi soit-il.

Parce que mes yeux ont vu votre salutaire,
Que vous avez préparé devant la face de tous les peuples,
Pour servir de lumière à éclairer les nations, et faire la gloire d'Israël, votre peuple.
**Gloire soit au Père,** etc.

*Antienne à la sainte Vierge.* Nous vous saluons, Reine et Mère de miséricorde. Nous vous saluons comme étant notre vie, notre douceur, et notre espérance. Nous élevons nos cris vers vous, malheureux exilés et enfans d'Ève que nous sommes. Nous poussons nos soupirs vers vous dans cette vallée de larmes, où nous ne faisons que gémir et pleurer. Soyez donc notre avocate, tournez vers nous ces yeux qui ne sont que miséricorde, et montrez-nous au sortir de notre bannissement le bienheureux fruit de vos entrailles, Jésus-Christ. Nous vous en conjurons, ô Marie, Vierge pleine de clémence, de compassion, et de douceur!

℣. Sainte Mère de Dieu, priez pour nous.

℟. Afin que nous devenions dignes des promesses de Jésus-Christ.

*Oraison.* Dieu tout-puissant et éternel, qui, par la coopération du Saint-Esprit, avez si bien préparé le corps et l'âme de la bienheureuse vierge mère Marie, qu'elle a mérité que vous en fissiez un logement digne de votre Fils : accordez à nos prières que par la pieuse intercession de cette même Vierge, dont nous célébrons la mémoire avec joie, nous puissions nous voir préservés des malheurs qui sont prêts à fondre sur nous, et de la mort éternelle. Nous vous en supplions par le même Jésus-Christ notre Seigneur.

℟. Ainsi soit-il.

℣. Que le secours de Dieu demeure toujours avec nous.

℟. Ainsi soit-il.

# LES HYMNES
## DU
# BRÉVIAIRE ROMAIN.

## PREMIÈRE PARTIE.

# HYMNES
### POUR CHAQUE JOUR DE LA SEMAINE.

#### POUR LES DIMANCHES.

*Depuis l'octave de l'Épiphanie jusqu'au carême, et depuis le mois d'octobre jusqu'à l'avent.*

A MATINES.

En ce jour, le premier qu'ait vu briller la terre,
Ce jour où du néant Dieu tira l'univers,
Ce grand jour que choisit ce maître du tonnerre
Pour terrasser la mort et briser tous nos fers;

Aux langueurs du sommeil dérobons nos paupières,
Développons du lit nos membres engourdis,
Et, cherchant dans la nuit la source des lumières,
Suivons ce qu'un prophète a pratiqué jadis.

Prions ce Créateur de toute la nature
Qu'il écoute nos vœux, qu'il nous tende la main;
Et qu'ayant épuré nos cœurs de toute ordure,
Cette main nous élève au bonheur souverain.

Que quiconque amoureux de sa gloire divine
L'exalte en ces momens les plus sacrés du jour,
Quiconque y donne un temps qu'au repos on destine,
En ait pour digne prix les dons de son amour.

Nous t'en conjurons tous, vive clarté du Père,
Écarte de nos cœurs ce qui les peut blesser;
Bannis de nos désirs ce qui peut te déplaire,
Et de nos actions ce qui peut t'offenser.

Que jamais rien d'impur, que jamais rien de sale
Ne tache le dehors, ne souille le dedans;
Et que jamais l'ardeur d'une flamme brutale
N'ait de quoi nous livrer à des feux plus ardens!

Daigne, Sauveur bénin, effacer de nos âmes
Tout ce qui fait rougir le front des vrais chrétiens;
Et sur les traits biffés de ces marques infâmes
Grave tout ce qui mène au séjour des vrais biens!

Que, dégagés ainsi des passions charnelles,
Reçus de ton empire au sacré célibat,
Comme osent l'espérer tes serviteurs fidèles,
De ta gloire à jamais nous bénissions l'éclat.

Accordez cette grâce à nos humbles prières,
Père incompréhensible, Homme-Dieu Jésus-Christ,
Qui régnez l'un et l'autre au séjour des lumières,
Où sans fin avec vous règne le Saint-Esprit.

## A LAUDES.

De ce vaste univers créateur immuable,
Qui gouvernez la course et des jours et des nuits,
Et variez leurs temps par l'ordre invariable
Dont la diversité soulage nos ennuis;

Le messager du jour commence votre éloge :
Ce vigilant oiseau par ses chants nous instruit,
Sa voix aux voyageurs dans l'ombre sert d'horloge,
Et sépare à grands cris la nuit d'avec la nuit.

Il prend un soin exact d'éveiller le phosphore,
Il l'invite à chasser les ténèbres des cieux,
Menace le voleur du retour de l'aurore,
Lui fait cacher sa proie et redouter nos yeux.

Du nocher à ses cris la vigueur se rappelle;
Les vagues de la mer roulent moins fièrement;
Pierre se reconnoît pour disciple infidèle,
Et par des pleurs amers lave son reniement.

Levons-nous sans tarder, entendons sans remise
Ce qu'il nous dit si haut dès son premier réveil;
Sa voix a convaincu le prince de l'Église,
Sa voix aux paresseux reproche le sommeil.

Nous sentons à ses chants renaître l'espérance;
Le malade en reçoit un rayon de santé,
Le glaive du brigand nous laisse en assurance,
La foi vive succède à l'infidélité.

Que par toi de nos cœurs la guérison s'achève !
De tes yeux, doux Sauveur, il n'y faut qu'un seul trait.
Regarde le pécheur, sa chute le relève :
Fais-lui verser des pleurs, il n'a plus de forfait.

Éclaire tous nos sens de ta propre lumière,
Dissipe le sommeil dont ils sont accablés ;
Qu'en nos concerts ta gloire à jamais la première
Puisse acquitter des vœux tant de fois redoublés !

Gloire au Père éternel, gloire au Fils ineffable,
Gloire toute pareille à l'Esprit tout divin !
Gloire à leur unité, dont l'essence adorable
Règne sans borne aucune, et régnera sans fin !

## POUR LES DIMANCHES.

*Depuis l'octave du saint sacrement jusqu'au mois d'octobre.*

### A MATINES.

Levons-nous dans la nuit, coupons-la par nos veilles,
Faisons-la résonner de nos plus doux accords ;
Et, pour chanter d'un Dieu les plus hautes merveilles,
    Unissons nos efforts.

Joignons aux voix des saints une sainte harmonie
Qui mérite une entrée en ces brillans palais,
Où l'on goûte avec eux le bonheur d'une vie
    Qui ne finit jamais.

Daigne nous l'accorder la sagesse profonde
De cette essence unique en trois divins suppôts,
Dont la gloire remplit de l'un et l'autre monde
    Les plus vastes enclos !

### A LAUDES.

Des ombres de la nuit l'épaisseur affoiblie
Va céder de l'aurore à l'éclat renaissant :
Il est temps que des corps la vigueur rétablie
    Se voue au Tout-Puissant.

Supplions sa pitié d'accepter notre hommage,
D'écarter la langueur, d'affermir la santé ;
Et qu'un Dieu, pour nous rendre au céleste héritage,
    D'un père ait la bonté.

Daigne nous l'accorder la sagesse profonde
De cette essence unique en trois divins suppôts,
Dont la gloire remplit de l'un et l'autre monde
    Les plus vastes enclos!

### A PRIME.

Les astres et la nuit à l'aurore ont fait place :
    Supplions un Dieu tout-puissant
Que, durant tout le cours du soleil qui les chasse,
Nous ne portions nos mains à rien que d'innocent.

Qu'il tienne à notre langue une bride sévère,
    Qu'il lui fasse horreur des débats ;
Qu'il daigne ouvrir nos yeux à sa sainte lumière,
Qu'il daigne les fermer à tous les vains appas.

Que le fond de nos cœurs, sans tache et sans ordure,
    Repousse tous les faux plaisirs ;
Que la sobriété dompte de la nature
Le plus rebelle orgueil et les plus fiers désirs.

Qu'il nous mette en état qu'au bout de la journée,
    Quand la nuit reprendra son tour,
Dans cette pureté qu'il nous aura donnée,
Nous chantions à sa gloire un cantique d'amour.

Gloire au Père éternel, gloire au Fils ineffable,
    Gloire à l'Esprit saint et divin !
Gloire à leur unité, dont l'essence immuable
Règne sans borne aucune, et régnera sans fin !

### A TIERCE.

Pur amour, Esprit saint, qui n'êtes qu'une essence
    Avecque le Père et le Fils,
Daignez par une prompte et bénigne influence
Verser du haut du ciel vos dons dans nos esprits.

Que nos bouches, nos cœurs, et nos sens, et nos forces,
    Rendent gloire à leur Souverain ;
Que de la charité les brillantes amorces
Par un ardent exemple embrasent le prochain.

Que le Père et le Fils accordent cette grâce
    A l'humble ferveur de nos vœux,
Eux qui règnent sans fin dans cet immense espace
Que remplit l'Esprit saint, qui n'est qu'un avec eux.

### A SEXTE.

Gouverneur tout-puissant de cette masse entière,
    Dieu, par qui chaque heure a son tour;
Qui dépars au matin l'éclat de la lumière,
Et gardes la chaleur pour le plus haut du jour;

Éteins ces feux trop vifs d'où naissent les querelles;
    Chasse toute nuisible ardeur;
Donne au corps la santé, l'effet aux vœux fidèles,
La sainte joie à l'âme, et le vrai calme au cœur.

Que le Père et le Fils accordent cette grâce
    A l'humble ferveur de nos vœux,
Eux qui règnent sans fin dans cet immense espace
Que remplit l'Esprit saint, qui n'est qu'un avec eux.

### A NONE.

Immuable vigueur qui soutiens toutes choses,
    Qu'à toutes on voit présider;
Qui de tous les momens absolument disposes,
Les fais s'entre-produire et s'entre-succéder;

Donne un soir éclairé qui, fermant notre vie,
    Nous ouvre un tranquille avenir,
Où, pour prix d'une course heureusement finie,
Nous trouvions une gloire à ne jamais finir.

Que le Père et le Fils accordent cette grâce
    A l'humble ferveur de nos vœux,
Eux qui règnent sans fin dans cet immense espace
Que remplit l'Esprit-Saint, qui n'est qu'un avec eux.

### A VÊPRES.

    Père et maître de la lumière,
Qui de tes seuls trésors tires celle des jours,
Qui commenças par elle à déployer leur cours,
Et préparer du monde et l'ordre et la matière;

    Qui donnes le nom de journée
Au doux enchaînement du matin et du soir :
Le chaos de la nuit répand son voile noir,
Écoute les soupirs de notre âme étonnée.

    Empêche que le poids des crimes
L'exile du vrai jour qui seul fait vivre en toi;
Empêche que l'oubli de ta divine loi
N'enfonce du péché dans les plus noirs abîmes.

Fais monter au ciel sa prière,
Fais qu'après ses combats la vie en soit le prix :
De tout ce qui t'offense épure nos esprits,
De tout ce qui peut nuire affranchis leur carrière.

Accordez-nous cette victoire,
Père incompréhensible, Homme-Dieu Jésus-Christ,
Qui régnez à jamais avec le Saint-Esprit
Au bienheureux séjour de lumière et de gloire!

### A COMPLIES.

En ces derniers momens du jour qui nous éclaire,
Auteur de l'univers, nous t'osons demander
Qu'avec ta clémence ordinaire
Jusques à son retour tu daignes nous garder.

Repousse loin de nous l'insolence des songes,
Les fantômes impurs que le démon produit;
Retiens ce père des mensonges,
Et ne lui permets point de souiller notre nuit.

Fais-nous, Père éternel, fais à tous cette grâce!
Nous t'en prions au nom de ton Fils Jésus-Christ,
Qui règne en cet immense espace
Où tu règnes toi-même avec le Saint-Esprit.

*Ces hymnes à Prime, Tierce, Sexte, None, et Complies,
se disent tous les jours de l'année.*

---

### POUR LE LUNDI.

#### A MATINES.

Seigneur, par le sommeil nos forces réparées
Du lit dédaignent les douceurs :
Entends, des voûtes azurées,
Et le concert des voix, et le zèle des cœurs!

Que ton nom le premier sorte de notre bouche;
Que notre ardeur n'aille qu'à toi;
Qu'aucun autre objet ne la touche :
Sois son premier souci, sois son dernier emploi.

Qu'aux naissantes clartés l'ombre s'évanouisse;
Que la nuit se cache à son tour;
Que les désordres qu'elle glisse
Se dissipent comme elle aux approches du jour.

Épure nos esprits, efface tous nos crimes;
    Que, dégagés de tous forfaits,
    Nous chantions tes bontés sublimes,
Ici durant la vie, au ciel à tout jamais.

Daignez, Père éternel, nous faire cette grâce;
    Et vous, Homme-Dieu Jésus-Christ,
    Qui régnez dans l'immense espace
Où comme vous et lui règne le Saint-Esprit.

### A LAUDES.

    Splendeur de la gloire du Père,
Dont tu tires l'éclat que tu rends à ton tour;
Clarté de la clarté, source de la lumière,
Jour de qui les rayons illuminent le jour;

    Vrai soleil, répands dans nos âmes
De cet éclat divin les rayons tout-puissans;
Verse du Saint-Esprit les plus brillantes flammes
Sur les gouffres obscurs où s'abîment nos sens.

    Nous réclamons aussi ton aide,
Père de qui la gloire est sans borne et sans fin;
Père de qui la grâce est le puissant remède
Qui seul de tous nos maux dissipe le venin.

    Père éternel, Père ineffable,
Affermis nos vertus, confonds nos envieux;
Change en prospérité tout ce qui nous accable,
Guide nos actions dans la route des cieux.

    Préside à toutes nos pensées,
Forme en nous un corps chaste et fidèle à son Dieu;
Fais que de notre foi les ardeurs empressées
A la fraude jamais ne laissent aucun lieu.

    Que la foi soit notre breuvage,
Que pour viande en tous lieux nous ayons Jésus-Christ;
Qu'une sincère joie y goûte l'avantage
De cette sobre ivresse où s'épure l'esprit.

    Que ce jour ne soit qu'allégresse;
Qu'il ait pour son matin une sainte pudeur
Pour midi cette foi qui t'adore sans cesse,
Et dont aucun couchant n'ensevelit l'ardeur.

    L'aurore déjà nous éclaire :
Puissent avec l'aurore éclairer nos esprits,
Et le Fils qui se voit tout entier en son Père,
Et le Père qui vit tout entier en son Fils!

Gloire à ce Père inconcevable,
Gloire au Verbe incarné, gloire à l'Esprit divin;
Gloire à leur unité, dont l'essence immuable
Règne sans borne aucune, et régnera sans fin

### A VÊPRES.

Immense auteur du ciel, qui pour te mieux répondre
Des êtres où tu fis entrer chaque élément,
En divisant les eaux qui pouvoient les confondre,
Entre elles pour barrière as mis le firmament;

Qui là-haut affermis un fond aux mers célestes,
Et rangeas par ruisseaux les nôtres au-dessous,
De crainte que du feu les ravages funestes
Ne puissent dissiper un séjour fait pour nous;

Verse dans tous nos cœurs une grâce fidèle,
Dont le secours propice ait toujours à durer;
Empêche que l'effet d'une fraude nouvelle
Sous une vieille erreur ne nous puisse atterrer.

Fais que la foi nous donne une lumière sainte,
Et nous imprime en l'âme à tel point sa clarté,
Que jamais vain appas n'y porte aucune atteinte,
Jamais ne l'embarrasse aucune fausseté.

Accordez cette grâce à nos humbles prières.
Père incompréhensible, Homme-Dieu Jésus-Christ,
Qui régnez l'un et l'autre au séjour des lumières,
Où sans fin avec vous règne le Saint-Esprit.

## POUR LE MARDI.

### A MATINES.

Lumière qui n'es qu'une avec celle du Père,
    Jour du jour, clarté des clartés,
Nos chants rompent la nuit par une humble prière :
    Assiste-nous par tes bontés.

Écarte loin de nous les ténèbres coupables,
    Chasse les troupes de l'enfer,
Et ce que le sommeil a de langueurs capables
    D'abattre un cœur, d'en triompher.

Prends, Seigneur, prends pour nous une telle indulgence,
    Rends-toi si propice aux croyans,
Qu'ils puissent obtenir de ta magnificence
    Les dons que demandent leurs chants.

Que le Père et le Fils accordent cette grâce
    A l'humble ferveur de nos vœux,
Eux qui règnent sans fin dans cet immense espace
    Où l'Esprit saint règne avec eux.

### A LAUDES.

Le messager du jour au réveil nous convie;
Sur notre âme Jésus fait un pareil effort,
Et, l'arrachant lui-même au frère de la mort,
    La rappelle à la vie.

« Quittez, quittez ces lits où règne la paresse
(C'est ce qu'au fond des cœurs il crie à haute voix);
Veillez, tenez ces cœurs chastes, sobres, et droits :
    J'approche, et le temps presse. »

Répondons à sa voix avec une foi vive,
Avec des pleurs, des vœux, de la sobriété;
Faisons que le sommeil cède à la pureté
    D'une ardeur attentive.

Dissipes-en, Seigneur, les vapeurs infidèles;
Romps ces honteux liens dont nous charge la nuit,
Et répands sur l'horreur du vieux péché détruit
    Des lumières nouvelles.

Gloire au Père éternel, tout bon, tout saint, tout sage;
Gloire au Verbe incarné, gloire à l'Esprit divin,
Qui procédant des deux règne avec eux sans fin,
    Et veut pareil hommage.

### A VÊPRES.

Toi qui créas la terre, et qui l'as enrichie
    Par l'ordre fécond de ta voix,
Des eaux qui la couvroient toi qui l'as affranchie,
Pour la rendre immobile et ferme sur son poids;

Toi qui lui fis tirer du sein de la nature
    Le germe des fleurs et des fruits,
Et nous daignas ensuite offrir pour nourriture
Les herbes et les grains de ce germe produits;

Daigne guérir, Seigneur, ce qu'une indigne flamme
    Forme d'ulcères en nos cœurs,
Fais renaître ta grâce au milieu de notre âme,
Pour noyer nos péchés dans un torrent de pleurs.

Que cette âme avec joie à tes lois obéisse,
    Sans s'échapper vers rien de mal;

Qu'elle-même par toi de tous biens se remplisse,
Et n'y mêle jamais aucun poison fatal.

Que le Père et le Fils accordent cette grâce
    A l'humble ferveur de nos vœux,
Eux qui règnent sans fin en cet immense espace
Où règne l'Esprit saint, qui n'est qu'un avec eux.

---

## POUR LE MERCREDI.

### A MATINES.

    Dieu tout bon, Créateur sublime,
Sur ceux que tu régis jette un œil paternel;
Vois dans quelles langueurs le sommeil les abîme,
Et ne les abandonne à rien de criminel.

    Nous t'en conjurons, roi des anges,
Bannis ce qui peut nuire, et lave ce qui nuit.
Nous nous levons exprès pour chanter tes louanges,
Et rompons en ton nom les chaînes de la nuit.

    Nous élevons les mains et l'âme,
Suivant qu'un roi-prophète a su nous l'ordonner :
C'est ce que chaque nuit doit une sainte flamme,
C'est l'exemple que Paul a pris soin de donner.

    Tu vois ce qui fait nos alarmes,
Nous t'ouvrons de nos cœurs les plus secrets replis :
Ils poussent des sanglots, nos yeux fondent en larmes.
Grâce, grâce au péché dont tu nous vois remplis !

    Daignez exaucer nos prières,
Père incompréhensible, Homme-Dieu Jésus-Christ,
Qui régnez l'un et l'autre au séjour des lumières,
Où sans fin avec vous règne le Saint-Esprit.

### A LAUDES.

Nuit, ténèbres, vapeurs, noir et trouble nuage,
    Faites place à des temps plus doux :
L'aurore à l'univers fait changer de visage,
    Jésus-Christ vient ; retirez-vous.

L'ombre dont l'épaisseur enveloppoit le monde
    Cède aux premiers traits du soleil,
Et la couleur revient sur cette masse ronde
    Qu'il dore et peint à son réveil.

Qu'il commence et finisse à son gré sa carrière :
    Notre unique soleil, c'est toi,

Seigneur; toute notre âme adore ta lumière,
Nos pleurs et nos chants en font foi.

Le monde sous le fard nous déguise cent choses,
Dont tes clartés percent l'abus;
Astre toujours naissant, dévoiles-en les causes,
Et détrompe nos sens confus.

Louange à tout jamais au Père inconcevable,
Louange à son Verbe en tout lieu,
Louange au Saint-Esprit ainsi qu'eux ineffable,
Qui n'est avec eux qu'un seul Dieu.

### A VÊPRES.

Dieu tout bon, tout saint, et tout sage,
Qui d'un feu blanchissant peignis le tour des cieux,
Et par un plus parfait ouvrage
Les ornas d'un éclat à briller encor mieux;

Qui dans leurs plaines azurées
Fis rouler le soleil au quatrième jour,
Et par des courses mesurées
Fis avancer la lune, et divaguer sa cour;

Qui par ces clartés différentes,
Du jour et de la nuit séparant les emplois,
Donnas à leurs splendeurs errantes
Le droit de commencer et de finir les mois;

Illumine le cœur des hommes,
Bannis-en de la chair les criminels appas,
Brise les liens où nous sommes,
Et détruis du péché le plus horrible amas.

Daignez-nous faire cette grâce,
Père incompréhensible, Homme-Dieu Jésus-Christ,
Qui régnez dans l'immense espace
Où sans fin avec vous règne le Saint-Esprit.

## POUR LE JEUDI.

### A MATINES.

L'épaisseur de la nuit dessous un voile sombre
De toute la nature a caché les couleurs:
Pour exalter ton nom, nos voix en percent l'ombre,
Juste juge des cœurs.

Bannis de nos désirs ce vain charme qui passe,
Laves-en la souillure, et nous dépars à tous

La force d'écarter par l'effet de ta grâce
    Le péché loin de nous.

Notre âme, qui languit dans la noirceur du crime,
Voudroit jusqu'à tes pieds en porter le remords,
Et, pour monter à toi de cet obscur abîme,
    Réunit ses efforts.

Que peuvent-ils, Seigneur, si ta bonté n'efface
L'épaisse et triste nuit qui leur couvre les yeux?
Et comment sans ton aide espérer une place
    A te voir dans les cieux?

Ne la refusez pas à nos humbles prières,
Père et Fils que jamais le monde ne comprit,
Et qui régnez sans fin au séjour des lumières
    Avec le Saint-Esprit.

### A LAUDES.

Le soleil renaissant redore la nature :
Laissons évanouir l'indigne aveuglement
Qui nous précipita dans l'erreur et dans l'ordure
    D'un long et sale égarement.

D'un visage serein recevons sa lumière ;
Que son éclat nous rende un esprit net et pur ;
Que la fraude aux discours n'offre plus de matière,
    Ni la malice rien d'obscur.

Que jamais de la bouche un mensonge ne sorte ;
Que la main fuie et l'air et l'ombre du péché ;
Qu'à rien de criminel le regard ne se porte ;
    Qu'en rien le corps ne soit taché.

Songeons qu'il est là-haut un arbitre sévère
Qui voit tout ce qu'on fait, entend tout ce qu'on dit ;
Du matin jusqu'au soir que sa justice opère ;
    Que jusque dans l'âme elle lit.

Gloire soit à jamais au Père inconcevable,
Gloire au Verbe incarné, gloire à l'Esprit divin ;
Gloire à leur unité, dont l'essence immuable
    Règne sans bornes et sans fin.

### A VÊPRES.

Seigneur, dont la puissance au vouloir assortie,
De ce qu'elle tira du vaste sein des mers,
A leurs gouffres profonds rendit une partie,
Et destina le reste à sillonner les airs ;

Tu laissas aux poissons leurs ondes pour demeure ;
Les escadrons ailés s'élevèrent aux cieux ;
Et, d'une même source engendrés à même heure,
Ils surent par ton ordre occuper divers lieux.

Donne à tes serviteurs, que tes bontés sublimes
De ton sang adorable ont lavés dans les flots,
Que leurs âmes jamais ne tombent par leurs crimes
En l'éternel ennui d'une mort sans repos.

Qu'aucun pour ses péchés abattu de foiblesse,
Ou fier de ses vertus jusques à s'en vanter,
Ne demeure écrasé sous le joug qui le presse,
Ou tombe au précipice en voulant s'exalter.

Accordez cette grâce à nos humbles prières,
Père incompréhensible, Homme-Dieu Jésus-Christ,
Qui régnez l'un et l'autre au séjour des lumières,
Où sans fin avec vous règne le Saint-Esprit.

## POUR LE VENDREDI.

### A MATINES.

Sainte unité de trois, dont la toute-puissance
  Régit tout l'univers,
Des nuits pour te louer nous rompons le silence :
  Écoute nos concerts.

Aux heures du repos, pour réclamer ton aide,
  Nous sortons de nos lits :
Accorde à nos clameurs un souverain remède
  Dont nos maux soient guéris.

Tout ce que du démon a coulé l'artifice
  Dans nos cœurs de plus noir,
Qu'il demeure effacé par le secours propice
  De ton divin pouvoir.

Qu'aucune ordure aux corps, aucune glace en l'âme
  N'imprime sa froideur ;
Qu'aucun honteux commerce à notre sainte flamme
  N'attache de tiédeur.

Remplis, Sauveur bénin, remplis-nous, et sans cesse,
  De ton plus vif éclat ;
Et tout le long du jour sauve notre foiblesse
  De tout ce qui l'abat.

Faites-nous ces faveurs, Père incompréhensible,
  Et vous, ô Jésus-Christ,
Qui remplissez ensemble un trône indivisible
  Avec le Saint-Esprit.


### A LAUDES.

  Éternelle gloire des cieux,
Doux espoir des mortels qui soutiens leur misère,
Seul Fils du Tout-Puissant, qui naquis en ces lieux
  Le seul fils d'une vierge mère ;

  Donne-nous la main au réveil,
Jusqu'à toi de notre âme élève l'impuissance ;
Que sa ferveur te rende au sortir du sommeil
  Une juste reconnoissance.

  Du jour la naissante splendeur
Répand sur la nature une admirable teinte ;
La nuit tombe : répands sur notre vive ardeur
  Les rais de ta lumière sainte !

  Éclaires-en tous nos projets,
Chasse la nuit du siècle à renaître obstinée,
Et nous conserve à tous des esprits purs et nets,
  Jusqu'au bout de chaque journée !

  Fais en premier lieu que la foi
S'enracine en nos sens par un don de ta grâce ;
Qu'ensuite l'espérance avec joie aille à toi,
  Et que la charité les passe !

  Gloire sans bornes et sans fin
A la bonté du Père, à son Verbe ineffable ;
Gloire toute pareille à l'Esprit tout divin,
  Gloire à leur essence adorable.


### A VÊPRES.

Seigneur, qui de ta main fis l'homme à ton image,
Et voulus que la terre, à ton dernier « Je veux, »
  Répondît par le prompt ouvrage
De la bête farouche et du reptile affreux ;

Qui soumis d'un seul mot les masses les plus fières,
Les plus énormes corps qu'eût animés ta voix,
  Leurs fureurs les plus carnassières,
A vivre sous notre ordre, et recevoir nos lois ;

Délivre-nous, ô Dieu, par ta bonté céleste
De tout ce qu'ici-bas l'impureté des cœurs,
   Par un épanchement funeste,
Ou mêle aux actions, ou coule dans les mœurs.

Fais un don de ta joie aux âmes des fidèles ;
Par celui de ta grâce affermis tes bienfaits ;
   Romps l'attachement aux querelles,
Et redouble les nœuds d'une éternelle paix.

Accordez ces faveurs à nos humbles prières,
Père incompréhensible, Homme-Dieu Jésus-Christ
   Qui dans le séjour des lumières
Régnez tous deux sans fin avec le Saint-Esprit.

---

## POUR LE SAMEDI.

### A MATINES.

Dieu de souveraine clémence,
Qui tiras du néant ce tout par ta bonté,
Unique en ton pouvoir, unique en ta substance
   Et trine en personnalité ;

Reçois nos pleurs avec tendresse,
Accepte de nos voix l'heureux et saint emploi,
Et nous purge si bien d'ordure et de foiblesse,
   Que nous jouissions mieux de toi.

Brûle au dedans notre poitrine
Avec le feu du zèle et de la charité ;
Ceins au dehors nos reins de cette ardeur divine
   Qui repousse l'impureté.

Que tous ceux à qui tes louanges
Font rompre en ces bas lieux le repos de la nuit,
Là-haut dans la patrie unis aux chœurs des anges,
   A jamais en goûtent le fruit.

Daignent accorder cette grâce
Et le Père et le Fils à l'ardeur de nos vœux,
Eux qui règnent sans fin dans cet immense espace
   Où l'Esprit saint règne avec eux.

### A LAUDES.

La splendeur de l'aurore éparse dans les cieux
   Laisse choir le jour sur la terre ;
Sa pointe avec éclat rejaillit de ces lieux :
Loin, fantômes impurs qui nous faisiez la guerre !

Cédez à la clarté, noirs enfans de la nuit,
    Qui cherchez à souiller notre âme;
Que tout ce que d'horreurs votre insulte a produit
Se dissipe aux rayons d'une céleste flamme.

Que ce dernier matin, qu'en ce triste séjour
    Aucun sans frémir n'envisage,
Serve à nous introduire à l'immuable jour,
Où nous puissions sans cesse entonner cet hommage :

Gloire à l'inconcevable et sainte Trinité
    Gloire au Père, au Verbe ineffable,
A l'Esprit tout divin, à leur immensité,
Qui ne fait de tous trois qu'une essence adorable.

### A VÊPRES.

    O Trinité, sainte lumière,
De trois divins suppôts adorable unité,
    Le soleil finit sa carrière :
Dans le fond de nos cœurs verse une autre clarté.

    Que la plus longue matinée,
Que le soir le plus lent s'emploie à te louer;
    Que la gloire de la journée
Soit à faire des vœux qu'il te plaise avouer.

    Gloire au Père, au Verbe ineffable;
Gloire toute pareille à l'Esprit tout divin;
    Gloire à leur essence adorable,
Qui règne et régnera sans bornes et sans fin.

# SECONDE PARTIE.

# HYMNES PROPRES DU TEMPS.

### POUR L'AVENT.

### A VÊPRES.

De tous les feux du ciel seul auteur et seul maître,
    Vive lumière des croyans,
Rédempteur, qui pour tous sur terre as voulu naître,
    Daigne exaucer tes supplians!

Ta pitié, qui voyoit périr tes créatures
  Après d'inutiles travaux,
Ranime nos langueurs, et ferme nos blessures
  Par un remède à tous nos maux.

Sur le couchant du monde, et vers l'heure fatale
  Dont le menaçoit ton courroux,
Tu sors d'une clôture et sainte, et virginale,
  Avec tout l'amour d'un époux.

Tous les êtres du ciel, tout ce qu'en a la terre,
  Courbent le genou devant toi,
Et, sans avoir besoin d'éclairs ni de tonnerre,
  Un coup d'œil les tient sous ta loi.

Saint des saints, qu'on verra du trône de ton Père
  Descendre encor pour nous juger,
Contre un fier ennemi, durant cette misère,
  Prends le soin de nous protéger.

Louange à tout jamais au Père inconcevable,
  Louange à son Verbe en tout lieu,
Louange à l'Esprit saint ainsi qu'eux ineffable,
  Qui n'est avec eux qu'un seul Dieu.

### A MATINES.

Verbe du Tout-Puissant, qui du sein de ton Père
Viens descendre au secours du monde infortuné,
  Et naître d'une vierge mère,
Pour mourir dans le temps par toi-même ordonné ;

Illumine nos cœurs pour chanter tes louanges ;
Embrase-les si bien de tes saintes ardeurs,
  Qu'instruits par le concert des anges,
Ces cœurs purs et sans tache exaltent tes grandeurs.

Qu'alors que tu viendras en ton lit de justice
Dévoiler le secret de nos intentions,
  Séparer la vertu du vice,
Et donner la couronne aux bonnes actions ;

Au lieu d'être livrés aux carreaux que foudroie
Suivant l'excès du crime un juge rigoureux,
  Nous goûtions l'éternelle joie
Du sacré célibat avec tes bienheureux.

Gloire soit à jamais au Père inconcevable,
Gloire au Verbe incarné, gloire à l'Esprit divin ;
  Gloire à leur essence immuable,
Qui règne dans les cieux, et sans borne, et sans fin.

### A LAUDES.

Un saint éclat de voix à nos oreilles tonne,
Il dissipe la nuit qui nous couvroit les yeux.
    Va, sommeil, et nous abandonne :
Jésus prêt à partir brille du haut des cieux.

Apprends, âme endormie, apprends à te soustraire
Aux fantômes impurs dont tu te sens blesser :
    Le nouvel astre qui t'éclaire
Ne lance aucun rayon que pour les terrasser.

L'incomparable agneau que du ciel on envoie
Vient payer de son sang ce que chacun lui doit ·
    Que les pleurs et les cris de joie
S'efforcent de répondre aux biens qu'on en reçoit;

Afin que, quand son bras choisira ses victimes,
Qu'on verra l'univers environné d'horreur,
    Loin de nous punir de nos crimes,
Ce même bras nous cache à sa juste fureur.

Gloire soit à jamais au Père inconcevable,
Gloire au Verbe incarné, gloire à l'Esprit divin;
    Gloire à leur essence ineffable,
Qui règne dans les cieux, et sans borne, et sans fin.

---

## POUR LE JOUR DE NOËL.

#### A VÊPRES ET A MATINES.

Christ, Rédempteur de tous, Fils unique du Père,
    Seul qu'avant tout commencement,
Engendrant en soi-même et produisant sans mère,
    Il fit naître ineffablement;

Adorable splendeur des clartés paternelles,
    Espoir immuable de tous,
Daigne écouter, Seigneur, les vœux que tes fidèles
    En tous lieux t'offrent comme nous.

Souviens-toi qu'autrefois, pour réparer l'injure
    Que te fit l'homme criminel,
Tu pris chair dans les flancs d'une vierge très-pure,
    Et voulus naître homme et mortel.

Vois comme tous les ans ce grand jour fait entendre,
    Par l'hommage de nos concerts,
Que du sein paternel il te plut de descendre
    Pour le salut de l'univers.

C'est ce jour que le ciel, que la terre, que l'onde,
    Que tout ce qui respire en eux,
Bénit cent et cent fois d'avoir sauvé le monde
    Par ton avénement heureux.

Nous y joignons nos voix, nous que par ta clémence
    Ton sang retira du tombeau;
Et, pour renouveler le jour de ta naissance,
    Nous chantons un hymne nouveau.

Gloire à toi, sacré Verbe, et Merveille suprême,
    Dieu par une vierge enfanté;
Même gloire à ton Père, au Saint-Esprit la même,
    Durant toute l'éternité

### A LAUDES.

Du point où le soleil prend le dessus des airs,
Jusqu'aux bouts de la terre où languit la nature,
Qu'on chante Jésus-Christ, ce roi de l'univers,
Ce Dieu, ce Créateur né d'une créature.

Esclave dans un corps que la misère suit,
Lui qui du monde entier est l'arbitre suprême,
Pour ne détruire point ce qu'il avoit produit,
En faveur de la chair il se fait chair lui-même.

La grâce à gros torrens tombe du haut des cieux
Dans les flancs d'une vierge où s'enferme leur maître;
Ces flancs purs et féconds enflent devant nos yeux,
Et portent des secrets qu'elle n'a pu connoître.

L'immaculé palais de son pudique sein
Devient du Dieu vivant l'inviolable temple,
Et conçoit sans exemple et sans commerce humain,
Par la force d'un mot, un enfant sans exemple.

Elle accouche d'un fils que prédit Gabriel
Quand il la salua par les ordres du Père,
Et qu'avoit reconnu pour le maître du ciel
Un prophète captif au ventre de sa mère.

Il ne dédaigne point la crèche pour berceau;
On l'y met sur la paille, avec joie il l'endure;
Et ce Dieu, dont le soin nourrit le moindre oiseau,
De deux gouttes de lait tire sa nourriture.

L'allégresse remplit tous les célestes chœurs,
Les anges à l'envi répandent leur musique,
Et leurs sacrés accords font connoître aux pasteurs
Le Créateur de tous, et le pasteur unique.

Gloire au Verbe incarné, qui d'un sein virginal
Pour vivre parmi nous daigna prendre origine ;
Gloire au Père éternel, à l'Esprit leur égal ;
Gloire à l'immensité de leur gloire divine.

---

## POUR LES SAINTS INNOCENTS.

### A VÊPRES ET A LAUDES.

Du troupeau des martyrs prémices innocentes,
Qui payez pour un Dieu qui vient payer pour tous,
A peine vous vivez, qu'un tyran fond sur vous,
Ainsi qu'un tourbillon sur des roses naissantes.

De ce Dieu nouveau-né victimes les plus prêtes,
Tendre escadron mourant aussitôt que mortel,
Vous vous jouez ensemble, aux marches de l'autel,
De ces mêmes lauriers qui couronnent vos têtes.

Chantez ainsi que nous : Gloire à cette naissance
Que le Verbe incarné prit d'un sein virginal ;
Gloire au Père éternel, à l'Esprit leur égal ;
Gloire à l'immensité de leur divine essence.

### A MATINES.

Un tyran inquiet et fier
Apprend d'un bruit confus la naissance d'un prince
Qui, de David juste héritier,
Doit régir toute sa province.

A ces nouvelles, forcené :
« On nous chasse, dit-il ; mais prévenons ce maître,
Et, pour perdre ce nouveau-né,
Perdons tout ce qui vient de naître. »

Que te sert d'avoir tout proscrit ?
Hérode, que te sert qu'on déchire, qu'on frappe ?
Tu n'en veux qu'au seul Jésus-Christ,
Et Jésus-Christ lui seul t'échappe.

Gloire à toi, Rédempteur bénin,
Qui du sein d'une vierge as tiré ta naissance ;
Gloire au Père, à l'Esprit divin ;
Gloire à leur immortelle essence.

## POUR L'ÉPIPHANIE.

#### A VÊPRES ET A MATINES.

Lâche Hérode, à quoi bon l'effroi que tu te donnes?
Qui te fait de Jésus craindre l'avénement?
Lui qui donne là-haut d'éternelles couronnes,
Envieroit-il ici des règnes d'un moment?

D'un astre fait exprès la nouvelle carrière
Sert de guide à trois rois, et leur montre le lieu :
La lumière leur fait connoître la lumière,
Et par divers présens reconnoître leur Dieu.

L'Agneau saint et céleste entre dans une eau pure,
Reçoit la pénitence en un corps sans péché;
Cette onde en le lavant emporte notre ordure,
Et blanchit des noirceurs dont il n'est point taché.

O surprenant effet de puissance divine!
Une autre eau dans la cruche à sa voix obéit,
Pour se tourner en vin dément son origine,
Et change de nature aussitôt qu'il l'a dit.

Gloire au divin auteur d'une telle merveille,
Qui choisit ce grand jour pour se montrer aux yeux;
Au Père, au Saint-Esprit, gloire toute pareille;
Gloire à tous trois ensemble, en tout temps, en tous lieux.

#### A LAUDES.

O Bethléem, illustre entre toutes les villes,
Vante-toi, tu le peux, d'avoir donné le jour
A ce roi qui du ciel rend les chemins faciles,
Et qui prend notre chair par un excès d'amour.

C'est lui que nous annonce une étoile inconnue
Qui passe du soleil l'éclat et la beauté,
Et fait voir en ces lieux un Dieu dont la venue
Unit notre foiblesse à sa divinité.

Cet astre jusqu'à lui guide à peine les mages,
Qu'aucun des trois pour lui n'épargne son trésor;
Chacun d'eux prosterné lui rend d'humbles hommages
Chacun lui fait présent d'encens, de myrrhe, ou d'or.

Un haut mystère éclate en tout ce qu'on lui donne
L'encens dit qu'il est Dieu, qu'il lui faut un autel;
L'or montre qu'il est roi, qu'il veut une couronne;
Et la myrrhe avertit qu'il est homme et mortel.

Gloire au divin auteur d'une telle merveille,
Qui choisit ce grand jour pour se montrer aux yeux;
Au Père, au Saint-Esprit, gloire toute pareille;
Gloire à tous trois ensemble, en tout temps, en tous lieux.

---

## POUR LE CARÊME.

### A VÊPRES.

Toi, dont le seul vouloir règle nos destinées,
Seigneur, reçois nos vœux, écoute nos soupirs;
Jusqu'à toi par le jeûne élève nos désirs,
    Durant ces quarante journées.

Tu lis au fond des cœurs, tu vois ce qui s'y passe;
Tu connois notre foible, et nos manques de foi:
Pardonne à des pécheurs qui recourent à toi;
    Ne leur refuse pas ta grâce.

A force de pécher notre âme est toute noire;
Mais laisse à ta bonté désarmer ses rigueurs.
Si nous te demandons remède à nos langueurs,
    Ce n'est que pour chanter ta gloire.

Si du jeûne au dehors la sévère abstinence
Abat notre vigueur, défigure nos traits,
Fais qu'au dedans de l'âme un jeûne de forfaits
    Ramène la convalescence.

Immense Trinité qu'aucun ne peut comprendre,
Glorieuse Unité par qui tout est produit,
A tes adorateurs daigne accorder le fruit
    Que des jeûnes on doit attendre.

### A MATINES.

Instruits par un usage aussi saint que mystique,
Si nous voulons du ciel attirer le secours,
Exerçons-nous au jeûne, et que chacun s'applique
A lui faire un tribut de quatre fois dix jours.

La loi mit en avant ce digne et saint usage,
Les prophètes depuis s'en sont fait une loi;
Jésus-Christ à la suivre après eux nous engage,
Lui qui de tous les temps est l'auteur et le roi.

Servons-nous donc en tout de plus de retenue;
Ne mangeons, ne buvons, que pour le seul besoin;
Que le jeu, le dormir, le parler diminue;
Et que de se garder on prenne plus de soin.

Retranchons nos plaisirs, traitons d'ignominie
Ceux qui troublent l'esprit, qui le font s'égarer :
Que du rusé démon la fière tyrannie
D'aucune entrée au cœur ne se puisse emparer.

Apaisons le courroux de ce juge sévère,
Pleurons devant les yeux de ce maître des rois;
Montrons-lui tous à part quelle est notre misère,
Et crions tous ensemble, en élevant la voix :

Bien que notre injustice épuise ta clémence,
Bien que son noir excès malgré toi t'ait lassé,
Pour peu que tes bontés conservent d'indulgence,
D'un seul de tes regards tout peut être effacé.

Le plus parfait de nous n'est qu'un vaisseau fragile,
Mais de ta propre main tu daignas nous former :
Ne souffre pas qu'un autre ait droit sur cette argile
Que pour ta seule gloire il t'a plu d'animer.

Oublie et nos péchés, et ta juste colère;
Mets par de nouveaux dons un comble à tes bienfaits,
Et verse dans nos cœurs les secrets de te plaire,
Ici durant la vie, au ciel à tout jamais.

Immense Trinité qu'aucun ne peut comprendre,
Glorieuse Unité par qui tout est produit,
Des jeûnes qu'en ton nom tu nous vois entreprendre,
A tes adorateurs daigne accorder le fruit.

### A LAUDES.

Jésus, vrai soleil de justice,
De l'âme ténébreuse éclaire enfin les yeux,
Et fais que des vertus la lumière propice
Y rentre en même temps que le jour en ces lieux.

Nous donnant ces jours favorables,
Imprime au fond des cœurs un sacré repentir :
Ta pitié trop longtemps les a soufferts coupables;
Par ta bénignité daigne les convertir.

Fais-nous par quelque pénitence
Obtenir le pardon des plus affreux péchés :
Plus elle sera rude, et plus de ta clémence
Nous bénirons la force et les trésors cachés.

Ce jour vient, ce jour salutaire,
Où par tout l'univers tu fais tout refleurir :
Ramène en ce grand jour au chemin de te plaire
Ceux qu'à toi ce grand jour oblige à recourir.

Qu'en tous lieux t'adore un vrai zèle,
Grand Dieu, dont la bonté nous tire du tombeau;
Tandis que, renaissant par ta grâce nouvelle,
Nous chantons à ta gloire un cantique nouveau.

## POUR LE TEMPS DE LA PASSION.

### A VÊPRES.

L'étendard du grand Roi des rois,
La croix, fait éclater son mystère suprême,
Où l'auteur de la chair, s'étant fait chair lui-même,
Daigne mourir pour nous sur un infâme bois.

Le fer d'une lance enfoncé
Dans le flanc amoureux de la sainte victime
En fait sortir une eau qui lave notre crime,
Et ruisseler un sang dont il est effacé.

David, ton oracle est rempli;
Et quand tu prédisois du maître du tonnerre
Que d'un trône de bois il régneroit sur terre,
Ta voix étoit fidèle, et l'ordre est accompli.

Arbre noble et resplendissant,
Que pare d'un tel roi la pourpre glorieuse,
Qu'on te prit d'une tige et digne et précieuse,
Pour toucher de si près à ce corps innocent!

Arbre heureux, dont les bras ouverts
Ont porté le rachat, le prix de tout le monde;
Balance, où s'est pesé plus que la terre et l'onde,
Que tu ravis de proie au tyran des enfers!

Unique espoir des nations,
En ce temps qui d'un Dieu retrace le supplice;
Croix sainte, aux gens de bien augmente leur justice,
Et pardonne aux méchans leurs noires actions.

Inconcevable Trinité,
Que tout esprit te rende une gloire parfaite;
Sauve par tes bontés ceux que la croix rachète,
Et guide-les toi-même à ton éternité.

### A MATINES.

Sers de pinceau, ma langue, et peins avec éclat
  Ce noble et glorieux combat
Par qui la croix s'élève un trophée adorable :
Peins comme le Sauveur de ce vaste univers,

Par un amour incomparable
Se laissant immoler, triompha des enfers.

Peins comme la bonté de son Père éternel,
    Dès que l'homme devint mortel,
Eut pitié de le voir perdu par une pomme :
Fais voir comme dès lors son amoureux décret
    Voulut que par un nouvel homme
Un arbre réparât ce qu'un arbre avoit fait.

Il cacha son dessein, et, pour rusé que fût
    L'ennemi de notre salut,
Ce trompeur fut trompé par la ruse céleste;
Et, quelques yeux qu'ouvrît ce lion infernal,
    Sans que rien lui fût manifeste,
Le remède partit d'où procédoit le mal.

A peine est arrivé par le retour des ans
    L'heureux moment du sacré temps,
Qu'un Créateur de tout lui-même est créature,
Et que Dieu fait sortir ce Fils, ce bien-aimé,
    De la virginale clôture
Où pour se faire chair il s'étoit enfermé.

Sur une vile crèche il pleure comme enfant,
    Et son corps déjà triomphant
Se laisse envelopper à cette vierge mère :
Sous des langes chétifs on lui serre les bras,
    Et, pour finir notre misère,
De la misère même il se fait des appas.

Gloire, puissance, honneur, et louange au Très-Haut,
    Au Fils comme lui sans défaut,
A l'Esprit tout divin ainsi qu'eux ineffable;
Gloire, honneur, et louange à leur sainte unité,
    A leur essence incomparable,
Et durant tous les temps, et dans l'éternité.

### A LAUDES.

De la terre et du ciel ce monarque absolu,
    Né, parce qu'il l'avoit voulu,
Pour mourir en souffrant et payer notre crime,
Après qu'il eut laissé six lustres s'écouler,
    Innocente et pure victime,
Permit qu'à sa justice on l'osât immoler.

Le vinaigre, le fiel, le roseau, les crachats,
    Joignirent l'insulte au trépas;

Un fer fit dans son flanc une large ouverture :
Il en sortit du sang, il en sortit de l'eau,
    Et l'air, le ciel, et la nature,
Se trouvèrent lavés par ce fleuve nouveau.

Arbre noble entre tous, quelle forêt produit
    Pareilles feuilles, fleurs, ou fruit?
Croix fidèle, à jamais digne de nos hommages,
Qu'a de charmes ton bois, que bénis sont les clous,
    Que de douceurs ont les branchages
Qui pour notre salut portent un poids si doux!

Arbre heureux, arbre saint, abaisse tes rameaux,
    Relâche en dépit des bourreaux
L'inflexibilité qui t'est si naturelle,
Et souffre que les bras du Roi du firmament,
    Qui souffre et meurt pour un rebelle,
Demeurent étendus un peu plus doucement.

Tu portes, par le choix des ordres éternels,
    Le rachat de tous les mortels,
Et prépares un port à leur commun naufrage :
Ils t'en firent seul digne, et le sang de l'Agneau
    Laisse à ton bois un sacré gage
D'un triomphe aussi grand que ton destin est beau.

Gloire, puissance, honneur, et louange au Très-Haut,
    Au Fils comme lui sans défaut,
A leur Esprit divin ainsi qu'eux ineffable ;
Gloire, louange, honneur à leur sainte unité,
    A leur essence inconcevable,
Et durant tous les temps, et dans l'éternité.

---

## POUR LE TEMPS DE PAQUES.

### A VÊPRES.

Au banquet de l'Agneau courons des bouts du monde,
    Et, vêtus d'habits nuptiaux,
Comme de la mer Rouge ayant traversé l'onde,
Chantons à Jésus-Christ des cantiques nouveaux.

Le vin qu'on nous y sert est son sang adorable,
    Son corps sacré le mets divin ;
Et, pour nous faire seoir et revivre à sa table,
Son amour sur la croix fait l'apprêt du festin.

Par la pâque en ce soir notre âme, protégée
    Contre l'ange exterminateur,

Du joug de Pharaon se trouve dégagée,
Sort d'un si dur empire, et suit ton protecteur.

Lui-même est notre pâque, et l'Agneau sans souillure
    Pour tous nos crimes immolé ;
Et cette chair azyme est la victime pure
Qui satisfait pour tous à l'ordre violé.

Victime à jamais digne et d'amour, et de gloire,
    Par toi tout l'enfer est dompté ;
Par toi les vieux captifs ont part à la victoire,
Et la vie est rendue à l'homme racheté.

Après l'enfer vaincu Jésus sort de la tombe,
    Il revient paroître à nos yeux ;
Et, laissant dans les fers un tyran qui succombe,
Il nous ouvre l'entrée au royaume des cieux.

Sauveur de tout le monde, en cette pleine joie
    Dont la pâque remplit nos cœurs,
Daigne si bien guider ton peuple dans ta voie,
Que d'une mort funeste il échappe aux rigueurs !

Gloire à toi, Rédempteur et Monarque suprême,
    Par toi-même ressuscité ;
Même gloire à ton Père, au Saint-Esprit la même,
Et durant tous les temps, et dans l'éternité.

## A MATINES.

Éternel, qui régis l'un et l'autre hémisphère,
    De tous deux l'auteur et l'appui ;
Qui devant tous les temps règnes avec ton Père,
Même Roi, même essence, et même Dieu que lui,

Sitôt que le néant eut enfanté le monde
    Par le son fécond de ta voix,
Tu fis Adam son maître, et la machine ronde,
Le voyant ton image, en accepta les lois.

Le diable le déçut, et ce triste esclavage
    Eût perdu l'homme pour jamais,
Si toi, qui l'avois fait toi-même à ton image,
Tu n'eusses à ton tour pris sa forme et ses traits.

Par là tu retiras de cette infâme chaîne
    Ce digne ouvrage de ta main,
Et ta nature unie à la nature humaine
Rejoignit l'homme à Dieu, l'esclave au souverain.

Tu naquis d'une vierge, et c'est une naissance
    Qui nous étonne et nous ravit;
Et nous croyons qu'un jour par la même puissance
Tous nos corps revivront comme le tien revit.

C'est ce même pouvoir qui nous donne au baptême
    Le pardon de tous nos péchés;
C'est par ce trait divin de ta bonté suprême
Que de leur triste joug nos cœurs sont détachés.

Ton amour sur la croix fait encor davantage,
    Il t'y laisse percer le flanc;
Par ta mort à la vie il nous fait un passage,
Et pour notre salut il prodigue ton sang.

Sauveur de tout le monde, en cette pleine joie
    Dont la pâque remplit nos cœurs,
Daigne si bien guider ton peuple dans ta voie,
Que d'une mort funeste il échappe aux rigueurs!

Gloire à toi, Rédempteur, et Monarque suprême,
    Par toi-même ressuscité;
Même gloire à ton Père, au Saint-Esprit la même,
Et durant tous les temps, et dans l'éternité.

### A LAUDES.

L'aurore a du vrai jour ramené la lumière,
    Le ciel fait des concerts charmans,
Le monde par les siens marque une joie entière,
Et l'enfer n'y répond que par des hurlemens.

Aussi c'est en ce jour que l'auteur de leur être,
    Brisant les chaînes de la mort,
Foulant aux pieds l'Averne et son orgueilleux maître,
Change des malheureux le déplorable sort.

Ce corps d'un froid tombeau renfermé sous la pierre,
    Ce mort gardé par des soldats,
En pompe triomphante est revenu sur terre,
Réparateur du siècle, et vainqueur du trépas.

Qu'on cesse de gémir! il n'est plus de misères,
    Leur triste cours est arrêté:
De la prison du limbe un mort tire nos pères,
Et l'ange nous annonce un Dieu ressuscité.

Sauveur de tout le monde, en cette pleine joie
    Dont la pâque remplit nos cœurs,
Daigne si bien guider ton peuple dans ta voie,
Que d'une mort funeste il échappe aux rigueurs!

Gloire à toi, Rédempteur, et Monarque suprême,
    Par toi-même ressuscité;
Même gloire à ton Père, au Saint-Esprit la même,
Et durant tous les temps, et dans l'éternité.

---

## POUR L'ASCENSION.

### A VÊPRES ET A LAUDES.

Sauveur, qui nous as tous rachetés de ton sang;
    Seul désir d'une flamme pure;
Vrai Dieu, vrai créateur de toute la nature,
Qui dans la fin des temps d'un homme as pris le rang :

Quel excès de bonté, quel amoureux effort
    Te charge de tout notre crime,
D'un cruel attentat volontaire victime,
Qui meurs pour affranchir nos âmes de la mort?

Il t'a plu de descendre aux prisons de l'enfer,
    Pour en retirer des esclaves;
Et, vainqueur du démon qu'en son trône tu braves,
A la dextre du Père on t'en voit triompher.

Que la même bonté par un heureux pardon
    Triomphe aussi de nos foiblesses!
Remplis les vœux ardens que forment nos tendresses,
Et fais-nous de ta vue un immuable don.

Sois notre joie ici, pour être au ciel un jour
    Le doux prix de notre victoire;
Fais que nos cœurs en toi réunissent leur gloire
Et dans ces sombres lieux, et dans ce clair séjour.

### A MATINES.

Éternel et Très-Haut, roi des célestes plaines,
    Des fidèles doux rédempteur,
Qui, détruisant la mort, brisant toutes ses chaînes,
Fais triompher la grâce, et régner son auteur;

Tu montes dans ton trône à la dextre du Père;
    Et reçois là ce plein pouvoir
Que pour prix de ta mort sur tous il te défère,
Et que mortel ici tu n'en pus recevoir.

C'est par ce haut pouvoir que la triple machine,
    La terre et tous ses habitans,
Ceux qui règnent au ciel, ceux que l'enfer domine,
Tout fléchit devant toi le genouil en tout temps.

L'ange admire en tremblant ce changement de face
    Qui se fait au sort des mortels ;
La chair fit le péché, la même chair l'efface,
Et la même chair monte aux trônes éternels.

Fais, grand moteur de tout, fais seul notre allégresse,
    Toi qui dans le ciel tiens ta cour,
Et dont le moindre attrait, la plus simple caresse,
Passe tous les plaisirs de ce mortel séjour.

C'est de ces tristes lieux que notre humble prière,
    Pour nombreux que soient nos péchés,
Demande que ta main par une grâce entière
Élève à toi nos cœurs à la terre attachés ;

Qu'en ce jour redoutable, où du haut de la nue
    L'arrêt dernier sera rendu,
Nous ayant dès ici remis la peine due,
Tu nous rendes le bien que nous avons perdu.

Gloire à ton sacré nom, ô Monarque suprême,
    Qui montes au-dessus des cieux ;
Même gloire à ton Père, au Saint-Esprit la même ;
Louange à tous les trois, en tous temps, en tous lieux,

## POUR LE JOUR DE LA PENTECÔTE.

### A VÊPRES.

Viens, Esprit créateur qui nous as donné l'être,
Descends du haut du ciel dans les esprits des tiens ;
    Et, comme tu les as fait naître,
    Remplis-les du plus grand des biens.

Soit que de Paraclet le sacré nom te suive,
Soit qu'ici du Très-Haut nous t'appelions le don,
    Feu, charité, fontaine vive,
    Et spirituelle onction ;

Ta grâce au fond des cœurs par sept présens opère,
Doigt de Dieu, qui suffis à les épurer tous,
    Effet des promesses du Père,
    Et langue qui parles en nous.

Illumine les sens par tes saintes largesses,
Verse un parfait amour dans le cœur abattu,
    Rends des forces à nos foiblesses
    Par une immuable vertu.

Mets de notre ennemi toute l'audace en fuite,
D'une sincère paix assure-nous le fruit;
    Fais enfin que sous ta conduite
    L'âme évite tout ce qui nuit.

Apprends-nous à connoître et le Fils, et le Père,
A te croire l'Esprit à tous les deux commun,
    Et cet ineffable mystère
    De trois suppôts qui ne sont qu'un.

Gloire soit à jamais au Père inconcevable,
Gloire pareille au Fils qui s'est ressuscité;
    Gloire au Paraclet adorable,
    Durant toute l'éternité.

### A MATINES.

Jésus-Christ remonté sur la voûte céleste,
Dont à descendre ici l'amour l'avoit contraint,
Des promesses du Père accomplissant le reste,
    Devoit envoyer l'Esprit saint.

De ce temps solennel l'heureuse plénitude
Se voyoit toute prête à terminer son cours,
Et du char du soleil l'aveugle exactitude
    Avoit roulé sept fois sept jours;

Lorsqu'à l'heure de tierce un éclat de tonnerre,
Aux apôtres qu'il trouve assemblés en son nom,
Apprend que cet Esprit est descendu sur terre,
    Et que Dieu leur en fait le don.

Ce feu pur et brillant des splendeurs éternelles
Sur le troupeau choisi se plaît à s'épancher,
Et Jésus-Christ par lui verse au cœur des fidèles
    La vive ardeur de le prêcher.

Ravis, et sans rien craindre avec ces avantages,
Pleins de ce divin souffle ils sortent de ce lieu,
Et leur impatience, en différens langages,
    Annonce les grandeurs de Dieu.

Ils parlent, et les Grecs, les Latins, les barbares,
Reçoivent à l'envi la parole à genoux,
Tous étonnés de voir des hommes si peu rares
    Parler le langage de tous.

Parmi tant de croyans les seuls Juifs incrédules,
Possédés d'un esprit envieux et malin,
Traitent ces hauts discours de contes ridicules
    Que forment des gens pleins de vin.

Mais Pierre a des vertus, Pierre fait des miracles
Qui gravent dans les cœurs les saintes vérités ;
Et, de Joël sur l'heure expliquant les oracles,
    Confond toutes les faussetés.

Gloire soit à jamais au Père inconcevable,
Pareille gloire au Fils qui s'est ressuscité ;
Pareille au Paraclet ainsi qu'eux adorable,
    Durant toute l'éternité.

### A LAUDES.

L'invariable tour qui règle chaque année
Nous retrace un mystère où chacun applaudit,
    En nous ramenant la journée
Où sur le saint troupeau l'Esprit saint descendit.

En feu vif et perçant sur leurs têtes il vole,
Sur leurs têtes à tous en langues il s'épart,
    Et la ferveur et la parole
Sont des dons où par lui chacun d'eux a sa part.

De toutes nations ils parlent le langage :
Le gentil s'en étonne, admire, tremble, croit,
    Tandis que le Juif plein de rage
Impute aux vins fumeux ce qu'il entend et voit.

Pareil nombre de jours sépare ce mystère
De la pâque où revit le sacré Rédempteur ;
    Qu'il faut d'ans à la loi sévère
Pour remettre à jamais la dette au débiteur !

Dieu puissant et tout bon qu'aucun ne peut comprendre,
Devant ta majesté nous abaissons les yeux :
    Sur nos âmes daigne répandre
Ces dons du Saint-Esprit que tu verses des cieux.

Toi qui fis inonder les torrens de ta grâce
Sur ce troupeau choisi qu'il te plut de bénir,
    Pardonne à notre impure masse,
Et nous assure à tous un tranquille avenir.

Gloire soit à jamais au Père inconcevable,
Pareille gloire au Fils qui s'est ressuscité ;
    Pareille à l'Esprit ineffable,
Et durant tous les temps, et dans l'éternité.

## POUR LE JOUR DE LA TRÈS-SAINTE TRINITÉ.

### A VÊPRES.

O Trinité, sainte lumière,
De trois suppôts divins adorable unité,
　　Le soleil finit sa carrière :
Dans le fond de nos cœurs verse une autre clarté.

　　Que la plus longue matinée,
Que le soir le plus lent s'emploie à te louer ;
　　Que la gloire de la journée
Soit à faire des vœux qu'il te plaise avouer.

　　Gloire au Père, au Verbe ineffable,
Gloire toute pareille à l'Esprit tout divin ;
　　Gloire à leur essence adorable,
Qui règne et régnera sans bornes et sans fin.

### A MATINES.

Dieu, souverain amour et suprême clémence,
Qui tiras du néant ce tout par ta bonté,
Qui n'es qu'un en pouvoir, qui n'es qu'un en substance,
　　Et trine en personnalité ;

Prête à notre réveil ta main toute-puissante ;
Que l'âme avec le cœur s'élève jusqu'à toi,
Et que de nos concerts l'ardeur reconnoissante
　　Ait ta gloire pour seul emploi.

Gloire soit à jamais au Père inconcevable,
Gloire au Verbe incarné, gloire à l'Esprit divin ;
Gloire à leur unité, dont l'essence immuable
　　Règne sans bornes et sans fin.

### A LAUDES.

Sainte Unité de Trois, dont la toute-puissance
　　Régit tout l'univers,
Des nuits pour te louer nous rompons le silence :
　　Écoute nos concerts.

L'astre que suit le jour répand sur la nature
　　Sa naissante splendeur ;
La nuit tombe : répands une lumière pure
　　Sur notre vive ardeur

Gloire au Père éternel, gloire au Verbe ineffable,
   Gloire à l'Esprit divin ;
Gloire à leur unité, dont le règne adorable
   Est sans borne, et sans fin.

---

## POUR LA FÊTE DU SAINT SACREMENT.

### A VÊPRES.

Chantons du corps sacré l'adorable mystère,
   Et celui du sang précieux
Qui fut du monde entier le rachat glorieux,
   Qui d'un Dieu fléchit la colère,
Et que le fruit d'un ventre issu de tant de rois,
Le Roi des nations, répandit sur la croix.

D'une vierge pour nous il prend son origine,
   Son Père nous le donne à tous ;
Avec nous il converse, et, semant parmi nous
   Sa parole toute divine,
Il ferme son exil en ce triste séjour
Par un ordre étonnant de puissance et d'amour.

A table, dans la nuit de sa dernière cène,
   Avec ses douze autour de soi,
En pain, herbes, et viande, ayant fait de la loi
   Une observance exacte et pleine,
Pour dernier mets lui-même à ce troupeau si cher
Il donne de sa main et son sang, et sa chair.

Ce Verbe-chair, d'un mot, par sa toute-puissance,
   Change un pain en son corps divin ;
Du vin il fait son sang, et ce pain et ce vin
   Laissent détruire leur substance ;
Tout notre sens résiste à ce qu'il nous en dit
Mais au cœur pur et droit la foi seule suffit.

Nous qui d'un tel amour recevons un tel gage
   Adorons ce grand sacrement ;
Faisons céder la nuit du vieil enseignement
   Aux clartés du nouvel usage ;
Et si nous n'avons pas des yeux assez perçans,
Que notre foi supplée au défaut de nos sens.

Que de la Trinité l'auguste et saint mystère
   A jamais partout soit béni !
Rendons au Père immense un respect infini,
   Pareille gloire au Fils qu'au Père,

Pareille à cet Esprit qui procède des deux,
Éternel, ineffable, et tout-puissant comme eux.

### A MATINES.

L'allégresse aujourd'hui doit être solennelle :
Poussons jusques au ciel l'éloge du Seigneur.
Vieil usage, cessez! que tout se renouvelle,
    Les œuvres, les chants, et le cœur.

Nous célébrons la nuit de la cène dernière,
Où Jésus départit l'agneau pascal aux siens,
Donna le pain azyme en la même manière
    Que le donnoient nos anciens.

Le Verbe du Très-Haut, devant qui le ciel tremble,
Ensuite les repaît de son corps précieux,
Le donne tout entier à tous les douze ensemble,
    Et tout entier à chacun d'eux.

Aux foibles il départ une chair soutenante,
Il rend aux affligés la joie avec son sang.
« Prenez tous, leur dit-il, ce que je vous présente;
    Mangez, buvez à votre rang. »

C'est ainsi qu'il ordonne un si grand sacrifice;
Il en commet le soin aux prêtres parmi nous,
Et dans leurs seules mains laisse en dépôt l'office
    De le prendre et donner à tous.

Ainsi le pain du ciel devient le pain des hommes,
Il termine et remplit la figure, et la loi.
O banquet merveilleux! esclaves que nous sommes,
    Nous y mangeons notre vrai Roi.

Sainte Unité de Trois, écoute nos prières;
Comme nous t'adorons daigne nous visiter;
Conduis-nous par ta voie au séjour des lumières
    Que tu créas pour l'habiter.

### A LAUDES.

Verbe du Très-Haut, sorti du sein du Père
    Sans le quitter un seul moment,
Achève son ouvrage, et touche à l'heure amère
    Qui le doit mettre au monument.

Prêt à se voir livrer à la mortelle envie
    De ses plus cruels ennemis,
Lui-même auparavant il se fait pain de vie,
    Pour se livrer à ses amis.

De son sang, de sa chair il enferme l'essence
    Sous ce qui paroît vin et pain,
Afin que l'homme entier d'une double substance
    Apaise sa soif et sa faim.

Il se fait notre frère alors qu'il prend naissance,
    Notre viande dans son festin,
Notre prix quand il meurt, et notre récompense
    Quand il règne là-haut sans fin.

O salutaire hostie, adorable victime
    Qui nous ouvres le ciel à tous,
D'un puissant ennemi l'insulte nous opprime :
    Sois notre force, et défends-nous.

Gloire soit à jamais à l'Être inconcevable
    De la sainte Unité des Trois,
Dont la bonté nous donne un règne interminable
    En la patrie où tous sont rois.

---

## TROISIÈME PARTIE.

# HYMNES PROPRES DES SAINTS.

### POUR TOUTES LES FÊTES DE LA SAINTE VIERGE.

#### A VÊPRES.

Étoile de la mer, Mère du Tout-Puissant,
Toujours vierge, toujours étoile sans nuage,
Porte du ciel ouverte au pécheur gémissant,
    Reçois notre humble hommage.

De nous comme de l'ange accepte ce salut ;
Et, dans une paix sainte affermissant notre âme,
Change l'impression que notre sang reçut
    De la première femme.

Des captifs du péché romps les tristes liens,
Aux esprits aveuglés rends de vives lumières,
Chasse loin tous nos maux, obtiens-nous tous les biens,
    Vierge, par tes prières.

Montre de pleins effets du pouvoir maternel ;
Fais qu'à remplir nos vœux cet Homme-Dieu s'applique,
Qui pour rendre la vie à l'homme criminel
    Naquit ton fils unique.

O Vierge sans pareille en clémence, en bonté,
Fais-lui de tous nos cœurs d'agréables victimes;
Verses-y ta douceur, joins-y ta chasteté,
    Et lave tous nos crimes.

Épure notre vie, enflamme notre esprit;
Du ciel par ton suffrage assure-nous la voie,
Et fais-nous-y goûter près de ton Jésus-Christ
    Une éternelle joie.

Gloire, louange, honneur et puissance au Très-Haut;
Gloire, honneur et louange à sa parfaite image;
Gloire à l'Esprit divin ainsi qu'eux sans défaut;
    A tous trois même hommage.

### A MATINES.

    Celui que la machine ronde
    Adore et loue à pleine voix,
Qui gouverne et remplit le ciel, la terre, et l'onde,
Marie en soi l'enferme, et l'y porte neuf mois.

    Ce grand Roi, que de la nature
    Servent l'un et l'autre flambeau,
D'un flanc que de la grâce un doux torrent épure
Devient la tumeur sainte et le sacré fardeau.

    O mère en bonheur sans égale,
    De qui l'Artisan souverain
Daigne souffrir neuf mois la prison virginale,
Lui qui tient l'univers tout entier en sa main :

    Qu'heureuse te rend ce message
    Que suivent tes soumissions,
Par qui le Saint-Esprit forme en toi ce cher gage,
Ce Fils, ce désiré de tant de nations !

    Gloire à toi, Merveille suprême,
    Dieu par une vierge enfanté;
Même gloire à ton Père, au Saint-Esprit la même,
Et durant tous les temps, et dans l'éternité.

### A LAUDES.

    Reine glorieuse et sacrée,
    Qui te sieds au-dessus des cieux,
Et, pour nourrir sur terre un Dieu qui t'a créée,
Lui donnas de ton sein le nectar précieux :

    Ce qu'Ève fit perdre à ta race,
    Par ta race tu nous le rends;

Par toi notre foiblesse au ciel trouve enfin place,
Par toi sa porte s'ouvre aux fidèles mourans.

  Porte du Monarque céleste,
  Porte des immenses clartés,
C'est par toi que la vie éteint la mort funeste :
Applaudissez en foule, ô peuples rachetés !

  Gloire à toi, Merveille suprême,
  Dieu par une vierge enfanté ;
Même gloire à ton Père, au Saint-Esprit la même,
Et durant tous les temps, et dans l'éternité.

---

### POUR LE PETIT OFFICE DE LA VIERGE.

#### A PRIME, TIERCE, SEXTE, NONE ET COMPLIES.

  Bénin Sauveur de la nature,
  Souviens-toi que d'un criminel
Tu pris la forme au sein d'une vierge très-pure,
Et daignas comme nous naître enfant, et mortel.

  O mère de grâce, ô Marie,
  Notre invincible et doux support,
Contre nos ennemis protége notre vie,
Et reçois notre esprit au moment de la mort.

  Gloire à toi, Merveille suprême,
  Dieu par une vierge enfanté ;
Même gloire à ton Père, au Saint-Esprit la même,
Et durant tous les temps, et dans l'éternité.

---

### POUR LA NATIVITÉ DE SAINT JEAN-BAPTISTE

#### (24 juin.)

#### A VÊPRES.

Redonne l'innocence à nos lèvres coupables,
  Et nous inspire des ardeurs,
Digne et saint Précurseur, qui nous rendent capables
  De chanter tes grandeurs.

Un ange tout exprès envoyé vers ton père,
  Du ciel en ta faveur ouvert,
Lui prescrivit ton nom, prédit ton ministère,
  Et ta vie au désert.

Lui, qui n'osa donner une entière croyance
  Aux promesses du Roi des rois,

En demeura muet jusques à ta naissance,
    Qui lui rendit la voix.

Prisonnier dans un flanc, tu reconnus ton maître
    Enfermé dans un autre flanc,
Et le fis, tout caché, hautement reconnoître
    Aux auteurs de ton sang.

Gloire soit à jamais au Père inconcevable,
    Gloire au Verbe-chair en tout lieu;
Gloire à leur Esprit saint, ainsi qu'eux ineffable,
    Avec eux un seul Dieu.

### A MATINES.

Tu portes au désert tes plus tendres années,
    Et tu fuis tout commerce humain,
Tant tu trembles de voir tes vertus profanées
    Par le moindre mot dit en vain.

Ceins d'un cuir de brebis ton corps pour couverture,
    Prends un rude poil de chameau,
La langouste et le miel pour toute nourriture,
    Et pour tout breuvage un peu d'eau.

Vous n'avez que prévu, que prédit le Messie,
    Prophètes, en termes couverts;
Lui seul montre du doigt la figure éclaircie
    Dans le Sauveur de l'univers.

Aussi d'aucune femme on n'a jamais vu naître
    De mérites plus achevés;
Et le ciel le choisit pour baptiser son maître,
    Et laver qui nous a lavés.

Gloire soit à jamais au Père inconcevable,
    Gloire au Verbe-chair en tout lieu;
Gloire à leur Esprit saint, ainsi qu'eux ineffable,
    Qui n'est avec eux qu'un seul Dieu.

### A LAUDES.

O trop et trop heureux, toi, qui vécus sans tache,
    Que ton haut mérite surprend,
Martyr, qu'à ton désert ton innocence attache,
    Toi, des prophètes le plus grand!

Les uns de trente fleurs parent une couronne
    Qui les empêche de vieillir;
D'autres en ont le double, et la tienne te donne
    Jusqu'à cent fruits à recueillir.

Amollis donc, grand saint, de nos cœurs indociles
 La dureté par tes vertus ;
Aplanis les sentiers âpres et difficiles,
 Redresse les chemins tortus.

Purge si bien nos cœurs de toute indigne envie,
 Que l'Auteur, le Sauveur de tous,
Quand il voudra jeter les yeux sur notre vie,
 Aime à descendre et vivre en nous.

O grand Dieu, qui n'entends au ciel que des louanges
 A la gloire de ton saint nom,
Si nous joignons d'ici nos voix aux voix des anges,
 C'est pour te demander pardon.

## POUR LA FÊTE DE SAINT PIERRE ET DE SAINT PAUL.

(29 de juin.)

### A VÊPRES ET A MATINES.

Que de clartés, ô Dieu, tu versas dans nos cœurs !
Quels ornemens tu mis en ton céleste empire,
Quand de Pierre et de Paul le glorieux martyre
Par un trépas injuste obtint grâce aux pécheurs !

Juge de l'univers par tous deux éclairé,
L'un meurt la tête en bas, et l'autre l'a coupée ;
L'un sur la croix triomphe, et l'autre sous l'épée,
Et tous deux vont remplir un trône préparé.

Quel que soit ton bonheur, c'est de là qu'il te vient,
Rome, que d'un tel sang empourpre la teinture :
Leur mérite pour toi fait plus que ta structure,
Et dans ce haut pouvoir c'est lui qui te maintient.

Louange, gloire, honneur à votre immensité,
Père, Fils, Esprit saint, qui n'êtes qu'une essence,
Et qui gardez tous trois une égale puissance,
Et durant tous les temps, et dans l'éternité.

### A LAUDES.

Fidèle et bon Pasteur, à qui Jésus-Christ même
Laissa sur nos péchés tout pouvoir en ces lieux ;
Romps-en tous les liens par ce pouvoir suprême
Qui d'un seul mot nous ouvre ou nous ferme les cieux.

Grand docteur des gentils, forme-nous à l'étude
De la route du ciel par la règle des mœurs,

Jusqu'à ce que du bien l'heureuse plénitude
De la foiblesse humaine ait épuré nos cœurs.

Père, Fils, Esprit saint, qui n'êtes qu'une essence,
Gloire, louange, honneur à votre immensité,
Qui soutient en tous trois une égale puissance,
Et durant tous les temps, et dans l'éternité.

---

## POUR LA CHAIRE SAINT-PIERRE.

(A Rome, le 13 de janvier, et à Antioche, le 22 de février.)

### A VÊPRES ET A MATINES.

Le ciel, qui t'a commis à dispenser sa loi,
T'autorise à lier et délier sur terre :
Tous les nœuds que tu romps, il les rompt comme toi ;
    Ceux que tu serres, il les serre,
Et du juge au grand jour il te garde l'emploi.

Père, Fils, Esprit saint, qui n'êtes qu'une essence,
Gloire, louange, honneur à votre immensité ;
Hommage indivisible à la sainte unité
    Qui vous tient égaux en puissance,
Et durant tous les temps, et dans l'éternité.

---

## POUR LE JOUR DE SAINT-PIERRE AUX LIENS.

(1er d'août.)

### A VÊPRES.

Par miracle aujourd'hui brisant tous ses liens,
Pierre d'un fier tyran évite la furie ;
Et Dieu l'en tire exprès pour enseigner les siens,
    Pour conduire sa bergerie,
Et pour sauver des loups le troupeau des chrétiens.

Père, Fils, Esprit saint, qui n'êtes qu'une essence,
Gloire, louange, honneur à votre immensité ;
Hommage indivisible à la sainte unité
    Qui vous tient égaux en puissance,
Et durant tous les temps, et dans l'éternité.

## POUR LE JOUR DE SAINTE MARIE-MADELEINE.
### (22 juillet.)
#### A VÊPRES.

Père des célestes clartés,
A peine tes regards tournent sur Madeleine,
Que les traits d'une flamme et divine et soudaine
Des glaces de son cœur fondent les duretés.

L'amour qui vient de l'embraser
Sur les pieds du Sauveur verse une sainte pluie
Les parfume d'odeurs, et de sa tresse essuie
Ce que sa bouche en feu ne peut assez baiser

Sans crainte elle l'embrasse mort,
Du tombeau sans frayeur elle assiége la pierre;
Elle y voit sans trembler, et Juifs, et gens de guerre :
La peur n'a point de place où l'amour est si fort.

O Jésus, véritable amour,
Fais que par tes bontés notre crime s'efface;
Remplis nos cœurs ici de ta céleste grâce,
Et sois leur récompense en l'éternel séjour.

Gloire à l'immense Trinité,
Gloire au Père éternel, gloire au Verbe ineffable;
Gloire à leur Esprit saint ainsi qu'eux adorable,
Et durant tous les temps, et dans l'éternité.

#### A MATINES.

Madeleine embauma d'un onguent précieux
Les pieds du saint objet de toute sa tendresse,
Les baigna d'un ruisseau qui couloit de ses yeux,
    Et les essuya de sa tresse.

Gloire, louange, honneur, et sans borne, et sans fin,
Au Père tout-puissant, à son Verbe ineffable;
Gloire toute pareille à l'Esprit tout divin,
    Gloire à leur essence adorable.

#### A LAUDES.

Du Père éternel Fils unique,
Prends pitié des tourmens qu'on souffre en ces bas lieux,
Aujourd'hui qu'un excès de bonté magnifique
Appelle Madeleine à régner dans les cieux.

    Aujourd'hui la drachme perdue
Dans ton sacré trésor rentre tout de nouveau ;
La perle précieuse au vrai jour est rendue,
Et du fond du bourbier tire un éclat plus beau.

    Doux refuge à notre tristesse,
Jésus, unique espoir des cœurs vraiment touchés,
Par le mérite heureux de cette pécheresse,
Remets la peine due à nos plus noirs péchés.

    Et vous, son humble et digne Mère,
Qui ne voyez que trop notre fragilité,
Parmi les tristes flots de cette vie amère
Daignez servir de guide à notre infirmité.

    Gloire à tes bontés souveraines,
Dieu, qui rends le courage aux esprits abattus,
Qui fais grâce aux péchés, qui nous remets leurs peines,
Et couronnes au ciel les solides vertus.

---

## POUR LA TRANSFIGURATION DE JÉSUS-CHRIST

### (6 d'août.)

#### A VÊPRES ET A MATINES

Vous qui cherchez Jésus jusque dans sa retraite,
Voyez sur le Thabor ce qu'il est dans les cieux ;
Voyez-y, pour crayon d'une gloire parfaite,
La neige en ses habits, le soleil dans ses yeux.

Vous verrez un objet illustre, grand, sublime,
Incapable de terme, incapable de fin ;
Un être indépendant, et dont le saint abîme
Du ciel et du chaos devança le destin.

C'est ce que vous cherchez, c'est ce roi de la terre,
Ce prince si longtemps attendu d'Israël,
Qu'en faveur d'Abraham le maître du tonnerre
Promit à ses enfans pour monarque éternel.

Ce Père tout-puissant nous le donne avec joie,
Deux prophètes en sont les fidèles témoins :
Mais il veut qu'on l'écoute, il entend qu'on le croie,
Il nous ordonne à tous de lui donner nos soins.

Gloire au céleste objet de la haute merveille
Qui se daigne aujourd'hui révéler à nos yeux ;
Au Père, à l'Esprit saint, gloire toute pareille ;
Gloire à tous trois ensemble, en tous temps, en tous lieux.

### A LAUDES.

Jésus très-pur amour, dès que tu nous visites,
    Dès que tu descends dans nos cœurs,
Les ombres de leur nuit, qu'en chassent tes mérites,
Cèdent à la clarté qu'y versent tes douceurs.

Adorable soleil de la sainte patrie,
    Lumière impénétrable aux sens,
Fils à ton Père égal, vérité, voie, et vie,
Que de bonheur alors ont ces cœurs innocens!

Ineffable splendeur de la gloire du Père,
    Incompréhensible bonté,
Donne par ta présence, à notre foi sincère,
L'inépuisable amour que veut ta charité.

Gloire au céleste objet de la haute merveille
    Qui se manifeste à nos yeux;
Au Père, au Saint-Esprit, gloire toute pareille;
Gloire à tous trois ensemble, en tous temps, en tous lieux.

---

## POUR L'APPARITION DE SAINT MICHEL.

(8 de mai, et pour sa dédicace, 29 de septembre.)

### A VÊPRES ET A MATINES.

Prête, Sauveur bénin, l'oreille à tes louanges:
Vive splendeur du Père, âme et vertu des cœurs;
    Nous les chantons à doubles chœurs,
Nous t'offrons leurs concerts à la face des anges,
    Et, pour seconder leurs emplois,
Nos vœux jusqu'à ton ciel font résonner nos voix.

Nous honorons, Seigneur, leur céleste milice,
Toujours prête là-haut à tes commandemens;
    Surtout de leurs saints régimens
Nous conjurons le chef de nous être propice,
    Lui dont l'immortelle vertu
Tient écrasé sous lui le dragon abattu.

Souffre que jusqu'au bout nous soyons en sa garde:
Toi, sans qui nos efforts ne sont que vains efforts,
    Épure nos cœurs et nos corps,
Repousse tous les traits que l'ennemi nous darde,
    Et, malgré ses complots maudits,
Par ta seule bonté rends-nous ton paradis.

Gloire soit à jamais au Père inconcevable,
Gloire toute pareille à son Fils Jésus-Christ;
  Pareille gloire au Saint-Esprit,
Tout-puissant ainsi qu'eux, ainsi qu'eux ineffable,
  Gloire à l'immense Trinité,
Et durant tous les temps, et dans l'éternité.

### A LAUDES.

Jésus, seule beauté, seule gloire des anges,
Auteur et directeur de ce mortel séjour,
Fais monter jusqu'aux cieux nos voix et nos louanges,
Fais-nous jusqu'à ton ciel monter à notre tour.

Que l'ange de la paix, ce guerrier intrépide
Qui dans le noir abîme enfonça le dragon,
Nous prête par ton ordre un appui si solide,
Que de prospérités il nous comble en ton nom.

Que de ton Gabriel la force inépuisable
De ce vieil ennemi repousse les assauts,
Et qu'à chaque moment sa dextre secourable
Du temple de nos cœurs répare les défauts.

Fais partir de là-haut le médecin céleste,
Raphaël, qui nous rende à tous pleine santé;
Qu'il écarte nos pas de la route funeste,
Et nous guide à l'heureuse et sainte éternité.

Que tous leurs escadrons, que la Vierge leur reine,
Que tous les saints pour nous unissent leurs faveurs,
Et par une assistance et prompte et souveraine
Assurent la couronne à nos humbles ferveurs.

Accordez cette grâce à l'humaine impuissance,
Vous sans qui toute ardeur, tout zèle s'amortit,
Sainte Unité de Trois, inconcevable essence,
Dont par tout l'univers la gloire retentit.

---

## POUR LA FÊTE DES SAINTS ANGES GARDIENS.

(Qui se célèbre le 1ᵉʳ d'octobre, non occupé d'une autre fête.)

### A VÊPRES ET A MATINES.

Nous chantons ces esprits qu'à veiller sur les hommes,
Qu'à les guider partout Dieu même a préposés,
De peur que les démons, plus forts que nous ne sommes,
Ne remportent sur nous des triomphes aisés.

Car enfin le dépit de ces anges rebelles,
Dont l'orgueil aux enfers fut soudain abattu,
Arme leur jalousie à perdre les fidèles,
Dont Dieu veut en leur place élever la vertu.

Viens donc, ange du ciel, et, de toute l'enceinte
Que confie à tes soins ce grand maître des temps,
Détourne tous les maux dont l'âme sent l'atteinte,
Et qui ne laissent point en paix ses habitans.

Exaltons la puissance et la bonté divine
Des Trois qui ne sont qu'un dans leur immensité,
Et qui, gouvernant seuls cette triple machine,
Règnent et régneront toute l'éternité.

### A LAUDES.

Grand Dieu, qui déployas ta suprême puissance
A tirer du néant tout ce vaste univers,
Et qui ne te sers pas de moins de providence
  A régir tant d'êtres divers ;

Vois d'un œil de pitié nos âmes criminelles,
Qui d'une voix commune implorent tes bontés ;
Et comme l'aube ici rend des clartés nouvelles,
  Rends-leur de nouvelles clartés.

Que ce garde choisi que tout l'enfer redoute,
L'ange qui par ton ordre accompagne nos pas,
Empêche que le crime infecte notre route
  De ses contagieux appas.

De l'envieux dragon qu'il dompte la malice,
Qu'il en rompe l'effort, qu'il en brise les traits,
Et ne permette pas que son noir artifice
  Nous enveloppe en ses filets.

Qu'aux fureurs de la guerre il ferme nos contrées,
Qu'il écarte de nous ce qu'elle a de rigueurs ;
Que la peste en nos murs ne trouve point d'entrées,
  Ni la discorde dans nos cœurs.

Gloire au Père éternel, qui garde par ses anges
Tout ce qu'a racheté le sang de Jésus-Christ,
Et qui par eux anime à chanter ses louanges
  Tout ce qu'a rempli son Esprit.

## POUR LA FÊTE DE SAINTE THÉRÈSE.

(15 octobre.)

### A VÊPRES.

Par un départ secret des tiens tu te sépares,
Pour annoncer un Dieu qui règne seul en toi,
Thérèse, et pour répandre en des climats barbares,
    Ou ton propre sang, ou la foi.

Mais ce Dieu te réserve une mort plus charmante ;
Un martyre plus beau clora ton dernier jour :
Tu ne devras le ciel qu'à cette pointe ardente
    Dont te va navrer son amour.

O d'un amour si saint noble et sainte victime,
Verse en nos cœurs ce feu qu'allume au tien son dard,
Et préserve de ceux où nous mène le crime
    Tout ce qui suit ton étendard.

Gloire au Père éternel sous qui l'univers tremble,
Gloire au Verbe incarné qu'on ne peut trop bénir ;
Gloire à leur Esprit saint, gloire à tous trois ensemble,
    Dans tous les siècles à venir.

### A MATINES.

Telle qu'une blanche colombe
Qui vole à tire-d'aile, et se dérobe aux yeux,
De Thérèse aujourd'hui l'âme remonte aux cieux,
    Quand le corps descend sous la tombe.

Son divin Époux la rappelle :
« Viens, ma sœur, lui dit-il, viens du haut du Carmel,
Viens de l'Agneau mystique au festin éternel,
    Viens à la couronne éternelle. »

Chaste Époux des vierges sans tache,
T'adorent à jamais les esprits bienheureux !
Et qu'à bénir sans fin tes desseins amoureux
    Leur sainte éternité s'attache !

## POUR LA FÊTE DE TOUS LES SAINTS,

(1er novembre.)

### A VÊPRES ET A MATINES.

Secourez-nous dans nos misères,
    Unique Rédempteur de tous,

Et souffrez que la Vierge, à force de prières,
Pour de pauvres pécheurs calme votre courroux.

  Saints escadrons d'esprits célestes,
   Qui nous montrez à le bénir,
Guérissez, repoussez, chassez les maux funestes;
Purgez-en le passé, le présent, l'avenir.

  Prophètes du souverain Juge,
   Apôtres chéris du Sauveur,
Notre fragilité met en vous son refuge :
Remplissez-en l'espoir, parlez en sa faveur.

  Martyrs, dont nous implorons l'aide,
   Et vous, confesseurs éclairés,
De tout ce qui nous tue obtenez le remède,
Et faites-nous revivre aux palais azurés.

  Heureux troupeau de vierges pures,
   Corps sacré de religieux,
Comme les autres saints guérissez nos blessures,
Et nous ouvrez l'entrée au royaume des cieux.

  Chassez la nation perfide
   Loin des fidèles au vrai Dieu;
Que nous puissions lui rendre avec amour solide
Les grâces qu'en tout temps on lui doit en tout lieu.

  Gloire au Père, à son Fils unique;
   Même gloire à l'Esprit divin;
Gloire à tout ce qu'aux saints leur bonté communique,
Gloire à leur unité sans mesure et sans fin.

### A LAUDES.

  Jésus, Sauveur de tout le monde,
Protége des pécheurs par ton sang rachetés;
  Et toi, Vierge et Mère féconde,
Demande pour eux grâce à ses hautes bontés.

  Anges dont le respect l'admire,
Patriarches bénis à qui Dieu le promit,
  Et vous qui le sûtes prédire,
Prophètes, déployez pour nous votre crédit.

  Précurseur qui mieux que tous autres
Connûtes ce Messie avant que d'être né,
  Portier du ciel, dignes apôtres,
Brisez les fers honteux d'un peuple infortuné.

  Que, par une faveur égale,
Le pur sang des martyrs, la foi des confesseurs,

Et la chasteté virginale,
Des taches du péché daignent purger nos cœurs

Que les rigides solitaires,
Que tous les habitans du céleste palais,
À nos vœux joignent leurs prières,
Pour nous faire avec eux y revivre à jamais.

Louange au Père inconcevable,
Honneur au Verbe-chair, gloire à l'Esprit divin ;
Hommage à leur être adorable,
A leur unité sainte, à leur règne sans fin.

## QUATRIÈME PARTIE.

# HYMNE DU COMMUN DES SAINTS.

### POUR LES APÔTRES ET LES ÉVANGÉLISTES.

#### HORS DU TEMPS DE PAQUES.

#### A VÊPRES ET A LAUDES.

Aux célestes concerts mêlons d'ici les nôtres,
Que la terre avec joie en puisse retentir :
L'ange célèbre au ciel la gloire des apôtres,
C'est à nos voix d'y repartir.

Juges de l'univers, véritables lumières
Dont le monde éclairé bénit les sacrés feux,
C'est à vous que nos cœurs adressent leurs prières :
Recevez-en les humbles vœux.

Les clefs du paradis sont en votre puissance,
Par vous sa porte s'ouvre et se ferme par vous ;
D'un seul mot aux pécheurs vous rendez l'innocence :
Parlez, et nous sommes absous.

Sous quelque infirmité que les hommes languissent,
Votre ordre les guérit ou les laisse abattus :
Rendez aux bonnes mœurs, qui dans nous s'affoiblissent,
La sainte vigueur des vertus ;

Afin que, quand Dieu même en son lit de justice
Décidera du monde, et finira les temps,
Il prononce pour nous un arrêt si propice,
Qu'il nous laisse à jamais contens.

Gloire au Père éternel, gloire au Fils ineffable ;
Gloire toute pareille à l'Esprit tout divin,
Qui, procédant des deux, et comme eux immuable,
    Avec tous deux règne sans fin.

### A MATINES.

Que les dons éternels du monarque des anges,
    Saints apôtres, ses favoris,
Occupent notre bouche à de justes louanges
    Pour vous qu'il a le plus chéris.

Son grand choix vous a faits princes de nos églises,
    Chefs des plus triomphans combats,
De ce vaste univers les lumières exquises,
    Et du vrai Dieu les vrais soldats.

En vous on voit des saints la foi dévote et nette,
    Des croyans l'invincible espoir ;
En vous de Jésus-Christ la charité parfaite
    Du monde brave le pouvoir.

En vous le Père voit la splendeur de sa gloire,
    Le Saint-Esprit, sa volonté ;
Le Fils y voit briller l'éclat de sa victoire,
    Dieu tout entier est exalté.

Adorable Jésus, dont la gloire infinie
    Remplit tous les célestes chœurs,
Daigne nous, à jamais, joindre à leur compagnie,
    Quoique inutiles serviteurs.

---

### POUR LES APOTRES ET LES ÉVANGÉLISTES.

#### AU TEMPS DE PAQUES.

#### A VÊPRES ET A MATINES.

Les apôtres en pleurs, et comblés de tristesse,
    Regrettoient ce Maître adoré
Que l'impie attentat d'une race traîtresse
Par un cruel trépas avoit défiguré.

Un ange en consola de vertueuses dames :
    « Quittez, leur dit-il, ce tombeau ;
Allez en Galilée, et ce roi de vos âmes
Y frappera vos yeux par un éclat nouveau.

CORNEILLE VII

Aux apôtres soudain elles courent le dire
    Avec un saint empressement,
Et rencontrent ce Dieu pour qui leur cœur soupire,
Comme il l'avoit promis, sorti du monument.

Ses disciples à peine en ont la connoissance,
    Qu'ils vont en hâte au même lieu
Voir ce dernier effet de la toute-puissance,
Qui ranime le corps de l'unique Homme-Dieu.

Sauveur de tout le monde, en cette pleine joie
    Dont la pâque remplit nos cœurs,
Daigne si bien guider ton peuple dans ta voie,
Que d'une mort funeste il échappe aux rigueurs.

Gloire à toi, Rédempteur et Monarque suprême,
    Par toi-même ressuscité;
Même gloire à ton Père, au Saint-Esprit la même,
Et durant tous les temps, et dans l'éternité.

### A LAUDES.

Pâques semble au soleil en faveur des apôtres
    Prêter de nouvelles splendeurs :
Avec les yeux du corps, foibles comme les nôtres,
D'un maître revivant ils ont vu les grandeurs.

Ils ont vu dans sa chair l'ouverture des plaies,
    Ils l'ont sondée avec les doigts;
Son trépas étoit vrai, ces merveilles sont vraies :
C'est ce que chacun d'eux publie à haute voix.

Saisis-toi de nos cœurs, Roi qui n'es que clémence,
    Et qui pour nous te fis mortel,
Afin que notre zèle à ta haute puissance
Rende avec allégresse un hommage éternel.

Sauveur de tout le monde, en cette pleine joie
    Dont la pâque remplit nos cœurs,
Daigne si bien guider ton peuple dans ta voie,
Que d'une mort funeste il échappe aux rigueurs.

Gloire à toi, Rédempteur et Monarque suprême,
    Par toi-même ressuscité;
Même gloire à ton Père, au Saint-Esprit la même,
Et durant tous les temps, et dans l'éternité.

## POUR UN MARTYR.

### A VÊPRES ET A MATINES.

Dieu, qui de tes soldats couronnes la victoire
    Et sers de prix à leurs hauts faits,
En faveur du martyr dont nous chantons la gloire,
    Dégage-nous de nos forfaits.

Il renonça du siècle aux honneurs périssables,
    Les regarda comme pollus,
Et goûte dans le ciel ces biens inépuisables
    Que tu dépars à tes élus.

Il brava des tourmens l'horreur la plus cruelle,
    Les souffrit avec un grand cœur ;
Et son sang répandu pour ta gloire immortelle
    Lui gagne un immortel honneur.

Écoute, ô Dieu bénin, notre cœur qui soupire !
    Et, favorable à nos clameurs,
Aujourd'hui qu'un martyr triomphe en ton empire,
    Pardonne à de pauvres pécheurs.

Gloire au Père éternel, gloire au Fils ineffable,
    Gloire à l'Esprit saint et divin ;
Gloire à leur unité, dont l'essence immuable
    Règne sans bornes et sans fin.

### A LAUDES.

Martyr, qui, du grand Dieu suivant le Fils unique,
    Et son vrai disciple en ces lieux,
Domptas tout ce qu'osa la fureur tyrannique
    Dont tu triomphes dans les cieux ;

Contre tous nos péchés daigne de tes prières
    Nous prêter le céleste appui ;
De tout ce qui nous souille affranchis nos misères,
    Et soulage tout notre ennui.

Détaché des liens de la terrestre masse,
    Tu vis dans l'éternel séjour ;
Détache-nous du siècle, et nous obtiens la grâce
    De mettre en Dieu tout notre amour.

Gloire au Père éternel, gloire au Fils ineffable,
    Gloire à l'Esprit saint et divin ;
Gloire à leur unité, dont l'essence immuable
    Règne sans bornes et sans fin

## POUR PLUSIEURS MARTYRS.

### A VÊPRES.

Chantons des saints martyrs les mérites sur terre,
La valeur aux combats, les triomphes aux cieux :
C'est de tous les vainqueurs qu'ennoblisse la guerre
    Le genre le plus glorieux.

Le monde avec horreur a regardé leur vie,
Comme ils ont regardé le monde avec mépris;
Et ta route, ô grand Dieu, jusqu'à ton ciel suivie,
    De ton royaume a fait leur prix.

Leur courage a bravé les gênes préparées;
Leur force a mis à bout la rage des tyrans;
L'ongle de fer leur cède, et leurs chairs déchirées
    Raniment le cœur des mourans.

Comme innocens agneaux ils souffrent tout sans plainte;
On les brise, on les hache, ils n'en murmurent point;
Leur cœur s'en applaudit, et porte à chaque atteinte
    La patience au dernier point.

Quelle plume, Seigneur, quelle voix peut décrire
Ce que ta main apprête à ces dignes guerriers?
La pourpre de leur sang leur assure un empire,
    Et leur mort, d'immortels lauriers.

Unique déité, daigne effacer nos crimes,
Laver leur moindre tache, et nous donner ta paix,
Afin qu'associés à ces pures victimes
    Nous t'en rendions gloire à jamais.

### A MATINES.

Que les dons éternels du monarque des anges,
    Les victoires de ses martyrs,
Occupant notre bouche à de justes louanges,
    Épanouissent nos désirs.

Le mépris des terreurs qu'épand la tyrannie,
    Et celui des gênes du corps,
Les ont fait arriver à l'immortelle vie
    Par la plus heureuse des morts.

Ils sont livrés aux dents des bêtes carnassières,
    On les abîme dans les feux;
Des plus cruels bourreaux les rages les plus fières
    Fondent et se lassent sur eux;

On déchire leurs flancs, on sème leurs entrailles;
 Et quand leur sang est répandu,
Leur esprit en repos attend de ces batailles
 Le prix qu'il sait leur être dû.

Adorable Jésus, dont la gloire infinie
 Remplit tous les célestes chœurs,
Daigne nous, à jamais, joindre à leur compagnie,
 Quoique inutiles serviteurs.

### A LAUDES.

Toi qui mets tes martyrs au-dessus du tonnerre,
 Et couronnes tes confesseurs;
Toi qui pour le mépris des faux biens de la terre
 Rends d'inépuisables douceurs;

Prête à nos voix, Seigneur, des oreilles propices,
 Donne à nos vœux de prompts effets;
Nous chantons des martyrs les triomphans supplices:
 Pardonne à nos plus noirs forfaits.

Tu vaincs en ces martyrs, et ta bonté fait grâce
 A ceux qui confessent ton nom;
Tu vois de nos péchés quelle est l'impure masse:
 Triomphes-en par le pardon.

Gloire au Père éternel, gloire au Fils ineffable,
 Gloire à l'Esprit saint et divin;
Gloire à leur unité, dont l'essence immuable
 Règne sans bornes et sans fin.

### POUR UN CONFESSEUR.

#### A VÊPRES ET A MATINES.

Ce digne confesseur dont le peuple en ces lieux
Honore la mémoire, et célèbre la fête,
D'un empire aujourd'hui fit la sainte conquête,
 Et prit sa place dans les cieux.

Tant qu'il vécut sur terre, on vit sa piété
Par un divin accord s'unir à la prudence,
Sa pudeur conspirer avec la tempérance,
 Son calme avec l'humilité.

Autour de son tombeau les malades rangés
Reçoivent chaque jour des guérisons soudaines.
Et les maux les plus grands qui ravagent leurs veines
 Sont d'autant plus tôt soulagés.

C'est donc avec raison que nos chœurs aujourd'hui
Font résonner un hymne et des vœux à sa gloire,
Afin que son mérite aide à notre victoire
    A monter au ciel après lui.

Gloire à l'unique auteur de ce vaste univers,
Gloire, honneur, et louange, à sa bonté divine,
Dont l'absolu vouloir gouverne la machine
    Du ciel, de la terre, et des mers.

---

### POUR UN CONFESSEUR PONTIFE.

#### A LAUDES.

    Doux Rédempteur de tout le monde,
    Sainte couronne des prélats,
Daigne, par ta clémence en miracles féconde,
Favoriser des vœux qu'on t'offre d'ici-bas.

    C'est en cette heureuse journée,
    Dont nous célébrons le retour,
Qu'un prélat tout à toi vit sa course bornée
Par le prix éternel qu'en reçut son amour.

    Pour avoir des biens périssables
    Rejeté les flatteurs attraits,
Il en goûte aujourd'hui qui sont inexprimables,
Et dont l'épanchement ne tarira jamais.

    Fais-nous, Seigneur, suivre ses traces,
    Imprimer nos pas sur les siens,
Afin qu'à sa prière obtenant mêmes grâces,
Nous puissions dans le ciel jouir des mêmes biens.

    Puissions-nous, ô Roi débonnaire,
    Te rendre une gloire sans fin,
Pareille et même gloire à ton céleste Père,
Pareille et même gloire à l'Esprit tout divin.

---

### POUR UN CONFESSEUR NON PONTIFE.

#### A LAUDES.

Jésus, de notre foi la plus riche couronne
    Et la plus haute vérité,
Qui, pour prix des travaux qu'en t'aimant on se donne,
    Rends une heureuse éternité;

Accorde en rédempteur aux vœux de l'assemblée,
  Par les mérites de ce saint,
La grâce des péchés dont elle est accablée,
  Et brise les fers qu'elle craint.

Ce jour que tous les ans sa fête renouvelle,
  Ce grand, ce digne jour nous luit,
Où, quittant de son corps la dépouille mortelle,
  Il monta dans un jour sans nuit.

Pour avoir dédaigné tout ce que la nature
  Étale d'attrayant aux yeux,
Et traité ses trésors et de fange, et d'ordure,
  Il règne à jamais dans les cieux.

A force d'adorer ta main qui nous gouverne,
  A force d'exalter ton nom,
Il dompta hautement tout l'orgueil de l'Averne,
  Et les ministres du démon.

Ce qu'il eut de vertu, ce qu'il eut de foi vive,
  Dans le rang de tes confesseurs,
Pour fruit d'une abstinence heureusement craintive,
  Goûte d'éternelles douceurs.

Daigne donc, ô grand Dieu, dont les bontés sublimes
  L'ont mis au nombre des élus,
Remettre en sa faveur à l'excès de nos crimes
  Les châtimens qui leur sont dus.

Louange à tout jamais au Père inconcevable,
  Louange à son Verbe en tout lieu ;
Louange à l'Esprit saint, ainsi qu'eux ineffable,
  Qui n'est avec eux qu'un seul Dieu.

---

## POUR LES VIERGES.

### A VÊPRES ET A LAUDES.

Jésus, des vierges la couronne,
Que dans ses flancs sacrés une mère porta,
Qui vierge te conçut, et vierge t'enfanta,
Reçois les humbles vœux dont notre cœur résonne.

Parmi les lis que tu fais naître
Les vierges à l'envi te vont faire leur cour ;
En époux glorieux tu les remplis d'amour,
Et ton céleste amour les récompense en maître.

Partout elles suivent tes traces,
Et la sainte candeur de leurs feux innocens
Offre à ta gloire immense un éternel encens,
A ton immense amour d'inépuisables grâces.

Fais-nous par des faveurs nouvelles
Épurer à tel point notre fragilité,
Qu'élevés au-dessus de notre infirmité,
Nous soyons à tes yeux chastes et saints comme elles.

Honneur, vertu, gloire et louange,
Au Père, au Fils unique, à l'Esprit tout divin,
Qui ne sont qu'une essence, et qui tous trois, sans fin,
Règnent dans un séjour où jamais rien ne change.

### A MATINES.

Fils d'une vierge pure, auteur de cette mère
Qui vierge te conçut, vierge te mit au jour ;
Nous chantons d'une vierge et la mort et l'amour :
    Donne à nos chants de quoi te plaire.

Elle fut, cette vierge, en deux façons heureuse :
Son sexe étoit fragile, elle sut résister ;
Son siècle étoit cruel, elle sut le dompter,
    Toujours forte et victorieuse.

Elle voyoit aussi le trépas sans le craindre,
Les tyrans sans frémir, les bourreaux sans horreur ;
Et les flots de son sang que versa leur fureur
    Jusqu'au ciel la firent atteindre.

Au nom de cette vierge exauce nos prières,
Pardonne à nos péchés, purge ce qui vient d'eux,
Afin qu'à tes autels notre zèle et nos vœux
    Te portent des âmes entières.

Gloire au Père éternel, tout bon, tout saint, tout sage ;
Gloire au Verbe incréé, gloire à l'Esprit divin,
Qui, procédant des deux, règne avec eux sans fin,
    Et veut de nous pareil hommage.

### POUR UNE SAINTE QUI N'EST NI VIERGE NI MARTYRE

#### A VÊPRES ET A LAUDES.

Exaltons d'une femme forte
Le courage viril, l'heureuse fermeté,
    Les victoires qu'elle remporte,
Et qui font en tous lieux briller sa sainteté.

De l'amour de son Dieu navrée,
Elle prit en horreur le monde et ses plaisirs,
　　Et par une route sacrée
Elle parvint au ciel, où tendoient ses désirs.

　　Les veilles furent ses délices,
La fervente oraison fit ses plus doux festins,
　　La charité ses exercices,
Et ses jeûnes là-haut goûtent des mets divins.

　　Grand Dieu, vertu des fortes âmes,
Qui seul en celle-ci fis de si grands effets,
　　Inspire-nous les mêmes flammes,
Écoute nos soupirs, et lave nos forfaits.

　　Gloire au Père, au Verbe ineffable,
A l'Esprit tout divin, à leur sainte unité,
　　A leur essence inconcevable,
Et durant tous les temps, et dans l'éternité.

### A MATINES.

Au nom de cette sainte exauce nos prières,
Pardonne à nos péchés, purge ce qui vient d'eux,
Afin qu'à tes autels notre zèle et nos vœux
　　Te portent des âmes entières.

Gloire au Père éternel, tout bon, tout saint, tout sage;
Gloire au Verbe incréé, gloire à l'Esprit divin,
Qui, procédant des deux, règne avec eux sans fin,
　　Et veut de nous pareil hommage.

## POUR LA DEDICACE D'UNE ÉGLISE.

### A VÊPRES ET A MATINES.

Sainte Jérusalem, ville heureuse à jamais,
　　Charmante vision de paix,
Qui n'es bâtie au ciel que de pierres vivantes,
Les anges l'un de l'autre en ta faveur jaloux
　　Te font des couronnes brillantes,
　t telles que l'épouse en attend de l'époux.

Aussi le digne éclat que tu reçois des cieux
　　T'offre si pompeuse à ses yeux,
Qu'il te voit en épouse à son lit destinée :
Tes places et tes murs sont d'un or épuré

  Et toute leur structure ornée
Des plus riches splendeurs dont son chef soit paré.

Tes gonds et tes verrous de perles sont couverts,
  Tes portes à battans ouverts
Au vrai mérite seul en permettent l'entrée :
C'est là qu'il introduit quiconque en ces bas lieux,
  En cette infidèle contrée,
Endure pour le nom d'un Dieu, le Dieu des dieux.

Ces pierres qu'ici-bas polissent les tourmens,
  Les gênes, les accablemens,
Prennent là des clartés à jamais perdurables :
Le céleste ouvrier met chacune en son lieu,
  Et par des chaînes adorables
Attache l'une à l'autre, et les unit en Dieu.

Gloire, puissance, honneur, et louange, au Très-Haut,
  Au Fils comme lui sans défaut,
A l'Esprit tout divin, ainsi qu'eux ineffable ;
Gloire, honneur, et louange, à leur sainte unité,
  A leur essence inconcevable,
Et durant tous les temps, et dans l'éternité.

### A LAUDES.

Bienheureuse cité, le monarque éternel,
  Qui sauva l'homme criminel,
Te sert de fondement et de pierre angulaire :
De tes murs rayonnans il est la liaison,
  Et se fait le digne salaire
De la foi qui sur terre enchaîne ta raison.

Cette ville chérie, et toujours en faveur,
  Infatigable en sa ferveur,
Résonne incessamment d'une musique sainte ;
Et l'amoureux concert que font toutes ses voix
  Exalte en toute son enceinte
Ces trois qui ne sont qu'un, et cet unique en trois.

Ce temple la figure en portrait raccourci :
  Seigneur, daigne y loger aussi ;
Accorde cette grâce à nos humbles prières ;
Verse à grands flots sur nous ta bénédiction ;
  Et par des faveurs singulières
Rends-nous dignes un jour de ta sainte Sion.

Qu'en ce temple chacun obtienne de ses vœux
  L'effet cent et cent fois heureux
Qu'ont ici de tes saints mérité les souffrances :

Admets-nous avec eux en ton divin séjour,
  Et fais-nous part des récompenses
Qu'à leurs travaux finis prodigue ton amour.

Gloire, puissance, honneur, et louange, au Très-Haut,
  Au Fils comme lui sans défaut,
A l'Esprit tout divin, ainsi qu'eux ineffable;
Gloire, honneur, et louange, à leur sainte unité,
  A leur essence inconcevable,
Et durant tous les temps, et dans l'éternité.

FIN DES HYMNES DU BRÉVIAIRE ROMAIN.

# HYMNES DE SANTEUIL,

POUR LA FÊTE DE SAINT VICTOR.

### A MATINES.

Chantons, peuple, chantons ce guerrier dont Marseille
Vit le sang insulter au démon étonné,
Produire, en s'épanchant, merveille sur merveille,
Et teindre les lauriers dont il fut couronné.

Victor quitte les rangs, et dédaigne la paye,
Pour suivre, pauvre et nu, l'étendard de la croix;
Et du camp des Césars, où sa valeur s'essaye,
Il passe, heureux transfuge, au camp du Roi des rois.

On le charge de fers, on lui choisit des peines,
Au fond d'un noir cachot on le tient garrotté;
Il est libre au milieu des prisons et des chaînes,
Et remplit le cachot de sa propre clarté.

Ses gardes, effrayés par ce double miracle,
Conçoivent des faux dieux une invincible horreur,
Prennent le saint pour guide, et sa voix pour oracle,
Et dans un bain sacré lavent leur vieille erreur.

Gloire au Père éternel, gloire au Fils ineffable,
Gloire toute pareille à l'Esprit tout divin;
Gloire à leur unité dont l'essence adorable
Règne sans borne aucune, et régnera sans fin.

### A LAUDES.

Entre, heureux champion, la carrière est ouverte;
Dieu te voit, et t'appelle au trône préparé;
Entre, et vois les tyrans animés à ta perte,
De l'œil dont tu verrois un trophée assuré.

Quand d'un cheval farouche à la queue on te lie,
S'il déchire ta chair, elle en éclate mieux;
Et s'il brise ton corps, ton âme recueillie
Par un vol avancé va s'emparer des cieux.

Ton sang, en quelque lieu que sa fougue t'emporte,
Laisse empreinte à longs traits la gloire de ton nom,
Et c'est une semence illustre, vive et forte,
Qui de nouveaux martyrs germe une ample moisson.

Les verges sur la croix te font un long supplice;
Tu jouis en secret de toute sa lenteur;
Et ton zèle applaudit à la fureur propice
Qui fait l'image en toi de ton saint Rédempteur

Tu braves Jupiter, tu ris de sa statue,
Tu la jettes par terre au lieu de l'encenser,
Et ne redoutes point ce foudre qui ne tue,
Qui n'agit qu'en peinture, et ne se peut lancer.

On venge sur ton pied ce noble sacrilége,
Tu n'en cours pas moins vite où t'appelle ton Dieu;
Ton Dieu, dont il reçoit ce digne privilége,
Qui, sans corruption, le garde en ce saint lieu.

Gloire, etc.

### A VÊPRES.

Que d'un chant solennel tout le temple résonne :
Ce grand jour du martyr paye enfin les travaux,
Le ciel en est le prix, et Dieu qui le couronne
Change en biens éternels ce qu'il souffrit de maux.

Ses membres écrasés sous la meule palpitent,
Il offre à Dieu le sang qu'il en fait ruisseler;
Et, plein d'un feu nouveau que ces gènes excitent,
Sur cet autel sanglant il aime à s'immoler.

La machine brisée à grands coups de tonnerre
Sur le peuple tremblant roule, et brise à son tour;
Victor seul, intrépide, et las de vaincre en terre,
Tend le col aux bourreaux pour changer de séjour.

La tête cède au fer qui du corps la détache,
L'âme vole en triomphe au-dessus du soleil,
Et l'on voit chaînes, fouets, et meule, et croix, et hache,
En former à l'envi le pompeux appareil.

Rends-nous plus courageux, grand saint, par ton exemple;
Obtiens-nous des lauriers qui s'unissent aux tiens,
Et fais de tous les vœux qu'on t'offre dans ce temple
Des armes pour dompter l'ennemi des chrétiens.

Gloire, etc.

# HYMNES DE SAINTE GENEVIÈVE

POUR LE JOUR DE SA FÊTE, LE 3 JANVIER.

### A VÊPRES.

Que de toutes nos voix un plein concert s'élève
    A la gloire de Geneviève !
Terre, applaudis au ciel ; lui-même il l'applaudit,
Il t'en daigne lui-même apprendre la naissance.
    Écoute un ange qui te dit
Qu'il vient de naître en elle un appui pour la France.

Un saint prélat, qui voit dans une si jeune âme
    Briller tant de céleste flamme :
« Vierge heureuse, dit-il, qu'heureux sont tes parens ! »
Soudain qu'elle l'entend, la vierge à Dieu se voue,
    Et quitte enfin et prés et champs
Pour montrer à la cour comme il faut qu'on le loue.

Les miracles partout suivent son grand courage,
    Ils passent et le sexe et l'âge ;
Dans la chair qui l'enferme elle est hors de la chair,
Et dans sa pauvreté riche plus que tous autres.
    Quiconque la peut approcher
Croit sa vertu pareille à celle des apôtres.

Honneur de ta patrie et de la terre entière,
    Vierge, des vierges la lumière,
Notre patronne à tous, entends nos humbles vœux ;
Et du ciel, où tu vois ta couronne assurée,
    Fais qu'en terre de chastes feux
Puissent toujours régner dans notre âme épurée.

A la Trinité sainte éternelle puissance,
    Éternelle reconnoissance ;
Qu'on la serve en tout temps, qu'on l'honore en tous lieux.
Exaltons-en la gloire en la vierge fidèle,
    Si nous voulons un jour aux cieux
Être assis dans un trône et couronnés comme elle.

### A MATINES.

Voici l'heureuse nuit qui précède la fête :
Par des feux redoublés elle imite le jour,
Et le temple éclairé veut que chacun s'apprête
A tromper le sommeil par des chants tout d'amour.

La sainte qui préside et qu'on sert dans ce temple,
Ainsi des saints martyrs veilloit sur les tombeaux,
Joignoit la nuit au jour, et par un haut exemple
Portoit les cœurs sans cesse à des efforts nouveaux.

Vierges, vous le savez, elle alloit la première :
La lumière à la main, elle y guidoit vos pas;
Et, quoi qu'osât l'enfer contre cette lumière,
Sa clarté triomphante en prenoit plus d'appas.

Ainsi la vive foi, par des sacrés prodiges,
Ainsi le zèle ardent luit dans l'obscurité;
Ainsi du diable même il confond les prestiges,
Et, fléchissant le ciel, rend à tous la santé.

Toi, dont l'éclat plus vif que celui des étoiles
Brille parmi les saints au céleste lambris,
Vierge, en faveur des tiens romps ces funestes voiles
Dont l'indigne épaisseur offusque tant d'esprits.

Fais que les faux honneurs ni les soins de la terre
De leurs ombres jamais n'embarrassent nos sens,
Que jamais les plaisirs par leur flatteuse guerre
N'affoiblissent la foi dans les cœurs innocens.

Nous espérons de vous ce don par sa prière,
Père incompréhensible, Homme-Dieu comme nous,
Qui règnes au séjour de gloire et de lumière
Avec cet Esprit saint qui n'est qu'un avec vous.

### A LAUDES.

Chante, ville, reine des villes,
Chante un hymne de gloire à ton divin Sauveur,
A son épouse vierge; et sur tes murs fragiles
Attires-en la grâce, et fixe la faveur.

Quoi qu'osent la fièvre et la peste,
Elle en brise le trait le plus envenimé,
Et des soudaines morts le ravage funeste
Par ses regards bénins est soudain réprimé.

Dans les langueurs elle encourage,
Elle rend aux mourans la force et la santé;
De la langue captive elle rompt l'esclavage,
Elle obtient pour l'aveugle une pleine clarté.

Les miracles que fit sa vie
Ne sont point épuisés par son retour aux cieux;
Et plus par un vrai zèle en terre elle est servie,
Plus sa haute vertu s'épand sur ces bas lieux.

Vierge que notre chœur réclame,
Qui dissipes ainsi les plus dangereux maux,
Quand tu prends soin du corps, prends-en aussi de l'âme,
Et donne pour tous deux des remèdes égaux.

Fais que, purgés de tous nos crimes,
Jésus-Christ de sa grâce honore notre foi.
Et que, nous dégageant de ces mortels abîmes,
A la sainte patrie il nous rende avec toi.

Gloire à toi, Verbe inconcevable,
Sauveur, par une vierge ici-bas enfanté;
Gloire au Père éternel, à l'Esprit ineffable,
Et durant tous les temps, et dans l'éternité.

## POUR SA TRANSLATION.

(28 octobre.)

### A VÊPRES.

Quand des lions du nord la barbare furie
Saccage la province et fait trembler Paris,
Tout son peuple ne craint ni pour ses toits chéris,
Ni pour ses doux amas, ni pour sa propre vie;

Mais pour le saint dépôt d'une vierge sacrée,
De ses murs alarmés le plus digne trésor,
Qu'enfermé qu'il étoit dans une châsse d'or,
Il porte en sûreté dans une autre contrée.

Ce peuple ne fait rien qu'elle n'aime à lui rendre;
Et, du plus haut des cieux déployant son secours,
De tant de barbarie elle arrête le cours,
Et conserve à son tour ceux qui sauvent sa cendre.

Veille à notre défense, ô sainte protectrice!
Un plus fier ennemi nous livre un dur assaut.
Il est fort, il est fourbe; et sans l'appui d'en haut
Rien n'en dompte la rage, ou détruit l'artifice.

Daignez en nos besoins écouter sa prière,
Père et Fils éternels, Esprit saint et divin,
Qui n'êtes qu'une essence, et qui tous trois sans fin
Régnez dans le séjour de gloire et de lumière.

### A MATINES.

Toi qu'on croit présider à cet illustre empire,
Aux peuples affligés toi qui prêtes la main,

Qui conserves nos lis et tout ce qui respire
                Sous leur grand souverain :

Tu vois en cet exil notre peu de mérite,
Tu le vois chanceler en tout temps, en tous lieux
Que notre perte est sûre, et qu'aucun ne l'évite
                Sans le secours des cieux.

Daigne en prendre pitié! tu t'en vois conjurée
Par le nouveau cercueil où reposent tes os,
Par les soins dont jadis ta châsse transférée
                Sauva tes saints dépôts.

La fureur semoit lors nos champs de funérailles,
Les flammes et le fer désoloient nos cités :
Seule tu garantis nos tremblantes murailles
                De tant de cruautés.

Dans une sainte paix affermis une ville
Qu'un zèle singulier voue à ton sacré corps ;
Que ta main à l'État ne soit pas moins utile
                Qu'elle l'étoit alors.

Immense Trinité, souffre-le pour ta gloire,
Toi, de qui cette vierge a reçu tous ces dons
Qui font régner son culte et chérir sa mémoire
                En tous nos environs.

### A LAUDES.

Pour te rendre un tribut d'une louange due,
Vierge, tu vois nos cœurs devant toi prosternés :
Puisse en être par toi la prière entendue,
                Et les vœux couronnés!

Tu ne dédaignas point d'en exaucer le zèle
Quand les fureurs du Nord menaçoient nos remparts,
Et que l'affreuse horreur d'une guerre cruelle
                Rouloit de toutes parts.

Tant qu'ont duré tes jours, jamais ni la famine,
Ni d'un air empesté les tourbillons impurs,
Ni surprenans éclats de vengeance divine,
                N'ont désolé nos murs.

Tu vois sous tes faveurs ta maison ennoblie
Reprendre l'heureux joug de ces premières lois,
Et leur sainte vigueur dans l'ordre rétablie
                Rentrer en ses vieux droits.

Fais que sa pureté de plus en plus s'attache
Aux célestes sentiers que tu lui fais tenir,

Que sa ferveur redouble, et passe enfin sans tache
             Aux siècles à venir!

Immense Trinité, etc. (*comme à Matines*).

---

### POUR LE MIRACLE DES ARDENS.
#### (26 novembre.)

##### A VÊPRES.

La main d'un Dieu vengeur, par d'invisibles flammes,
D'un peuple ardent au vice éteint l'impie ardeur.
Ce feu s'attache au corps pour en chasser les âmes,
Et le sang qu'il tarit lui fait passage au cœur.

En vain des médecins cette fameuse ville
Implore le secours, applique les secrets :
Le ravage en augmente, et tout l'art inutile
Enfonce d'autant plus de si funestes traits.

Elle a recours, ô vierge, à tes reliques saintes!
A peine tu parois, que cette peste fuit;
Et ses tristes ardeurs dans les os même empreintes
Y laissent triompher la santé qui te suit.

Bannis de nos esprits ces flammes criminelles
Qui n'y peuvent souffrir aucuns célestes feux,
Et sème de ta main au cœur de tes fidèles
La précieuse ardeur qui les peut rendre heureux.

Nous espérons de vous ce don par sa prière,
Père incompréhensible, Homme-Dieu mort pour tous,
Qui régnez au séjour de gloire et de lumière
Avec cet Esprit saint qui n'est qu'un avec vous.

##### A MATINES.

Infatigable appui de la ville affligée,
Vierge toujours présente à tes sacrés autels,
Écoute les frayeurs d'une troupe plongée
             En des ennuis mortels.

Un feu contagieux, digne loyer du vice,
Fait voir l'ire du ciel sur les membres pourris,
Et jusque dans les os imprime la justice
             Qu'il se fait de Paris.

Plus il coule de pleurs des paupières troublées,
Plus cette vive ardeur fait creuser de tombeaux;

Tout brûle, et l'on ne boit que flammes redoublées
    Par la fraîcheur des eaux.

Enfin, vierge, ce peuple a recours à ta cendre,
Ce trésor qu'ont nos rois enfermé de trésors;
Et des sacrés piliers un prélat fait descendre
    Les restes de ton corps.

On soupire, on gémit devant ta sainte châsse,
On t'invoque; et ces feux se laissent étouffer,
Ces feux qui ne faisoient que préparer la place
    Aux flammes de l'enfer.

Souverain médecin et des corps et des âmes,
Dieu, que nous bénissons des maux qu'elle finit,
Éteins les feux impurs, et sauve-nous des flammes
    Dont l'enfer les punit.

### A LAUDES.

Ces flammes qui servoient la colère divine
Par un ravage affreux semoient partout la mort,
Et contre leur venin toute la médecine
    N'étoit qu'un impuissant effort.

Cette ardeur pestilente au dedans répandue
Fermoit soudain la porte à toute guérison,
Pulvérisoit les os, et leur moelle fondue
    Devenoit un nouveau poison.

Ta châsse, vierge sainte, est le remède unique
Par qui sont tant de maux heureusement bornés;
Et ta vertu céleste, aussitôt qu'on l'applique,
    Bannit ces feux empoisonnés.

Ce tombeau portatif épouvante la peste,
Ranime sa langueur, met en fuite le mal;
Et d'un si chaste corps l'ombre même est funeste
    A ce qui nous étoit fatal.

Merveille! ces horreurs de la nature humaine
D'une simple bergère ont la châsse en horreur,
Et de l'or qui l'enferme un rayon luit à peine,
    Qu'il éteint toute leur fureur.

Souverain médecin et des corps et des âmes,
Dieu, que nous bénissons des maux qu'elle finit,
Éteins les feux impurs, et sauve-nous des flammes
    Dont l'enfer vengeur les punit.

FIN DES HYMNES.

# LOUANGES
DE
# LA SAINTE VIERGE.

## AU LECTEUR

Cette pièce se trouve imprimée sous le nom de saint Bonaventure, à la fin de ses Œuvres. Plusieurs doutent si elle est de lui, et je ne suis pas assez savant en son caractère pour en juger. Elle n'a pas l'élévation d'un docteur de l'Église; mais elle a la simplicité d'un saint, et sent assez le zèle de son siècle, où, dans les hymnes, proses, et autres compositions pieuses que l'on faisoit en latin, on recherchoit davantage les heureuses cadences de la rime que la justesse de la pensée. L'auteur de celle-ci a voulu trouver l'image de la Vierge en beaucoup de figures du Vieil et du Nouveau Testament: les applications qu'il en a faites sont quelquefois un peu forcées; et, quelque aide que j'aie tâché de lui prêter, la figure n'a pas toujours un entier rapport à la chose. Je me suis réglé à rendre chacun de ses huitains par un dizain; mais je ne me suis pas assujetti à les faire tous de la même mesure: j'y ai mêlé des vers longs et courts, selon que les expressions en ont eu besoin, pour avoir plus de conformité avec l'original, que j'ai tâché de suivre fidèlement. Vous y en trouverez d'assez passables, quand l'occasion s'en est offerte; mais elle ne s'est pas offerte si souvent que je l'aurois souhaité pour votre satisfaction. Si ce coup d'essai ne déplaît pas, il m'enhardira à donner de temps en temps au public des ouvrages de cette nature, pour satisfaire en quelque sorte à l'obligation que nous avons tous d'employer à la gloire de Dieu du moins une partie des talens que nous en avons reçus. Il ne faut pas toutefois attendre de moi, dans ces sortes de matières, autre chose que des traductions ou des paraphrases. Je suis si peu versé dans la théologie et dans la dévotion, que je n'ose me fier à moi-même quand il en faut parler: je les regarde comme des routes inconnues, où je m'égarerois aisément, si je ne m'assurois de bons guides: et ce n'est pas sans beaucoup de confusion que je me sens un esprit si fécond pour les choses du monde, et si stérile pour celles de Dieu. Peut-être l'a-t-il ainsi voulu pour me donner d'autant plus de quoi m'humilier devant lui, et rabattre cette vanité si naturelle à ceux qui se mêlent d'écrire, quand ils ont eu quelque succès avantageux. En attendant qu'il lui plaise m'inspirer et m'attirer plus fortement, je vous fais cet aveu sincère de ma foiblesse, et ne me hasarderai à vous rien dire de lui que je n'emprunte de ceux qu'il a mieux éclairés.

---

Accepte notre hommage, et souffre nos louanges,
      Lis tout céleste en pureté,
      Rose d'immortelle beauté,
Vierge, mère de l'humble et maîtresse des anges;
Tabernacle vivant du Dieu de l'univers,
Contre le dur assaut de tant de maux divers
Donne-nous de la force, et prête-nous ton aide;
      Et jusqu'en ce vallon de pleurs
Fais-en du haut du ciel descendre le remède,
Toi qui sais excuser les fautes des pécheurs.

O Vierge sans pareille, et de qui la réponse
Mérita de porter et conçut Jésus-Christ,
Sitôt que Gabriel t'eut fait l'heureuse annonce
Qu'en un souffle sacré suivit le Saint-Esprit;
Vierge devant ta couche, et vierge après ta couche,
Montre en notre faveur que la pitié te touche,
Qu'aucun refuge à toi ne se peut égaler;
Et comme notre vie, en disgrâces fertile,
Durant son triste cours incessamment vacille,
Incessamment aussi daigne nous consoler.

L'esprit humain se trouble au nom de vierge mère,
L'orgueil de la raison en demeure ébloui;
De la vertu d'en haut ce chef-d'œuvre inouï
Pour leurs vaines clartés est toujours un mystère:
La foi, dont l'humble vol perce au delà des cieux,
Pour cette vérité trouve seule des yeux,
Seule, en dépit des sens, la connoît, la confesse;
Et le cœur, éclairé par cette aveugle foi,
Voit avec certitude, et soutient sans foiblesse,
Qu'un Dieu pour nous sauver voulut naître de toi.

Prodige qui renverse et confond la nature!
Le père de sa fille est le fils à son tour;
Une étoile ici-bas met le soleil au jour;
Le Créateur de tout naît d'une créature:
La source part ainsi de son propre ruisseau;
L'ouvrier est produit par le même vaisseau
      Que sa main a formé de terre:
Et, toujours vierge et mère, un accord éternel
De ces deux noms en toi, qui partout sont en guerre,
Fait grâce, et rend la vie à l'homme criminel!

Que pures étoient les entrailles
Où s'enferma ce fils qui tient tout en sa main,
Et que de sainteté régnoit au chaste sein
Que suça ce Dieu des batailles!
Que ce lait qu'il en prit fut doux et savoureux,
Et que seroit heureux
Un cœur qui s'en verroit arrosé d'une goutte!
O mère qui peux tout, prends soin de notre sort,
Guide nos pas tremblans jusqu'au bout de leur route,
Et sauve-nous des maux de l'éternelle mort!

Rose sans flétrissure et sans aucune épine,
Rose incomparable en fraîcheur,
Rose salutaire au pécheur,
Rose enfin toute belle, et tout à fait divine;
La grâce, dont jadis la prodigalité
Versa tous ses trésors sur ta fécondité,
N'a fait et ne fera jamais rien de semblable :
Par elle on te voit reine et des cieux et des saints;
Par elle sers ici de remède au coupable,
Et seconde l'effort de nos meilleurs desseins.

Que d'énigmes en l'Écriture
T'offrent sous un voile à nos yeux!
L'esprit qui la dicta s'y plut en mille lieux
A nous tracer lui-même et cacher ta peinture.
Le Vieil et Nouveau Testament
Tous deux, comme à l'envi, te nomment hautement
La première d'entre les femmes;
Et cette préférence acquise à tes vertus,
Comme elle a mis ton âme au-dessus de nos âmes,
De nos périls aussi t'a su mettre au-dessus.

Avant que du Seigneur la sagesse profonde
Sur la terre et les cieux daignât se déployer;
Avant que du néant sa voix tirât le monde,
Qu'à ce même néant sa voix doit renvoyer,
De toute éternité sa prudence adorable
Te destina pour mère à son Verbe ineffable,
A ses anges pour reine, aux hommes pour appui;
Et sa bonté dès lors élut ton ministère
Pour nous tirer du gouffre où notre premier père
Nous a d'un seul péché plongés tous avec lui.

Ouvre donc, Mère vierge, ouvre l'âme à la joie
D'avoir remis en grâce et nous et nos aïeux :
Toi-même applaudis-toi d'avoir ouvert les cieux,
D'en avoir aplani, d'en avoir fait la voie.
Les hôtes bienheureux de ces brillans palais

T'offrent et t'offriront tous ensemble à jamais
Des hymnes d'allégresse et de reconnoissance ;
Et nous, que tu défends des ruses de l'enfer,
Nous y joindrons l'effort de l'humaine impuissance,
Pour obtenir comme eux le don d'en triompher.

Telle que s'élevoit du milieu des abîmes,
Au point de la naissance et du monde et du temps,
Cette source abondante en flots toujours montans,
Qui des plus hauts rochers arrosèrent les cimes,
Telle en toi, du milieu de notre impureté,
D'un saint enfantement l'heureuse nouveauté
Élève de la grâce une source féconde ;
Son cours s'enfle avec gloire, et ses flots, qu'en tout lieu
Répand la charité dont regorge son onde,
Font en se débordant croître l'amour de Dieu.

Durant ces premiers jours qu'admiroit la nature,
La vie avoit son arbre ; et ses fruits précieux,
Remplissant tout l'Éden d'un air délicieux,
A nos premiers parens s'offroient pour nourriture.
Ainsi le digne fruit que tes flancs ont porté
Remplit tout l'univers de sainte volupté,
Et s'offre chaque jour pour nourriture aux âmes ;
Il n'est point d'arbre égal, et jamais il n'en fut,
Et jamais ne sera de plantes ni de femmes
Qui portent de tels fruits pour le commun salut.

Un fleuve qui sortoit du séjour des délices
Arrosoit de plaisirs ce paradis naissant,
   Et sur l'homme encore innocent
Rouloit avec ses flots l'ignorance des vices :
Vierge, ce même fleuve en ton cœur s'épandit,
Quand, pour nous affranchir de ce qui nous perdit,
Ton corps du Fils de Dieu fut l'auguste demeure ;
La terre au grand auteur en rendit plus de fruit,
La nature en reçut une face meilleure,
Et triompha dès lors du vieux péché détruit.

Ce fils, comme son père, arbitre du tonnerre,
Ce maître, comme lui, des hommes et des dieux,
Ayant pour son palais un paradis aux cieux,
Voulut pour sa demeure un paradis en terre :
Ce père tout-puissant l'y forma de ton corps,
Qu'il commit à garder ce trésor des trésors,
Dès qu'il te vit de l'ange agréer la visite :
Ainsi se commença notre rédemption ;
Ainsi tu donnas place au souverain mérite
Qui nous dégage tous de la corruption.

Noé bâtit une arche avant que le déluge
Fît de toute la terre un vaste lit des eaux;
Il fait d'un bois poli ce premier des vaisseaux
Où sa famille trouve un assuré refuge.
Cette arche est ton portrait : son bois poli nous peint
Des parens dont tu sors le choix heureux et saint;
Dieu s'en fait un vaisseau comme ce patriarche;
Mais on voit un autre ordre au mystère caché :
Pour se sauver des eaux Noé monte en son arche,
Dieu pour descendre en toi te sauve du péché.

L'onde enfin se retire en ses vastes abîmes,
La terre se revêt des plus vives couleurs,
Et la pitié du ciel s'épand sur nos malheurs,
Ainsi que sa colère avoit fait sur nos crimes.
Si la tempête encore ose nous menacer,
Sa fureur a sa borne, et ne la peut forcer;
Un grand arc sur la nue en marque l'assurance,
Et Dieu l'y fait briller pour signal qu'à jamais
Sa bonté maintiendra l'amoureuse alliance
Qui du côté des eaux nous a promis la paix.

Que se crève à grand bruit le plus épais nuage,
Qu'il verse à gros torrens ce qu'il a de plus noir;
L'arc témoin de ce pacte à peine se fait voir,
Qu'il dissipe la crainte et nous rend le courage;
La joie avec l'espoir rentre au cœur des pécheurs
    Qui, l'œil battu de pleurs,
Avec sincérité détestent leurs foiblesses;
Et, quoi que sur leur tête ils entendent rouler,
Le souvenir d'un Dieu fidèle en ses promesses
Leur donne, à cet aspect, de quoi se consoler.

Vois, ô Reine du ciel, vois comme il te figure!
Comme de tes vertus ses couleurs sont les traits!
Son azur, dont l'éclat n'a que de purs attraits,
De ta virginité fait l'aimable peinture;
Par le feu, dont ce rouge est si bien animé,
Ton zèle ardent pour Dieu voit le sien exprimé;
Ta charité vers nous y trouve son image;
Et de l'humilité, qui par un prompt effet
Du choix du Tout-Puissant mérita l'avantage,
Ce blanc tout lumineux est le tableau parfait.

Telle donc que cet arc la terre te contemple;
Tu fais pleuvoir du ciel cent lumières sur nous
Ta brillante splendeur sème de là pour tous
Des plus parfaites mœurs un glorieux exemple.
Par toi chaque hérésie a son cours terminé :

En vain de ses enfans le courage obstiné
De ses fausses clartés s'attache aux impostures ;
Il suffit de te voir unir en Jésus-Christ
Par ta soumission deux contraires natures,
Pour briser tout l'orgueil dont s'enfle leur esprit.

    Arc invincible, arc tout aimable,
    Qui guéris en blessant au cœur,
    Arc en pouvoir comme en douceur
    Également incomparable,
    Arc qui fais la porte des cieux,
    Vierge sainte, enfin, qu'en tous lieux
    Un respect sincère doit suivre,
Quand de notre destin l'inévitable loi
    Nous aura fait cesser de vivre,
Fais-nous part de ta gloire et revivre avec toi.

Le sommeil de Jacob lui fait voir des miracles
L'échelle, qu'il lui montre en lui fermant les yeux,
    De la terre atteint jusqu'aux cieux ;
Dieu s'appuie au-dessus pour rendre ses oracles :
Les anges, dont soudain un luisant escadron
De célestes clartés couvrent chaque échelon,
S'en servent sans relâche à monter et descendre ;
Et d'un songe si beau les claires visions
L'assurent de la terre où son sang doit prétendre,
Et de ce qu'a le ciel de bénédictions.

Marie est cette échelle ; elle l'est, et la passe ;
Par elle on reçoit plus que Dieu n'avoit promis :
Aussi pour lui parler l'ange qu'il a commis
La nomme dès l'abord toute pleine de grâce.
Elle nous donne un fils, mais un fils Homme-Dieu ;
Et, quand son corps sacré quitte ce triste lieu,
Pour le porter au ciel elle a des milliers d'anges :
De ce brillant séjour elle rompt tous nos fers,
De tous nos maux en biens elle fait des échanges,
Et nous prête son nom pour braver les enfers.

Moïse est tout surpris quand, pour lui toucher l'âme,
    Dieu se revêt de flamme ;
Celle que sur l'Oreb il voit étinceler
Pare un buisson ardent, au lieu de le brûler,
Et s'en fait comme un trône où plus elle s'allume
    Et moins elle consume.
    Ton adorable intégrité,
O Vierge mère, ainsi ne souffre aucune atteinte,
Lorsqu'en tes chastes flancs se fait l'union sainte
De l'essence divine à notre humanité.

Que la manne au désert est d'étrange nature!
Son goût, le premier jour, se conforme au souhait;
Et, quand pour d'autres jours la réserve s'en fait,
Elle souille le vase et tourne en pourriture :
Ce peu seul qui dans l'arche en tient le souvenir
S'y garde incorruptible aux siècles à venir,
Sans que souillure aucune à son vaisseau s'attache;
      Ainsi tu conçois Jésus-Christ,
Et ta virginité demeure ainsi sans tache
En nous donnant ce fils conçu du Saint-Esprit.

Comme tomboit du ciel cette manne mystique
Qui du peuple de Dieu faisoit tout le soutien,
Ainsi du sein du Père est descendue au tien
Celle qui des enfans est le seul viatique.
La manne merveilleuse, et que nous figuroit
Celle qu'en la cueillant tout ce peuple admiroit,
Par une autre merveille ainsi nous est donnée :
Ainsi nous pouvons prendre, ainsi nous est offert
Plus que ne recevoit cette troupe étonnée
Qui durant quarante ans s'en nourrit au désert.

Ta grâce par l'effet avilit la figure,
Elle en ternit l'éclat, elle en sème l'oubli;
Et par sa nouveauté l'univers ennobli
N'a plus d'amour ni d'yeux pour la vieille peinture;
Les nouvelles clartés de la nouvelle loi,
    Que Dieu fait commencer par toi,
Ne laissent rien d'obscur pour ces nouveaux fidèles;
    Et ce qui jadis éblouit,
Sitôt que tu répands ces lumières nouvelles,
    Ou s'épure ou s'évanouit.

    Ce grand auteur de toutes choses,
Ce Dieu, qui fait d'un mot quoi qu'il ait résolu,
Te regarda toujours comme un vase impollu
    Où ses grâces seroient encloses :
Vase noble, admirable, et charmant à l'aspect,
Digne d'un saint hommage et d'un sacré respect,
Digne enfin du trésor qu'en toi sa main enferme :
C'est par toi qu'il voulut qu'on goûtât en ces lieux,
Pour arrhes d'un bonheur et sans borne et sans terme,
    Ce pain des habitans des cieux.

    Tu nous donnes ce pain des anges
    Que tes entrailles ont produit,
Ce pain des voyageurs, ce pain qui nous conduit
Jusqu'où ces purs esprits entonnent ses louanges;
C'est ce pain des enfans, ce comble de tous biens,

Qu'il ne faut pas donner aux chiens,
A ces hommes charnels qui ne vivent qu'en brutes;
Il n'est que pour les cœurs d'un saint amour épris;
Et, comme il les guérit des plus mortelles chutes,
Sur tous les autres pains ils lui doivent le prix.

  C'est en lui que sont renfermées
  Les plus salutaires douceurs
  Que puissent aimer de tels cœurs,
  Et les plus dignes d'être aimées;
  Il est plein d'un suc ravissant,
D'un suc si gracieux, d'un suc si nourrissant,
Qu'il fait seul un banquet où toute chose abonde;
Il est pain, il est viande, il est tout autre mets;
Il rend seul une table en délices féconde,
Et doit être pour nous le banquet des banquets.

Ce mets nous rétablit, ce mets nous régénère;
Il ramène la joie et fait cesser l'ennui:
Ton fils, qui par ce mets attire l'âme à lui,
La guide par ce mets, et l'allie à son Père.
Ce mets de tous les biens est l'accomplissement;
Il est de tous les maux l'anéantissement:
Pour nous il vainc, il règne, il étend son empire;
Il soutient, il fait croître en sainte ambition;
Et, pour dire en un mot tout ce qu'on en peut dire,
Il élève tout l'homme à sa perfection.

Il est le pain vivant et qui seul vivifie,
Il est ensemble et vie, et voie, et vérité;
Lui-même il nous départ son immortelle vie
Par les épanchemens d'une immense bonté.
L'Église avec ce pain reçoit tant de lumière,
Que la nouvelle épouse efface la première
Par les vives splendeurs qui font briller sa foi :
La synagogue tombe, et périt auprès d'elle,
  Et l'ombre de la vieille loi
  Fait place au jour de la nouvelle.

La manne a donc tari, le ciel n'en verse plus;
  La figure cède à la chose,
  Et le pain que Dieu nous propose,
D'un ciel encor plus haut descend pour ses élus.
  Si la manne eut cet avantage
Que des fils d'Israël elle fut le partage,
  Ce pain est celui du chrétien.
O chrétien, pour qui seul est fait ce pain mystique,
Viens, mange! et, puisque enfin c'est un pain angélique,
Fais comme un ange, et montre un zèle égal au sien.

Passons de miracle en miracle..
Moïse met, au nom des tribus d'Israël,
  Pour faire un prêtre à l'Éternel,
  Douze verges au tabernacle;
Aaron y joint la sienne; elle seule y produit
  Des feuilles, des fleurs et du fruit;
Par là du sacerdoce il emporte le titre :
  Tout ce peuple n'a qu'une voix,
Et de ce même Dieu qu'il en a fait l'arbitre
Il accepte à grands cris et bénit l'heureux choix.

  Quelle nouveauté surprenante !
  La fleur sort de l'aridité;
  Le fruit, de la stérilité;
Un bois sec reverdit; il germe, éclôt, enfante.
Où sont tes lois, nature, et que devient ton cours
  Dans ces miraculeux retours
Qui rendent, malgré toi, l'impuissance fertile?
Et quel est le pouvoir qui ne prend qu'une nuit
Pour tirer d'une branche et séchée et stérile
  Ces feuilles, ces fleurs, et ce fruit?

  Ce fruit, et ces fleurs, et ces feuilles,
Pour étaler aux yeux un si nouvel effet,
  N'attendent point que tu le veuilles;
Dieu le veut, il suffit, le miracle se fait;
Il est son pur ouvrage : et comme ce grand Maître,
Sans prendre ton avis toi-même t'a fait naître,
Sans prendre ton avis il renverse tes lois :
Un bois sec rend du fruit par son ordre suprême;
Par son ordre suprême, ô Vierge! tu conçois,
Et ta virginité dans ta couche est la même.

Elle est toujours la même, et ce grand Souverain
En conserve les fleurs toujours immaculées,
Alors qu'il fait germer dans ton pudique sein
La fleur de la campagne, et le lis des vallées.
Ta prompte obéissance attire sa faveur
Qui te fait de la terre enfanter le Sauveur,
Sans que ta pureté demeure moins entière;
Et cette obéissance, enflant ta charité,
D'un amour tout divin fait comme une rivière
Qui s'épanche à grands flots sur notre aridité.

Un prophete promet une nouvelle étoile :
Du milieu de Jacob cet astre doit sortir,
Une verge nouvelle en doit aussi partir :
L'une et l'autre a paru, l'une et l'autre est ton voile.
La verge d'Israël dont Moab est battu

Est un portrait de ta vertu
Qui de tous ennemis t'assure la défaite;
Et la fleur qu'elle porte est ton fils Jésus-Christ,
En qui d'étonnement la nature muette
Voit ce qu'elle attendoit et jamais ne comprit.

L'étoile garde encor sa chaleur tout entière,
Bien qu'un rayon en sorte et brille sans égal;
    La pureté de sa lumière
Fait toujours même honte à celle du cristal :
Ce rayon qui la laisse ainsi brillante et pure
De ton fils et de toi nous offre la figure;
De ce fils qui conserve en toi la pureté,
De toi qui le conçois sans souillure et sans tache,
Et qui gardes encor la même intégrité
Quand même de tes flancs pour naître il se détache

    Verge mystique d'Israël,
    Par les prophètes tant promise,
    Verge que le Père éternel
    Sur toutes autres favorise,
    De la racine de Jessé,
    Comme ils nous l'avoient annoncé,
Nous te voyons sortir exempte de foiblesse :
Tu conçois par miracle, et ton merveilleux fruit
Rend pour toi compatible avecque la grossesse
Cette virginité que tout autre détruit.

N'es-tu pas cette étoile ensemble et cette verge,
Verge que de la grâce arrose un clair ruisseau,
Étoile en qui Dieu fait un paradis nouveau,
Vierge et mère à la fois, et mère toujours vierge?
L'étoile a son rayon, et la verge a sa fleur :
Ton fils est l'un et l'autre, et de ce cher Sauveur
La fleur et le rayon nous présentent l'image;
Fleur céleste qui porte un miel tombé des cieux,
Et rayon dont l'éclat dissipe tout l'orage
Qui fit trembler la terre et gémir nos aïeux.

    O verge dont aucune plante
    N'égale la fertilité,
    Étoile de qui la clarté
    Sur toutes autres est brillante,
    Tes paroles, tes actions
    Ont toutes des perfections
    Au-dessus de la créature;
    Et l'homme accablé de malheurs
Ne sauroit où choisir protection plus sûre,
Ni se faire un repos moins troublé de douleurs.

Gédéon voit couvrir sa toison de rosée,
En presse les flocons, et remplit un vaisseau
    De cette miraculeuse eau
Qu'au reste de son champ le ciel a refusée.
O Marie! ô vaisseau plein des grâces d'en haut,
Que Dieu pour te former sans tache et sans défaut
Réserva pour toi seule et fit inépuisables !
Daigne, pour consoler notre calamité,
En verser quelque goutte aux pécheurs misérables
Que tu vois ici-bas languir d'aridité !

Oh ! que cette rosée étoit vraiment céleste
    Qui tomba dans ton chaste sein,
Lorsque de nous sauver un Dieu prit le dessein,
Et que la grâce en toi devint si manifeste !
Le Soleil de justice alors qui te remplit
    Fit qu'en toi s'accomplit
Le mystère où ce Dieu devoit s'unir à l'homme :
Il est homme, il est Dieu dans ton flanc virginal ;
Et, commençant dès là ce que sa croix consomme,
Il t'honore à jamais d'un titre sans égal.

Sa grâce te remplit sitôt qu'à son message
Ton humble obéissance eut donné son aveu,
Et que son messager y vit un digne feu
Te consacrer entière à ce divin ouvrage.
Telle, dès le moment qu'acheva Salomon
De consacrer un temple aux grandeurs de son nom,
La gloire du Seigneur en remplit tout l'espace ;
D'un miracle pareil il couronne ta foi,
Et joint dès ici-bas tant de gloire à ta grâce,
Que la grâce et la gloire est même chose en toi.

    Salomon, ce roi pacifique,
Éleva dans ce temple un trône au Dieu des dieux ;
Et le Dieu de la paix, le monarque des cieux,
    S'en fait un dans ton sein pudique.
Il vient y prendre place et finir notre ennui ;
Un messager céleste envoyé devant lui
En ce pudique sein lui prépare la voie :
Mais, bien que de tout temps ce Dieu l'eût résolu,
Bien que l'ange à toi-même en eût porté la joie,
Ce Dieu n'auroit rien fait si tu n'avois voulu.

    Mère vierge, Mère de grâce,
    Palais de la Divinité,
    Torrent d'amour et de bonté
    Dont le cours jamais ne se lasse,
Illustre original de tant d'heureux crayons ;

Mère du Soleil de justice,
Fais-en jusque sur nous descendre les rayons,
Porte-lui jusqu'au ciel nos vœux en sacrifice,
Et prête à nos besoins un secours si propice.
Que nous puissions enfin voir ce que nous croyons.

Créatures inanimées,
Qui formez jusqu'ici ce merveilleux portrait,
Souffrez que le beau sexe en rehausse le trait,
Et montre ses vertus encor mieux exprimées.
Laissez-nous admirer l'illustre Abigaïl,
Laissez-nous voir sa grâce et son discours civil
Arrêter un torrent de fureurs légitimes ;
Elle n'épargne dons, ni prières, ni pleurs,
Et force ainsi David à pardonner des crimes
Qui s'attiroient déjà le dernier des malheurs.

Son arrogant époux, en festins si prodigue
Pour tous ceux qu'il assemble à tondre ses troupeaux,
Qui de ces jours d'excès fait ses jours les plus beaux,
Et pour de vains honneurs lâchement se fatigue ;
Ce Nabal, dont l'orgueil, enflé de tant de biens,
Passe jusqu'au mépris de David et des siens,
Du pécheur insolent est une affreuse image ;
Il brave comme lui le maître de son sort ;
A ses vrais serviteurs comme lui fait outrage,
Et comme lui s'attire une infaillible mort.

D'ailleurs ce David tout aimable,
Qu'à se venger on voit si prompt,
Flexible à la prière, et sensible à l'affront,
En clémence, en rigueur à nul autre semblable ;
Ce guerrier si bénin, qui devient sans pitié
Au mépris et des siens et de son amitié,
Forme de Jésus-Christ l'adorable peinture :
Bien qu'il soit Dieu de paix, le foudre est en ses mains ;
Et, tout bon qu'il veut être, il sait venger l'injure
Et qu'on fait à sa gloire et qu'on fait à ses saints.

A force de présens, à force de prières,
La belle Abigaïl arrête ce grand cœur,
Et désarme elle seule une juste fureur
Qu'allumoient de Nabal les réponses trop fières ;
Elle fait alliance entre David et lui.
O Vierge, notre unique appui,
Pour nous près de ton fils tu fais la même chose,
Et ce lait virginal de quoi tu le nourris,
Sitôt que ta prière à sa fureur s'oppose,
D'infâmes criminels nous rend ses favoris.

De ce même David race vraiment royale,
　　Digne sang des plus dignes rois,
Mère et fille d'un Dieu qui te laisse à ton choix
Dispenser les trésors de sa main libérale ;
Ce Dieu, qui près de lui te donne un si haut rang,
Par la nouvelle loi qu'il scella de son sang,
Nous a tous faits tes fils : montre-toi notre mère ;
Sois de cette loi même et la joie et l'honneur,
Et contre tous les traits d'une juste colère
Sers-nous de bouclier, et fais notre bonheur.

En toi seule aujourd'hui se fonde l'espérance
　　De tout le genre humain ;
　　Toi seule as dans ta main
De quoi du vieil Adam purger toute l'offense ;
Par toi le port de vie aux pécheurs est ouvert,
　　Par toi le salut est offert
A qui te peut offrir tout son cœur en victime ;
Et, quoi que les enfers osent nous suggérer,
　　Quiconque te sait honorer
Ne sait plus ce que c'est que crime.

Il fait donc bon te rendre un sincère respect,
　　En faire sa plus noble étude,
Se tenir en tous lieux comme à ton saint aspect,
Mettre toute sa gloire à cette servitude :
Car enfin les sentiers que tu laisses battus
　　Sont partout semés de vertus
Qui de tes serviteurs font l'entière assurance ;
Ils guident sans péril à l'éternelle paix,
Et ce qu'on a pour toi de sainte déférence
Avec toi dans le ciel fait revivre à jamais.

Après Abigaïl, aussi sage que belle,
Judith montre un courage égal à sa beauté,
Quand des Assyriens le monarque irrité
　　Traite Béthulie en rebelle :
Pour venger le mépris qu'on y fait de ses lois,
Ce roi, qui voit sous lui trembler tant d'autres rois,
Envoie à l'assiéger une effroyable armée ;
Holopherne préside à ce barbare effort,
Et de la multitude en ses murs enfermée
Aucun ne sauroit fuir ou les fers ou la mort.

Que résous-tu, Judith ? qu'oppose pour remède
L'amour de ta patrie à de si grands malheurs ?
Et que doit ce grand peuple accablé de douleurs
Contre tant d'ennemis espérer de ton aide ?
Tu portes dans leur camp le doux art de charmer,

Tu vois leur Holopherne, et tu t'en fais aimer;
Sa joie est sans pareille, et son amour extrême;
Il croit par un festin te le témoigner mieux,
Il s'enivre, il s'endort; et de son poignard même
Tu lui perces le cœur qu'avoient percé tes yeux.

  Cette Béthulie assiégée
  Des bataillons assyriens,
  Et prête à s'en voir saccagée
  Par la division des siens,
  C'est, ô Vierge qu'un Dieu révère,
L'épouse de ton fils, l'Église, notre mère,
Qu'assiége l'hérésie, et qu'attaque l'enfer :
Forte de ton secours, elle en brave l'audace;
Et, tant que pour appui ses murs auront ta grâce,
  Elle est sûre d'en triompher.

Belle et forte Judith, qui sauves d'Holopherne
Ta chère Béthulie et tous ses habitans,
Puisque par ton esprit l'Église se gouverne,
Ses triomphes iront aussi loin que les temps :
Tu combats, tu convaincs, tu confonds l'hérésie;
  Et, quoi qu'ose sa frénésie,
Elle tremble à te voir les armes à la main,
Tandis que les rayons dont ta couronne brille,
  Sur nous, qui sommes ta famille,
Répandent du salut l'espoir le plus certain.

Ils n'y répandent pas cette seule espérance,
Ils y joignent l'esprit qui mène à son effet,
Un esprit de douceur, qu'en Dieu tout satisfait,
Un esprit de clarté, de conseil, de science :
La sagesse à la force en nous s'unit par eux,
La crainte filiale au respect amoureux,
Qui donne un vol sublime aux âmes les plus basses;
Tous ces trésors sur nous par toi sont épanchés,
Et Dieu t'a départi toute sorte de grâces
Pour faire en ta faveur grâce à tous nos péchés.

  La charmante Esther vient ensuite;
Assuérus l'épouse et la fait couronner,
Et la part qu'en son lit on le voit lui donner
Montre l'heureux succès d'une sage conduite;
La superbe Vasthi, que son orgueil déçoit,
Rejette avec mépris l'ordre qu'elle en reçoit,
Et son propre festin par sa perte s'achève.
Quelle vicissitude en ce grand changement!
L'arrogance fait choir, l'humilité relève;
L'une y trouve son prix, l'autre son châtiment.

Oh ! que ces deux beautés ont peu de ressemblance !
En l'une on voit un cœur à la vertu formé,
Un cœur humble, un cœur doux, et digne d'être aimé,
Mais qui ne sait aimer qu'avec obéissance ;
En l'autre, une fierté qui ne veut point de loi,
Qui croit faire la reine en dédaignant son roi,
Et que l'orgueil du trône a rendue indocile :
Cet orgueil obstiné ne sert qu'à la trahir,
Et prépare à sa chute une pente facile
Par l'horreur que lui fait la honte d'obéir.

  Sainte Vierge, est-il rien au monde
Ou plus humble, ou plus doux, ou plus charmant que toi ?
Est-il rien sous les cieux qui fasse mieux la loi
   Aux schismes dont la terre abonde ?
   Non, il n'est rien si gracieux,
   Rien si beau, rien si précieux,
   Si nous en croyons l'Écriture ;
   Et même sous l'obscurité
L'énigme y fait trop voir qu'aucune créature
   N'approche de ta pureté.

Tu veux donc bien qu'Esther ait place en ton image,
Que ses traits les plus beaux servent d'ombres aux tiens,
  Toi dont les actions, toi dont les entretiens
Ont tant d'humilité, tant d'amour en partage.
Parmi tout ce qu'envoie aux siècles à venir
   La lecture ou le souvenir,
Ta bonté, ta douceur, ne trouvent point d'égales :
Elles charment Dieu même aussi bien que nos yeux ;
   Et, plus ici tu te ravales,
Plus il t'élève haut dans l'empire des cieux.

Mêmes vertus en elle ébauchoient ton mérite,
Et son pouvoir au tien n'a pas moins de rapport :
Aman en fait l'épreuve, et son perfide effort
Voit retomber sur lui l'orage qu'il excite.
Un Juif voit tant d'orgueil sans fléchir les genoux ;
Pour ce mépris d'un seul il veut les perdre tous,
Il en fait même au roi signer l'ordre barbare :
L'affligé Mardochée à sa nièce en écrit.
Ne tremblez plus, ô Juifs ! une beauté si rare
Veut périr, ou sauver son peuple qu'on proscrit.

Esther, tendre et sensible au mal qui le menace,
Y hasarde sa vie, et se présente au roi ;
Le roi, pour l'affranchir des rigueurs de sa loi,
Vers des appas si doux tend le signal de grâce :
Esther avec respect le convie au festin,

Lui peint d'elle et des siens le malheureux destin,
Et de son favori l'insolence et les crimes :
Ce lâche tout surpris demeure sans parler ;
Et les siens avec lui sont livrés pour victimes
A ce peuple innocent qu'il vouloit s'immoler.

    Ce que fait Esther pour ses frères,
    Tu le fais pour tes serviteurs :
    Tu fais retomber nos misères
    Sur la tête de leurs auteurs ;
    Quoi qu'attente leur perfidie,
La grâce, qui te donne un Dieu pour ton époux,
    En un moment y remédie ;
    Et, pour rudes que soient leurs coups,
    Ta pitié, par elle enhardie,
    Ose tout et peut tout pour nous.

    L'implacable ennemi de l'homme
    Sous l'orgueilleux Aman dépeint,
C'est l'ange en qui jamais cet orgueil ne s'éteint,
Le serpent déguisé qui fit mordre la pomme :
Chassé du paradis, il nous le veut fermer ;
Banni dans les enfers, il y veut abîmer
Ceux dont sa place au ciel doit être la conquête :
Mais, quoi qu'ose sa haine à toute heure, en tout lieu,
Vierge, ton pied l'écrase ; et, lui brisant la tête,
Tu fais d'un seul regard notre paix avec Dieu.

Tu te plais à garder tes serviteurs fidèles
    Comme la prunelle des yeux ;
    Ta main pour avant-goût des cieux
Leur fait un nouveau siècle et des douceurs nouvelles ;
Tu leur sers de refuge, et pour les consoler
    Sur eux tu laisses découler
Mille et mille faveurs du Monarque suprême :
Tu puises comme épouse en ses divins trésors,
Vrai livre de la loi que fait sa bonté même,
Et sacré tabernacle où reposa son corps.

Vive fleur du printemps, candeur que rien n'efface,
    Honneur des vierges, fleur des fleurs,
Fontaine de secours, dont les saintes liqueurs
    Conservent toute notre race ;
L'odeur de ton mérite ici-bas sans pareil
    Attire l'ange du conseil,
Le Souverain des rois, le Seigneur des armées :
    Et tu fais que du firmament
    Les portes si longtemps fermées
S'ouvrent pour terminer notre bannissement.

Noé flottoit encor sur les eaux du déluge,
Et, troublé qu'il étoit d'avoir vu tout périr,
Il doutoit si lui-même auroit où recourir,
S'il auroit hors de l'arche enfin quelque refuge;
Il lâche la colombe, et les monts découverts
   Lui présentent des rameaux verts
Que jusque dans cette arche en son bec elle apporte :
Ce retour le ravit, et ses enfans et lui
Reprennent une joie aussi pleine, aussi forte,
Que l'étoient jusque-là leur trouble et leur ennui.

Les Hébreux au désert, par l'ordre de Moïse
   Élèvent un serpent d'airain ;
Sa vue est un remède et facile et soudain
    Qui leur rend la santé promise :
    Les vipères et les serpens
Qu'en ce vaste désert ce peuple voit rampans
   N'ont plus de morsures funestes ;
Cet aspect salutaire en fait la guérison,
Et contre eux leur figure a des vertus célestes
    Plus fortes que tout leur poison.

   Plus simple que n'est la colombe,
Tu nous rends plus de joie et plus de sûreté,
Et protéges si bien la vraie humilité
    Que jamais elle ne succombe :
Un Dieu qui sort de toi te laisse des vertus
A relever nos cœurs sous le vice abattus ;
Quel qu'en soit le poison, ta force le surmonte ;
Et cet heureux remède à nos péchés offert
    Passe le serpent du désert,
    Et fait la guérison plus prompte.

Cette porte fermée, et qui n'ouvroit jamais,
Que vit Ézéchiel à l'orient tournée,
Par ce même orient de ses splendeurs ornée,
    Est encore un de tes portraits ;
    Aucun n'entre ni sort par elle,
    Que cette sagesse éternelle
Qui doit de notre chair un jour se revêtir ;
Mais, soit qu'elle entre ou sorte, on voit même clôture,
    Et Dieu n'y fait point d'ouverture
    Ni pour entrer ni pour sortir.

Ta virginité sainte est la porte sacrée
    Dont ce Dieu fit le digne choix
    Pour faire au monde son entrée,
Comme pour en sortir il le fit de la croix,
Il entre dans tes flancs, il en sort sans brisure ;

Avec ce privilége il y descend des cieux :
Sans que ta pureté souffre de flétrissure,
Il prend un corps en toi pour se montrer aux yeux
Et n'est pas moins assis au-dessus du tonnerre,
Bien qu'en ce corps fragile il marche sur la terre.

Tel qu'au travers d'un astre on voit que le soleil
    Trouve une impénétrable voie,
Sa lumière en descend avec éclat pareil,
Et ne brise ni rompt l'astre qui nous l'envoie;
Ce canal transparent, toujours en son entier,
    Peint l'inviolable sentier
Par où le vrai Soleil passe sans ouverture :
Telle en ta pureté, Vierge, tu le conçois;
Mais l'astre suit ainsi l'ordre de la nature,
Et tu conçois ton fils en dépit de ses lois.

Son bien-aimé disciple, à qui ce digne Maître
    Te donna pour mère en mourant,
Lui que le tendre amour de ce fils expirant
Fit ton fils en sa place, et qui se plut à l'être;
Cet apôtre prophète à Pathmos exilé
    Y voit plus que n'a révélé
D'aucun de ses pareils l'énigmatique histoire;
Il voit un signe au ciel si merveilleux en soi,
Il y voit un crayon si parfait de ta gloire,
Qu'il doute s'il y voit ou ta figure ou toi.

Il y voit une femme en beauté singulière :
Le soleil la revêt de ses propres rayons;
La lune est sous ses pieds avec même lumière
Qu'en son plus grand éclat d'ici nous lui voyons;
    Douze astres forment sa couronne;
Et si tant de splendeur au dehors l'environne,
Ce que le dedans cache est encor plus exquis;
Elle est pleine d'un fils qu'à peine l'on voit naître
    Qu'aussitôt le souverain Maître
Lui fait place en son trône, et le reçoit pour fils.

Est-elle autre que toi, cette femme admirable ?
    Et son lumineux appareil
    D'astres, de lune, et de soleil,
N'est-il pas de ta couche un apprêt adorable ?
Est-ce une autre que toi que de tous ses trésors
Et remplit au dedans et revêt au dehors
    Le brillant Soleil de justice ?
Et fait-il commencer par une autre en ces lieux
Ce royaume de Dieu si doux et si propice,
    Qui réunit la terre aux cieux?

La milice du ciel, qui sous tes lois se range
      Comme la lune sous tes pieds,
Y fait incessamment résonner ta louange,
Et sert d'illustre base au trône où tu te sieds ;
De tes plus saints aïeux la troupe glorieuse
      Fait la couronne précieuse
      Des astres qui ceignent ton front ;
Le nombre en est égal à celui des apôtres,
Et nous donne l'exemple et des uns et des autres
Pour être un jour par toi près de Dieu ce qu'ils sont.

      Cette plénitude étonnante
Des grâces que sa main sur toi seule épandit,
Joint à tant de vertus, joint à tant de crédit,
La gloire de la voir toujours surabondante.
Vierge par excellence, et mère du Très-Haut,
      Toujours sans tache et sans défaut,
Lumière que jamais n'offusque aucun nuage,
De tant de plénitude épands quelque ruisseau,
Et, de tant de splendeurs dont brille ton visage,
Laisse jusque sur nous tomber un jour nouveau.

      En toi toutes les prophéties
      Qui de toi jamais ont parlé,
      Par le plein effet éclaircies,
Font voir ce que leur ombre a si longtemps voilé :
      Les énigmes de l'Écriture,
      Dont s'enveloppe ta figure,
      Ont perdu leur obscurité,
      Et ce que t'annoncent les anges,
      Ce qu'ils te donnent de louanges
      Est rempli par la vérité.

Refuge tout-puissant de la foiblesse humaine,
Incomparable Vierge, étoile de la mer,
Calme-nous-en les flots prêts à nous abîmer ;
De nos vieux ennemis dompte pour nous la haine ;
Purge en nous tout l'impur, tout le terrestre amour,
Toi qui conçois ton Dieu, toi qui le mets au jour
      Sans en être un moment moins pure ;
Toi, la pierre angulaire en qui l'on voit s'unir
      Les vérités à la figure,
Ou plutôt la figure en vérités finir.

Les figures ont peint l'excès de ta puissance ;
      Fais-nous-en ressentir l'effet :
      Parle, prie ; et Dieu satisfait
Laissera désarmer sa plus juste vengeance.
Tu te sieds à sa dextre à côté de ton fils ;

La tienne de ce trône où lui-même est assis,
Peut aux plus lâches cœurs rendre une sainte audace :
De là de tous les tiens tu secours les besoins ;
Et, comme ta prière obtient pour eux sa grâce,
L'œuvre de leur salut est l'œuvre de tes soins.

Cette adorable chair qu'il forma de la tienne,
  Ce sang qu'il tira de ton sang,
Quelque haut rang au ciel que l'un et l'autre tienne,
  T'ont cru devoir le même rang :
  Comme sans cesse il considère
Qu'il prit et l'un et l'autre en ton pudique flanc,
Sans cesse il te chérit, sans cesse il te révère ;
Et, comme il est ton fils aussi bien que ton Dieu,
L'amour et le respect qu'il garde au nom de mère
Ne t'auroient pu jamais souffrir en plus bas lieu.

Ce fils t'élève ainsi sur toute créature,
Te fait ainsi jouir de la société
  De cette immense Trinité
Qui donne à tes vertus un pouvoir sans mesure.
Fais-nous-en quelque part pour monter jusqu'à toi ;
Donne-nous cet amour, cet espoir, cette foi,
  Qui doivent y servir d'échelle ;
  Et d'un séjour si dangereux
Tire-nous à celui de la gloire éternelle
  Qui fait le prix des bienheureux.

FIN DES LOUANGES DE LA SAINTE VIERGE.

# INSTRUCTIONS CHRÉTIENNES,

TIRÉES

## DE L'IMITATION DE JÉSUS-CHRIST.

### DE LA VANITÉ DE LA SCIENCE HUMAINE[1].

Qui se connoît soi-même en a l'âme peu vaine,
Sa propre connoissance en met bien bas le prix;
Et tout le faux éclat de la science humaine
N'est pour lui que l'objet d'un généreux mépris.

Au grand jour du Seigneur, sera-ce un grand refuge
D'avoir connu de tout et la cause et l'effet?
Et ce qu'on aura su fléchira-t-il un juge
Qui ne regardera que ce qu'on aura fait?

Borne tous tes désirs à ce qu'il te faut faire,
Ne les porte point trop vers l'amas du savoir;
Les soins de l'acquérir ne font que te distraire,
Et quand tu l'as acquis il peut te décevoir.

Car enfin plus tu sais, et plus a de lumière
Le jour qui se répand sur ton entendement,
Plus tu seras coupable à ton heure dernière,
Si tu n'en as vécu d'autant plus saintement.

La vanité par là ne te doit point surprendre,
Le savoir t'est donné pour guide à moins faillir;
Il te donne lui-même un plus grand compte à rendre,
Et plus lieu de trembler que de t'enorgueillir.

### DE LA SIMPLICITÉ DU CŒUR[2].

Nos sens sont des trompeurs, dont les fausses images
A notre entendement n'offrent rien d'assuré,
Et ne lui font rien voir qu'à travers cent nuages,
    Qui jettent mille ombrages
    Dans l'œil mal éclairé.

Plus l'esprit se fait simple, et plus il se ramène
Dans un intérieur dégagé des objets;
Plus lors sa connoissance est diffuse et certaine,

---

1. Liv. I, chap. II. — 2. Liv. I, chap. III.

Et s'élève sans peine
Jusqu'aux plus hauts sujets.

Oui, Dieu prodigue alors ses grâces plus entières ;
Et, portant notre idée au-dessus de nos sens,
Il nous donne d'en haut d'autant plus de lumières,
Qui percent les matières
Par des traits plus puissans.

Des folles vanités notre âme est enflammée,
Nous voulons être grands plutôt qu'humbles de cœur ;
Et tout ce bruit flatteur de notre renommée,
Comme il n'est que fumée,
Se dissipe en vapeur.

Vraiment grand est celui qui dans soi se ravale,
Qui rentre en son néant pour se connoître bien,
Qui de tous les honneurs que l'univers étale
Craint la pompe fatale,
Et ne l'estime à rien.

---

### QU'IL NE FAUT PAS CROIRE LÉGÈREMENT[1].

Qui cherche la perfection,
Loin de tout croire en téméraire,
Pèse avec mûre attention
Tout ce qu'il entend dire et tout ce qu'il voit faire.
La plus claire apparence a peine à l'engager ;
Il sait que notre esprit est prompt à mal juger,
Notre langue prompte à médire ;
Et, bien qu'il ait sa part en cette infirmité,
Sur lui-même il garde un empire
Qui le fait triompher de sa fragilité.

C'est ainsi que son jugement,
Quoi qu'il entende, quoi qu'il sache,
Se porte sans empressement,
Sans qu'en opiniâtre à son sens il s'attache.
Il se défend longtemps du mal qu'on dit d'autrui ;
Ou s'il en est enfin convaincu malgré lui,
Il ne s'en fait point le trompette ;
Et cette impression qu'il en prend à regret,
Qu'il désavoue et qu'il rejette,
Demeure dans son âme un éternel secret.

1. Liv. I, chap. IV.

### DE L'ABANDON AUX PROPRES DÉSIRS [1].

Quiconque avec ardeur souhaite quelque chose,
    Quand son peu de vertu n'oppose
Ni règle à ses désirs ni modération,
Il tombe dans le trouble et dans l'inquiétude
    Avec la même promptitude
    Qu'il défère à sa passion.

L'avare et le superbe incessamment se gênent,
    Et leurs propres vœux les entraînent
Loin du repos heureux qu'ils ne goûtent jamais :
Mais les pauvres d'esprit, les humbles en jouissent,
    Et leurs âmes s'épanouissent
    Dans l'abondance de la paix.

Ces dévots à demi, sur qui la chair plus forte
    Domine encore en quelque sorte,
Penchent à tous momens vers ses mortels appas,
Et n'ont jamais une âme assez haute, assez pure,
    Pour faire une entière rupture
    Avec les douceurs d'ici-bas.

Ce n'est qu'en résistant à ces tyrans de l'âme,
    Qu'une sainte et divine flamme
Nous donne cette paix qui suit un vrai bonheur;
Et qui sous leur empire asservit son courage,
    Dans quelques délices qu'il nage,
    Jamais ne la trouve en son cœur.

### DU MÉPRIS DE SOI-MÊME [2].

Ne fais point fondement sur tes propres mérites,
    Tiens ton espoir en Dieu :
De lui dépend l'effet de quoi que tu médites;
    Et s'il ne te guide en tout lieu,
    En tout lieu tu te précipites.

Ne dors pas toutefois, et fais de ton côté
    Tout ce que tu peux faire :
Il ne manquera point d'agir avec bonté,
    Et fournira comme vrai père
    Des forces à ta volonté.

Souviens-toi que du corps la taille avantageuse
    Qui se fait admirer,

---

1. Liv. I, chap. vi. — 2. Liv. I, chap. vii.

Ni de mille beautés l'union merveilleuse
  Pour qui chacun veut soupirer,
  Ne doit rendre une âme orgueilleuse.

Du temps l'inévitable et fière avidité
  En fait un prompt ravage,
Et souvent avant lui la moindre infirmité
  Laisse à peine au plus beau visage
  Les marques de l'avoir été.

Ces bonnes actions sur qui chacun se fonde
  Pour t'élever aux cieux,
Ne partent pas toujours d'une vertu profonde;
  Et Dieu, qui voit par d'autres yeux,
  En juge autrement que le monde.

Non qu'il nous faille armer contre la vérité
  Pour juger mal des nôtres;
Voyons-en tout le bien avec sincérité,
  Mais croyons encor mieux des autres,
  Pour conserver l'humilité.

### DE L'OBÉISSANCE [1].

Tous ces devoirs forcés où tout le cœur s'oppose
N'acquièrent à l'esprit ni liberté ni paix.
Aime qui te commande, ou n'y prétends jamais :
S'il n'est aimable en soi, c'est Dieu qui te l'impose.
L'obéissance est douce, et son aveuglement
Forme un chemin plus sûr que le commandement
Lorsque l'amour la fait, et non pas la contrainte :
Mais elle n'a qu'aigreur sans cette charité;
Et c'est un long sujet de murmure et de plainte,
Quand son joug n'est souffert que par nécessité.

### DES ENTRETIENS INUTILES [2].

Fuis l'embarras du monde autant qu'il est possible :
Ces entretiens du siècle ont trop d'inanité,
Et la paix y rencontre un obstacle invincible,
Lors même qu'on s'y mêle avec simplicité.

Soudain l'âme est souillée, et tout le cœur esclave
Des vains amusemens qu'ils savent nous donner :
Leur force est merveilleuse, et pour un qui les brave,
Mille à leurs faux appas se laissent enchaîner.

---

1. Liv. I, chap. IX. — 2. Liv. I, chap. X.

Leur amorce flatteuse a l'art de nous surprendre,
Le poison qu'elle glisse est aussitôt coulé;
Et je voudrois souvent n'avoir pu rien entendre,
Ou n'avoir vu personne, ou n'avoir point parlé.

Le peu de soin qu'on prend de tout ce qui regarde
Les biens spirituels dont l'âme s'enrichit,
Pose sur notre langue une mauvaise garde,
Et fait ce long abus sous qui l'homme blanchit.

Parlons, mais dans une humble et sainte conférence
Qui nous puisse acquérir cette sorte de biens :
Dieu les verse toujours par delà l'espérance,
Quand on s'unit en lui par de tels entretiens.

### DU RECOURS A DIEU DANS LES DÉPLAISIRS[1].

Il est avantageux qu'on blâme, qu'on censure
    Nos plus sincères actions,
Qu'on prête des couleurs à nos intentions,
Pour en faire une fausse et honteuse peinture :
    Le coup de cette indignité
    Rabat en nous la vaine gloire,
Dissipe ses vapeurs, et rend à la mémoire
    Le souci de l'humilité.

Cet injuste mépris dont nous couvrent les hommes
    Réveille un zèle languissant,
Et pousse nos soupirs aux pieds du Tout-Puissant,
Qui voit notre pensée et sait ce que nous sommes :
    La conscience en ce besoin
    Y cherche aussitôt son refuge,
Et sa juste douleur l'appelle pour seul juge,
    Comme il en est le seul témoin.

Lorsque l'âme du juste est vivement pressée
    D'une sensible affliction,
Qu'elle sent les assauts de la tentation,
Ou l'effort insolent d'une indigne pensée,
    Elle voit mieux qu'un tel appui
    A sa foiblesse est nécessaire,
Et que, quoi qu'elle fasse, elle ne peut rien faire
    Ni de grand ni de bon sans lui.

---

1. Liv. I, chap. XII.

### DES TENTATIONS[1].

Dans la retraite la plus sainte
Il n'est si haut détachement
Qui, des tentations affranchi pleinement,
N'en sente quelquefois l'atteinte :
Mais il en demeure ce fruit
Dans une âme bien recueillie,
Que leur attaque l'humilie :
Elle la purge, elle l'instruit;
Elle en sort glorieuse, elle en sort couronnée,
Et plus humble, et plus nette, et plus illuminée.

La flamme est l'épreuve du fer,
La tentation l'est des hommes :
Par elle seulement on voit ce que nous sommes,
Et si nous pouvons triompher.
Lorsqu'à frapper elle s'apprête,
Fermons-lui la porte du cœur :
On en sort aisément vainqueur,
Quand dès l'abord on lui fait tête.
Qui résiste trop tard a peine à résister,
Et c'est au premier pas qu'il la faut arrêter.

D'une simple et foible pensée
L'image forme un trait puissant;
Elle flatte, on s'y plaît; elle émeut, on consent;
Et l'âme en demeure blessée.
Ainsi notre fier ennemi
Se glisse au dedans et nous tue,
Quand l'âme soudain abattue
Ne lui résiste qu'à demi;
Et, dans cette langueur pour peu qu'il l'entretienne,
Des forces qu'elle perd il augmente la sienne.

La patience en Jésus-Christ,
Et le grand courage en nos peines,
Font plus avec le temps que les plus rudes gênes
Dont se tyrannise un esprit.
Supplions Dieu qu'il nous console,
Qu'il nous secoure en notre ennui :
Saint Paul nous l'a promis pour lui;
Il dégagera sa parole,
Et tirera pour nous ce fruit de tant de maux,
Qu'ils rendront notre force égale à nos travaux.

1. Liv. I, chap. XIII.

## DES BONNES ŒUVRES[1].

Le mal n'a point d'excuse; il n'est espoir, surprise,
Intérêt, amitié, faveur, crainte, malheurs,
    Dont le pouvoir nous autorise
A rien faire ou penser qui porte ses couleurs.

Une bonne action a toujours grand mérite;
Mais pour servir un autre il nous la faut quitter :
    C'est sans la perdre qu'on la quitte,
Et cet échange heureux nous fait plus mériter.

La plus haute après tout n'attire aucune grâce,
Si par la charité son effet n'est produit :
    Mais la plus foible et la plus basse,
Partant de cette source, est toujours de grand fruit.

Ce grand juge des cœurs perce d'un œil sévère
Les plus secrets motifs de nos intentions,
    Et sa justice considère
Ce qui nous fait agir, plus que nos actions.

Celui-là fait beaucoup, en qui l'amour est forte;
Celui-là fait beaucoup, qui fait bien ce qu'il fait;
    Celui-là fait bien, qui se porte
Plus au bien du commun qu'à son propre souhait.

Oh! qui pourroit avoir une foible étincelle
De cette véritable et pure charité,
    Que bientôt sa clarté fidèle
Lui feroit voir qu'ici tout n'est que vanité!

## DU DEVOIR ENVERS LE PROCHAIN[2].

Quand par tes bons avis une âme assez instruite
    Continue à leur résister,
Entre les mains de Dieu remets-en la conduite,
Et ne t'obstine point à la persécuter.

Sa sainte volonté souvent veut être faite
    Par un autre ordre que le tien.
Il sait trouver sa gloire en tout ce qu'il projette;
Il sait, quand il lui plaît, tourner le mal en bien.

Souffre sans murmurer tous les défauts des autres,
    Pour grands qu'ils se puissent offrir;

---

1. Liv. I, chap. xv. — 2. Liv. I, chap. xvi.

Et songe qu'en effet nous avons tous les nôtres,
Dont ils ont à leur tour encor plus à souffrir.

Si ta fragilité met toujours quelque obstacle
    En toi-même à tes propres vœux,
Comment peux-tu d'un autre exiger ce miracle,
Qu'il n'agisse partout qu'ainsi que tu le veux?

N'est-ce pas le traiter avec haute injustice,
    De vouloir qu'il soit tout parfait;
Et de ne vouloir pas te corriger d'un vice,
Afin que ton exemple aide à ce grand effet?

Aucun n'est sans défaut, aucun n'est sans foiblesse,
    Aucun n'est sans besoin d'appui,
Aucun n'est sage assez de sa propre sagesse,
Aucun n'est assez fort pour se passer d'autrui.

Il faut donc s'entr'aimer, il faut donc s'entr'instruire,
    Il faut donc s'entre-secourir;
Il faut s'entre-prêter des yeux à se conduire,
Il faut s'entre-donner une aide à se guérir.

### DE LA RÉCOLLECTION [1].

Quelque effort qu'ici-bas l'homme fasse à bien vivre,
Il est souvent trahi par sa fragilité;
Et le meilleur remède à son infirmité,
C'est de choisir toujours un but certain à suivre.
Qu'il regarde surtout quel est l'empêchement
Qui met le plus d'obstacle à son avancement,
Et que tout son pouvoir s'attache à l'en défaire :
Qu'il donne ordre au dedans, qu'il donne ordre au dehors;
A cet heureux progrès l'un et l'autre confère,
Et l'âme a plus de force ayant l'aide du corps.

Si ta retraite en toi ne peut être assidue,
Recueille-toi du moins une fois chaque jour;
Soit lorsque le soleil recommence son tour,
Soit lorsque sous les eaux sa lumière est fondue.
Propose le matin, et règle tes projets;
Examine le soir quels en sont les effets;
Revois tes actions, tes discours, tes pensées :
Peut-être y verras-tu, malgré ton bon dessein,
A chaque occasion mille offenses glissées
Contre le grand Monarque, ou contre le prochain.

1. Liv. I, chap. XIX.

### DU SILENCE ET DE LA SOLITUDE [1].

Se taire entièrement est beaucoup plus facile
Que de se préserver du mélange inutile
Qui dans tous nos discours aisément s'introduit.
  Et c'est chose bien moins pénible
  D'être chez soi comme invisible,
Que de se bien garder alors qu'on se produit.

Personne en sûreté ne sauroit se produire,
Ni parler sans se mettre au hasard de se nuire,
Ni prendre sans péril des ordres à donner,
  Que ceux qui volontiers se cachent,
  Sans peine au silence s'attachent,
Et sans aversion se laissent gouverner.

Souvent ceux que tu vois par leur vertu sublime
Mériter notre amour, emporter notre estime,
Tout parfaits qu'on les croit, sont le plus en danger;
  Et l'excessive confiance
  Qu'elle jette en leur conscience
Souvent les autorise à se trop négliger.

Souvent il est meilleur que quelque assaut nous presse,
Et que, nous faisant voir quelle est notre foiblesse,
Il réveille par là nos plus puissans efforts,
  De crainte que l'âme tranquille
  Ne s'enfle d'un orgueil facile
A glisser de son calme aux douceurs du dehors.

Cache-toi, s'il le faut, pour briser ces obstacles :
L'obscurité vaut mieux que l'éclat des miracles,
S'ils étouffent les soins qu'on doit avoir de soi;
  Et le don de faire un prodige,
  Dans une âme qui se néglige,
D'un précieux trésor fait un mauvais emploi.

Le monde et ses plaisirs s'écoulent et nous gênent,
Et quand à divaguer nos désirs nous entraînent,
Ce temps qu'on aime à perdre est aussitôt passé;
  Et, pour fruit de cette sortie,
  On n'a qu'une âme appesantie,
Et des désirs flottans dans un cœur dispersé.

[1]. Liv. I, chap. xx.

### DÉGOUT DU MONDE[1].

Reconnois-toi, mortel, indigne des tendresses
Que départ aux élus la divine bonté;
Et des afflictions regarde les rudesses
Comme des traitemens dus à ta lâcheté.
L'homme vraiment atteint de la douleur profonde
  Qu'enfante un plein recueillement,
Ne trouve qu'amertume aux voluptés du monde,
  Et voit qu'il ne les fonde
Que sur de longs périls que déguise un moment.

Le moyen donc qu'il puisse y trouver quelques charmes,
Soit qu'il se considère ou qu'il regarde autrui,
S'il n'y peut voir partout que des sujets d'alarmes,
N'y voyant que des croix pour tout autre et pour lui?
Si ton cœur chaque jour mettoit dans la balance
  Ou le purgatoire ou l'enfer,
Il n'est point de travail, il n'est point de souffrance
  Où soudain ta constance
Ne portât sans effroi l'ardeur d'en triompher.

### MISÈRES DE LA VIE[2].

Mortel, ouvre les yeux, et vois que la misère
  Te cherche et te suit en tout lieu,
Et que toute la vie est une source amère,
  A moins qu'elle tourne vers Dieu.

Il n'est emploi ni rang dont la grandeur se pare
  De cette inévitable loi,
Et ceux qu'on voit porter le sceptre ou la tiare
  N'en sont pas plus exempts que toi.

Tant qu'à ce corps fragile un souffle nous attache,
  Tel est à tous notre malheur,
Que le plus innocent ne se peut voir sans tache,
  Ni le plus content sans douleur.

Le plein calme est un bien hors de notre puissance,
  Ici-bas aucun n'en jouit;
Il descendit du ciel avec notre innocence;
  Avec elle il s'évanouit.

Comme ces deux trésors étoient inséparables,
  Un moment perdit tous les deux;

---

1. Liv. I, chap. xxi. — 2. Liv. I, chap. xxii.

Et le même péché qui nous fit tous coupables
    Nous fit aussi tous malheureux.

C'est donc avec raison que l'âme s'humilie,
    Se mésestime, se déplaît,
Toutes les fois qu'en soi fortement recueillie
    Elle examine ce qu'elle est.

Elle voit clairement que ce que fait la grâce
    Par de longs et rudes travaux,
Un peu de négligence en un moment l'efface,
    Et nous rend tous nos premiers maux.

Que sera-ce de nous au bout d'une carrière
    Où s'offrent combats sur combats,
Si notre lâcheté déjà tourne en arrière,
    Et perd haleine au premier pas?

---

### DE LA MORT[1].

Qui prend soin de sa conscience
Ne considère dans la mort
Que la porte aimable d'un sort
Digne de son impatience.
Heureux l'homme dont en tous lieux
Son image frappe les yeux,
Que chaque moment y prépare,
Qui la regarde comme un prix,
Et de soi-même se sépare
Pour n'en être jamais surpris!

Qu'un saint penser t'en entretienne
Quand un autre rend les abois;
Tu seras tel que tu le vois,
Et ton heure suivra la sienne.
Aussitôt que le jour te luit,
Doute si jusques à la nuit
Ta vie étendra sa durée;
Et, la nuit, reçois le sommeil,
Sans la croire plus assurée
D'atteindre au retour du soleil.

Tiens ton âme toujours si prête,
Que ce glaive en l'air suspendu
Jamais sans en être attendu
Ne puisse tomber sur ta tête.

---

1. Liv. I, chap. XXIII.

Avec combien de déplaisirs
Voudroit un cœur gros de soupirs
Pouvoir lors haïr ce qu'il aime,
Et combien avoir acheté
Le temps de prendre sur soi-même
Vengeance de sa lâcheté !

Prends peu d'assurance aux prières
Qu'on te promet après ta mort,
Et pour te faire un saint effort
N'attends point les heures dernières.
L'espérance au secours d'autrui
N'est pas toujours un bon appui
Près de la Majesté suprême ;
Et, si tu veux bien négliger
Toi-même le soin de toi-même,
Peu d'autres s'en voudront charger.

Travaille donc, et sans remise ;
Chaque moment est précieux,
Chaque instant peut t'ouvrir les cieux ;
Prends un temps qui te favorise.
Quiconque à la mort se résout,
Qui la voit et la craint partout,
A peu de chose à craindre d'elle ;
Et le plus assuré secours
Contre les traits d'une infidèle,
C'est de s'en défier toujours.

Tandis que le temps favorable
Te donne loisir d'amasser,
Amasse, mais sans te lasser,
Une richesse perdurable.
Fais tout ce que tu peux de bien,
Donne aux saints devoirs d'un chrétien
Tout ce que Dieu te donne à vivre :
Tu ne sais quand tu dois mourir,
Et moins encor ce qui doit suivre
Les périls qu'il y faut courir.

Fais des amis pour l'autre vie,
Honore les saints ici-bas,
Et tâche d'affermir tes pas
Dans la route qu'ils ont suivie.
Range-toi sous leur étendard,
Afin qu'à l'heure du départ
Ils fassent pour toi des miracles,
Et qu'ils courent te recevoir

Dans ces lumineux tabernacles
Où la mort n'a point de pouvoir.

Pousse jusqu'au ciel tes prières
Par de sacrés élancemens ;
Joins-y mille gémissemens,
Joins-y des larmes journalières.
Ainsi ton esprit bienheureux
Puisse d'un séjour dangereux
Passer en celui de la gloire !
Ainsi la mort pour l'y porter
Règne toujours en ta mémoire !
Ainsi Dieu te daigne écouter !

### QU'IL FAUT SE PORTER AVEC CHALEUR AUX BONNES ACTIONS[1].

Agis, mais fortement, et fais-toi violence
Pour te soustraire au mal où tu te vois pencher ;
Examine quel bien tu dois le plus chercher,
Et portes-y soudain toute ta vigilance.
Mais ne crois pas en toi le voir jamais assez ;
Tes sens à te flatter toujours intéressés
T'en pourroient souvent faire une fausse peinture :
Porte les yeux plus loin, et regarde en autrui
Tout ce qui t'y déplaît, tout ce qu'on y censure,
Et déracine en toi ce qui te choque en lui.

Dans ce miroir fidèle, exactement contemple
Ce que sont en effet et ce mal et ce bien ;
Et, les considérant d'un œil vraiment chrétien,
Fais ton profit du bon et du mauvais exemple.
Que l'un allume en toi l'ardeur de l'imiter,
Que l'autre excite en toi les soins de l'éviter,
Ou, si tu l'as suivi, d'en effacer la tache ;
Sers toi-même d'exemple, et t'en fais une loi,
Puisque ainsi que ton œil sur les autres s'attache,
Les autres à leur tour attachent l'œil sur toi.

Conçois, Dieu t'en avoue, une haute espérance
D'emporter la couronne en combattant sous lui ;
Espère un plein triomphe avec un tel appui,
Mais garde-toi d'en prendre une entière assurance
Les philtres dangereux de cette illusion
Charment si puissamment, que, dans l'occasion,
Nous laissons de nos mains échapper la victoire ;

---

1. Liv. I, chap. xxv.

Et, quand le souvenir d'avoir le mieux vécu
Relâche la ferveur à quelque vaine gloire,
Qui s'assure de vaincre est aussitôt vaincu.

Toi donc qui, tout fragile, inconstant, misérable,
Peux avec son secours aisément te sauver,
Souviens-toi de la fin où tu dois arriver,
Et que le temps perdu n'est jamais réparable.
Va, cours, vole sans cesse aux emplois fructueux :
Cette sainte chaleur qui fait les vertueux
Veut des soins assidus et de la diligence ;
Et, du moment fatal que ton manque d'ardeur
T'osera relâcher à quelque négligence,
Mille peines suivront ce moment de tiédeur.

---

### QU'IL FAUT NE S'ASSURER QU'EN DIEU, ET SOUFFRIR A SON EXEMPLE [1].

Ne t'assure qu'en Dieu, mets-y tout ton amour
    Jusqu'à ton dernier jour,
  Tout ton espoir, toute ta crainte :
Il conduira ta langue, il réglera tes yeux,
Et, de quelque malheur que tu sentes l'atteinte,
    Jamais il n'entendra ta plainte,
Qu'il ne fasse pour toi ce qu'il verra de mieux.

Ce monarque du ciel, ce maître du tonnerre,
    Méprisé sur la terre,
  Dans l'opprobre y finit ses jours :
Au milieu de sa peine, au fort de sa misère,
Il vit tous ses amis lâches, muets, et sourds ;
    Tout lui refusa du secours,
Et tout l'abandonna, jusqu'à son propre Père.

Cet abandon lui plut, il aima ce mépris,
    Et, pour être ton prix,
  Il voulut être ta victime ;
Innocent qu'il étoit, il voulut endurer.
Et toi, dont la souffrance est moindre que le crime,
    Tu t'oses plaindre qu'on t'opprime,
Et croire que tes maux vaillent en murmurer !

Tu vois ton Maître en croix où ton péché le tue,
    Et tu peux à sa vue
  Te rebuter de quelque ennui !
Ah ! ce n'est pas ainsi qu'on a part à sa gloire !

---

1. Liv. II, chap. I.

Change, pauvre pécheur, change dès aujourd'hui,
    Souffre avec lui, souffre pour lui,
Si tu veux avec lui régner par sa victoire.

---

### DE LA PAIX INTÉRIEURE [1].

Prépare tes efforts à mettre en paix les autres
    Par ceux de l'affermir chez toi;
Leurs esprits aisément se règlent sur les nôtres :
L'exemple est la plus douce et la plus forte loi.

Qui vit sans cette paix, et suit l'impatience
    De ses bouillans et vains désirs,
N'est jamais sans soupçon, jamais sans défiance,
Et voit partout matière à de prompts déplaisirs.

Comme tout fait ombrage aux soucis qu'il se donne,
    Tout le blesse, tout lui déplaît;
Il n'a point de repos, et n'en laisse à personne;
Il ne sait ce qu'il veut, ni même ce qu'il est.

Il tait ce qu'il doit dire, et dit ce qu'il doit taire;
    Il va quand il doit s'arrêter;
Et son esprit troublé quitte ce qu'il faut faire,
Pour faire avec chaleur ce qu'il faut éviter.

Sa rigueur importune examine et publie
    Où manque le devoir d'autrui,
Et lui-même du sien pleinement il s'oublie,
Comme si Dieu jamais n'avoit rien dit pour lui.

Tourne les yeux sur toi, malheureux, et regarde
    Quel zèle aveugle te confond;
Mets sur ton propre cœur une soigneuse garde,
Et considère après ce que les autres font.

Tu sais bien t'excuser, et n'admets point d'excuses
    Pour les foiblesses du prochain :
Il n'est point de couleurs pour toi que tu refuses,
Ni de raisons pour lui qui ne parlent en vain.

Sois-lui plus indulgent, et pour toi plus sévère;
    Censure ton mauvais emploi;
Excuse ceux d'un autre, et souffre de ton frère,
Si tu veux que ton frère aime à souffrir de toi.

---

1. Liv. II, chap. III.

### DE LA BONNE CONSCIENCE [1].

Droite et sincère conscience,
Digne gloire des gens de bien,
Oh! que ton témoignage est un doux entretien,
Et qu'il mêle de joie à notre confiance,
Quand il ne nous reproche rien!

Malgré le monde et ses murmures,
Homme, tu sauras vivre en paix,
Si ton cœur est d'accord de tout ce que tu fais,
Et s'il ne porte point de secrètes censures
Sur la chaleur de tes souhaits.

Aime les avis qu'il t'envoie,
Embrasse leur correction;
Et, pour te bien tenir en ta possession,
Jamais ne te hasarde à prendre aucune joie
Qu'après une bonne action.

Ris cependant des vains mélanges
Qu'ici le monde aime à former;
Il a beau t'applaudir ou te mésestimer,
Tu n'en es pas plus saint pour toutes ses louanges,
Ni moindre pour t'en voir blâmer.

Ce que tu vaux est en toi-même;
Tu fais ton prix par tes vertus;
Tous les encens d'autrui demeurent superflus,
Et ce qu'on est aux yeux du Monarque suprême,
On l'est partout, et rien de plus.

Fais toujours bien, et fuis le crime,
Sans t'en donner de vanité;
Du mépris de toi-même arme ta sainteté.
Bien vivre et ne s'enfler d'aucune propre estime,
C'est la parfaite humilité.

### QU'IL FAUT AIMER DIEU PAR-DESSUS TOUT [2].

Vis et meurs en ton Dieu, qui seul peut secourir,
Soit qu'il te faille vivre ou te faille mourir,
Les foiblesses qu'en l'homme imprime la naissance:
Il donnera la main à ton infirmité,
Et la profusion de sa reconnoissance

---

1. Liv. II, chap. VI. — 2. Liv. II, chap. VII.

Saura réparer l'impuissance
De ce tout qui t'aura quitté.

Mais j'aime à te le dire, il est amant jaloux,
Il est ambitieux, et s'éloigne de nous,
Sitôt que notre cœur pour un autre soupire :
Et si comme en son trône il n'est seul dans ce cœur,
Un orgueil adorable à ses bontés inspire
    Le dédain d'un honteux empire,
    Que partage un autre vainqueur.

### DU DÉTACHEMENT DU MONDE[1].

Tire-toi d'esclavage, et sache te purger
De ces vains embarras que font les créatures ;
Saches en effacer jusqu'aux moindres teintures ;
Romps jusqu'aux moindres nœuds qui puissent t'engager.
Dans ce détachement tu trouveras des ailes
Qui porteront ton cœur jusqu'aux pieds de ton Dieu,
Pour y voir et goûter ces douceurs immortelles
    Que dans celui de ses fidèles
    Sa bonté répand en tout lieu.

Mais ne crois pas atteindre à cette pureté,
A moins que de là-haut sa grâce te prévienne,
A moins qu'elle t'attire, à moins qu'elle soutienne
Les efforts chancelans de ta légèreté :
Alors, par le secours de sa pleine efficace,
Tous autres nœuds brisés, tout autre objet banni,
Seul hôte de toi-même, et maître de la place,
    Tu verras cette même grâce
    T'unir à cet être infini.

Aussitôt que du ciel dans l'homme elle descend,
Il n'a plus aucun foible, il peut tout entreprendre :
L'impression du bras qui daigne la répandre,
D'infirme qu'il étoit, l'a rendu tout-puissant :
Mais, sitôt que son bras la retire en arrière,
L'homme dénué, pauvre, accablé de malheurs,
Et livré par lui-même à sa foiblesse entière,
    Semble ne voir plus la lumière
    Que pour être en proie aux douleurs.

Ne perds pas toutefois le courage ou l'espoir,
Pour sentir cette grâce ou partie ou moins vive ;

---

1. Liv. II, chap. VIII.

Mais présente un cœur ferme à tout ce qui t'arrive,
Et bénis de ton Dieu le souverain vouloir.
Dans quelque excès d'ennuis qu'un tel départ t'engage,
Souffre tout pour sa gloire attendant le retour,
Et songe qu'au printemps l'hiver sert de passage,
    Qu'un profond calme suit l'orage,
   Et que la nuit fait place au jour.

### DE L'HUMILITÉ[1].

    Mets-toi dans le plus bas étage,
    Dieu te donnera le plus haut :
C'est par l'humilité que le plus grand courage
    Montre pleinement ce qu'il vaut.
    La hauteur même dans le monde
    Sur ce bas étage se fonde,
Et le plus haut sans lui n'y sauroit subsister :
Le plus grand devant Dieu c'est le moindre en soi-même,
    Et les vertus que le ciel aime
Par les ravalemens trouvent l'art d'y monter.

    La gloire des saints ne s'achève
    Que par le mépris qu'ils en font;
Leur abaissement croît autant qu'elle s'élève,
    Et devient toujours plus profond.
    La vaine gloire a peu de place
    Dans un cœur où règne la grâce,
L'amour de la céleste occupe tout le lieu;
Et cette propre estime où se plaît la nature
    Ne sauroit trouver d'ouverture
Dans celui qui se fonde et s'affermit en Dieu.

    Aussi sa bonté semble croître
    Des louanges que tu lui rends,
Et pour ses moindres dons savoir le reconnoître,
    C'est en attirer de plus grands.
    Tiens ses moindres grâces pour grandes,
    N'en reçois point que tu n'en rendes;
Crois plus avoir reçu que tu n'as mérité :
Estime précieux, estime incomparable
    Le don le moins considérable,
Et redouble son prix par ton humilité.

1. Liv. II, chap. x.

### QU'IL FAUT QUE CHACUN PORTE SA CROIX[1].

La croix est à toute heure en tous lieux préparée,
Elle t'attend partout, et partout suit tes pas;
Fuis-la de tous côtés, et cours où tu voudras,
Tu n'éviteras point sa rencontre assurée.
Tel est notre destin, telles en sont les lois :
Tout homme pour lui-même est une vive croix,
Pesante d'autant plus que plus lui-même il s'aime;
Et comme il n'est en soi que misère et qu'ennui,
En quelque lieu qu'il aille, il se porte lui-même,
Et rencontre la croix qu'il y porte avec lui.

Si c'est avec dépit, lâche, que tu la portes,
Si par de vains efforts tu l'oses rejeter,
Tu t'en fais un fardeau plus pesant à porter,
Tu l'attaches à toi par des chaînes plus fortes :
Mais dès qu'on peut aussi la porter sans regret,
Dieu nous prête un secours et solide et secret
Qui tourne l'amertume en douce confiance;
Et plus ce triste corps est sous elle abattu,
Plus par la grâce unie à tant de patience
L'esprit fortifié s'élève à la vertu.

Te pourrois-tu soustraire à cette loi commune
Dont aucun des mortels n'a pu se dispenser?
Quel monarque par là n'a-t-on point vu passer?
Qui des saints a vécu sans croix, sans infortune?
Ton maître Jésus-Christ n'eut pas un seul moment
Dégagé des douleurs, et libre du tourment
Que de sa Passion avançoit la mémoire;
Il fallut comme toi qu'il portât son fardeau,
Il lui fallut souffrir pour se rendre à sa gloire,
Et pour monter au ciel descendre en un tombeau.

On recommande assez la patience à d'autres,
Mais il s'en trouve peu qui veuillent endurer;
Et quand à notre tour il nous faut soupirer,
Ce remède à tous maux n'est plus bon pour les nôtres.
Aime, pauvre pécheur, aime à souffrir pour Dieu,
Toi qui peux reconnoître à toute heure, en tout lieu,
Combien plus un mondain endure pour le monde :
Vois ce que sa souffrance espère d'acquérir,
Vois quel but a sa vie en travaux si féconde,
Et fais pour te sauver ce qu'il fait pour périr.

1. Liv. II, chap. XII.

## DE L'AMOUR DE DIEU[1].

Cet amour est tout noble, il est tout généreux ;
Des grandes actions il rend l'homme amoureux,
Et les impressions qu'une fois il a faites
Toujours de plus en plus aspirent aux parfaites.
Il va toujours en haut chercher de vrais appas,
Il traite de mépris tout ce qu'il voit de bas.
Je te dirai bien plus : sa douceur et sa force
Sont des cœurs les plus grands la plus illustre amorce :
La terre ne voit rien qui soit plus achevé,
Le ciel même n'a rien qui soit plus élevé.

En veux-tu la raison ? en Dieu seul est sa source,
En Dieu seul est aussi le repos de sa course ;
Il en part, il y rentre, et ce feu tout divin
N'a point d'autre principe, et n'a point d'autre fin.
Pour tous également son ardeur est extrême,
Il donne tout pour tous, et n'a rien à lui-même ;
Mais quoiqu'il soit prodigue, il ne perd jamais rien,
Puisqu'il retrouve tout dans le souverain bien :
Il veut plus que sa force, et, quoi qui se présente,
L'impossibilité jamais ne l'épouvante.

Jamais il ne s'endort non plus que le soleil ;
Il sait l'art de veiller dans les bras du sommeil,
Il sait dans la fatigue être sans lassitude,
Il sait dans la contrainte être sans servitude,
Porter mille fardeaux sans en être accablé,
Voir mille objets d'effroi sans en être troublé.
Il est sobre, il est chaste, il est ferme et tranquille ;
A garder tous ses sens il est prompt et docile ;
Il est délicieux, il est prudent et fort,
Fidèle, patient, constant jusqu'à la mort ;
En Dieu seul il se fie, en Dieu seul il espère,
Même quand Dieu l'expose à la pleine misère,
Qu'il est sans goût pour Dieu dans l'effort du malheur ;
Car le parfait amour ne vit point sans douleur :
Et quiconque n'est prêt de souffrir toute chose,
D'attendre que de lui son bien-aimé dispose,
Quiconque peut aimer si mal, si lâchement,
N'est point digne du nom de véritable amant.

1. Liv. III, chap. v.

### ÉPREUVES DE L'AMOUR DE DIEU [1].

Le vrai, le fort amour, en soi-même affermi,
Sait bien et repousser l'effort de l'ennemi,
Et refuser l'oreille à ses ruses perverses :
Il sait du cœur entier lui fermer les accès,
Et de sa digne ardeur le salutaire excès,
  Égal aux fortunes diverses,
  M'adore autant dans les traverses
  Que dans les plus heureux succès.

Ainsi dans tous mes dons il n'a d'yeux que pour moi;
Ainsi de tous mes dons il fait un digne emploi,
A force de les mettre au-dessous de moi-même :
Il se repose en moi comme au bien souverain;
Et tous ces autres biens que sur le genre humain
  Laisse choir ma bonté suprême,
  Il ne les estime et les aime
  Qu'en ce qu'ils tombent de ma main.

Tout ce qui coule au cœur de doux saisissemens,
De liquéfactions, d'épanouissemens,
Marque bien les effets de ma grâce présente;
C'est bien quelque avant-goût du céleste séjour.
Mais prompte est sa venue, et prompt est son retour;
  Et sa douceur la plus charmante,
  Lorsque tu crois qu'elle s'augmente,
  Soudain échappe à ton amour.

Quelquefois ton esprit, s'élevant jusqu'aux cieux,
De cette haute extase où j'occupe ses yeux,
Retombe tout à coup dans quelque impertinence :
Pour confus que tu sois d'un si prompt changement,
Fais un plein désaveu de cet égarement,
  Et prends une sainte arrogance,
  Qui dédaigne l'extravagance
  De cet indigne amusement.

Ces foiblesses de l'homme agissent malgré toi,
Et, bien que de ton cœur elles brouillent l'emploi,
Elles n'y peuvent rien que ce cœur n'y consente.
Tant que tu te défends d'y rien contribuer,
Tu leur défends aussi d'y rien effectuer,
  Et leur embarras te tourmente;
  Mais ton mérite s'en augmente,
  Au lieu de s'en diminuer.

---

1. Liv. III, chap. VI.

QU'IL FAUT EXAMINER ET MODÉRER SES DÉSIRS[1].

Toutes tes volontés doivent être soumises
 Purement à mon bon plaisir,
Jusqu'à ne souhaiter en toutes entreprises
 Que les succès que je voudrai choisir.

Tu ne dois point t'aimer, tu ne dois point te plaire
 Dans tes propres contentemens ;
Tu dois n'être jaloux que de me satisfaire,
 Et d'obéir à mes commandemens.

Quel que soit le désir qui t'échauffe et te pique,
 Considère ce qui t'en plaît,
Et vois si sa chaleur à ma gloire s'applique,
 Ou s'il t'émeut par ton propre intérêt.

Lorsque ce n'est qu'à moi que ce désir se donne,
 Qu'il n'a pour but que mon honneur,
Quelque effet qui le suive, et quoi que j'en ordonne,
 Ta fermeté tient tout à grand bonheur.

Mais lorsque l'amour-propre y garde encor sa place
 Quoique secret et déguisé,
C'est là ce qui te gêne et ce qui t'embarrasse,
 C'est ce qui pèse à ton cœur divisé.

Tout ce qui paroît bon n'est pas toujours à suivre,
 Ni son contraire à rejeter :
L'ardeur impétueuse à mille erreurs te livre,
 Et trop courir c'est te précipiter.

La bride est souvent bonne, et même il en faut une
 A la plus sainte affection :
Son trop d'empressement la peut rendre importune,
 Et te pousser dans la distraction.

Un peu de violence est souvent nécessaire
 Contre les appétits des sens,
Même quand leur effet te paroît salutaire,
 Quand leurs désirs te semblent innocens.

Ne demande jamais à ta chair infidèle
 Ce qu'elle veut ou ne veut pas :
Range-la sous l'esprit, et fais qu'en dépit d'elle
 Son esclavage ait pour toi des appas.

---

1. Liv. III, chap. XI.

Qu'en maître, qu'en tyran cet esprit la châtie,
Qu'il l'enchaîne de rudes nœuds,
Jusqu'à ce que, domptée et bien assujettie,
Elle soit prête à tout ce que tu veux.

### QUE LES DOUCEURS DU MONDE SONT ACCOMPAGNÉES D'AMERTUMES [1].

Crois-tu les gens du monde exempts d'inquiétude?
Ne vois-tu rien pour eux ni d'amer, ni de rude?
Va chez ces délicats qui n'ont soin que d'unir
Le choix des voluptés aux moyens d'y fournir.
Ces riches, que du siècle adore l'imprudence,
Passent comme fumée avec leur abondance;
Et de leurs voluptés le plus doux souvenir,
S'il ne passe avec eux, ne sert qu'à les punir.
Celles que leur permet une si courte vie
Sont dignes de pitié beaucoup plus que d'envie :
Elles vont rarement sans mélange d'ennuis ;
Leurs jours les plus brillans ont les plus sombres nuits ;
Souvent mille chagrins empoisonnent leurs charmes,
Souvent mille terreurs y jettent mille alarmes,
Et souvent des objets d'où naissent leurs plaisirs
Ma justice en courroux fait naître leurs soupirs.
L'impétuosité qui les porte aux délices,
Elle-même à leur joie enchaîne les supplices,
Et joint aux vains appas d'un peu d'illusion
Le repentir, le trouble, et la confusion.

### QU'IL FAUT S'HUMILIER, A L'EXEMPLE DE JÉSUS-CHRIST [2].

Que fais-tu de si grand, toi qui n'es que poussière,
Ou, pour mieux dire, qui n'es rien,
Quand tu soumets pour moi ton âme un peu moins fière
A quelque autre vouloir qu'au tien?
Moi qui suis tout-puissant, moi qui d'une parole
Ai bâti l'un et l'autre pôle,
Et tiré du néant tout ce qui s'offre aux yeux ;
Moi, dont tout l'univers est l'ouvrage et le temple,
Pour me soumettre à l'homme, et te donner l'exemple,
Je suis bien descendu des cieux !

De ces palais brillans où ma gloire ineffable
Remplit tout de mon seul objet,

---

1. Liv. III, chap. XII. — 2. Liv. III, chap. XIII.

Je me suis ravalé jusqu'au rang d'un coupable,
    Jusqu'à l'ordre le plus abject :
Je me suis fait de tous le plus humble et le moindre,
    Afin que tu susses mieux joindre
Un digne abaissement à ton indignité,
Et que, malgré le monde et ses vaines amorces,
Pour dompter ton orgueil, tu trouvasses des forces
    Dans ma parfaite humilité.

Apprends de moi, pécheur, apprends l'obéissance
    Des sentimens humiliés ;
Poudre, terre, limon, apprends de ta naissance
    A te faire fouler aux pieds :
Apprends à te ranger sous le plus rude empire ;
    Apprends à te vaincre, à dédire
De ton propre vouloir les désirs les plus doux ;
Apprends à triompher des assauts qu'il te donne ;
Apprends à t'asservir à tout ce qu'on t'ordonne ;
    Apprends à te soumettre à tous.

Oses-tu murmurer, chétive créature,
    As-tu le front de repartir,
Alors qu'on te reproche, à toi qui n'es qu'ordure,
    Ce que tu ne peux démentir ?
Vois quelle est ma bonté, vois quelle est sa puissance ;
    Montre par ta reconnoissance
Qu'enfin de mes bienfaits tu sais le digne prix ;
Fais de l'humilité ta plus douce habitude,
De la soumission ta plus ardente étude,
    Et tes délices du mépris.

---

### DE LA PATIENCE[1].

    La patience est délicate
    Qui ne veut souffrir qu'à son choix,
Qui borne ses malheurs, et jusque-là se flatte,
Qu'elle en prétend régler et le nombre et le poids.
    La véritable est d'une autre nature ;
    Et, quelques maux qui se puissent offrir,
Elle ne leur prescrit ordre, temps, ni mesure,
Et n'a d'yeux que pour moi, quand il lui faut souffrir

    Sa vertueuse indifférence
    Reçoit avec remercîmens
Ces odieux trésors d'amertume et d'offense,
Qui font partout ailleurs tant de ressentimens.

---

1. Liv. III, chap. XIX.

Elle connoît que sans inquiétude
Le vrai repos ne se peut obtenir,
Et que sans un combat opiniâtre et rude
A la pleine victoire on ne peut parvenir.

Instruite dans ma sainte école,
Elle met son espoir aux cieux,
Et sait que dans ses maux si je ne la console,
Du moins ce qu'elle souffre est présent à mes yeux ;
Qu'un jour viendra que ma douce visite
De ses travaux couronnera la foi,
Et qu'un peu de souffrance amasse un grand mérite,
Quand ce peu qu'on endure est enduré pour moi.

Tiens donc ton âme toujours prête
A toute épreuve, à tous combats,
Du moins si tu veux vaincre, et couronner ta tête
De ce qu'un beau triomphe a de gloire et d'appas
La patience a sa couronne acquise,
Mais sans combattre on n'y peut aspirer :
A qui sait bien souffrir ma bouche l'a promise
Et c'en est un refus qu'un refus d'endurer.

---

DES MALHEURS DE LA VIE, ET DES TROMPERIES DU MONDE.

Qu'une affliction passe, une autre lui succède ;
Souvent elle renaît de son propre remède,
Et rentre du côté qu'on la vient de bannir :
Un combat dure encor, que mille autres surviennent,
Et cet enchaînement dont ils s'entre-soutiennent
Fait un cercle de maux qui ne sauroit finir.

Peut-on avoir pour toi quelque amour, quelque estime,
O vie! ô d'amertume affreux et vaste abîme,
Cuisant et long supplice et de l'âme et du corps?
Et, parmi les malheurs dont je te vois suivie,
A quel droit gardes-tu l'aimable nom de vie,
Toi dont le cours funeste engendre tant de morts?

On t'aime cependant, et la foiblesse humaine,
Bien qu'elle voie en toi les sources de sa peine,
Y cherche avidement celle de ses plaisirs :
Le monde est un pipeur, on dit assez qu'il trompe,
On déclame assez haut contre sa vaine pompe,
Mais on ne laisse point d'y porter ses désirs.

1. Liv. III, chap. xx.

Les appétits des sens, la brutale avarice,
L'orgueil qui veut monter au gré de son caprice,
Enfantent cet amour que nous avons pour lui :
Les angoisses d'ailleurs, les peines, les misères,
Qui les suivent partout comme dignes salaires,
En font naître à leur tour le dégoût et l'ennui.

Mais une âme à l'aimer lâchement adonnée,
Par d'infâmes plaisirs en triomphe menée,
Ne considère point ce qui le fait haïr :
Ce fourbe à ses regards déguise toutes choses,
Lui peint les nuits en jours, les épines en roses,
Et ses yeux subornés aident à la trahir.

Le vrai, le plein mépris des vanités mondaines
Rétablit en nos cœurs ces clartés vraiment saines,
Que son flatteur éclat ne sauroit éblouir :
Nous voyons comme il trompe, et se trompe lui-même ;
Nous le voyons se perdre, et perdre ce qu'il aime,
Au milieu des faux biens dont il pense jouir.

### DES BIENFAITS DE DIEU, ET DE LEUR INÉGALITÉ[1].

Nos âmes et nos corps de ta main libérale
Tiennent toute leur force et tous leurs ornemens.
Ils ne doivent qu'à toi ces embellissemens,
Que le dedans recèle, ou le dehors étale.
Tout ce que la nature ose faire de dons,
Tout ce qu'au-dessus d'elle ici nous possédons,
Sont des épanchemens de ta pleine richesse.
Tu nous as seul fait naître, et seul tu nous maintiens,
Et tes bienfaits partout nous font voir ta largesse,
Qui nous prodigue ainsi toute sorte de biens.

Si l'inégalité se trouve en leur partage,
Si l'un en reçoit plus, si l'autre en reçoit moins,
Tout ne laisse pas d'être un effet de tes soins,
Et ce plus et ce moins te doivent même hommage.
Sans toi le moindre don ne se peut obtenir,
Et qui reçoit le plus se doit mieux prémunir
Contre ce doux orgueil où l'abondance invite ;
Et, de quoi que sur tous il soit avantagé,
Il ne doit ni s'enfler de son propre mérite,
Ni traiter de mépris le plus mal partagé.

Ainsi que d'une source en biens inépuisable,

---

1. Liv. III, chap. XXII.

De ta bénignité tout découle sur nous ;
Sans devoir à personne elle départ à tous,
Et, quoi qu'elle départe, elle est toute adorable.
Tu sais ce qu'à chacun il est bon de donner,
Et quand il faut l'étendre, ou qu'il la faut borner.
Ton ordre a ses raisons qui règlent toutes choses ;
L'examen de ton choix sied mal à nos esprits,
Et du plus et du moins tu connois seul les causes,
Toi qui connois de tous le mérite et le prix.

Aussi qui de tes dons connoît bien la nature
N'en conçoit point d'égal à celui d'être à toi,
D'avoir ta volonté pour immuable loi,
D'accepter ses décrets sans trouble et sans murmure
Il te fait sur lui-même un empire absolu ;
Et quand ta providence ainsi l'a résolu,
Il tombe sans tristesse au plus bas de la roue :
Ce qu'il est sur un trône, il l'est sur un fumier,
Humble dans les grandeurs, content parmi la boue,
Et tel au dernier rang qu'un autre est au premier.

### ABRÉGÉ DE LA PERFECTION CHRÉTIENNE[1].

Maintenant que je vois ton âme plus capable
    De mettre un ordre à tes souhaits,
Je te veux enseigner comme on obtient la paix,
    Et la liberté véritable.

En premier lieu, mon fils, tâche plutôt à faire
    Le vouloir d'autrui que le tien :
Aime si peu l'éclat, le plaisir et le bien,
    Que le moins au plus se préfère.

Cherche le dernier rang, prends la dernière place,
    Vis avec tous comme sujet,
Et donne à tous tes vœux pour seul et plein objet
    Qu'en toi ma volonté se fasse.

Qui de ces quatre points embrasse la pratique,
    Prend le chemin du vrai repos,
Et s'y conservera, pourvu qu'à tous propos
    A leur saint usage il s'applique.

1. Liv. III, chap. XXIII.

## DE LA VÉRITABLE PAIX[1].

Tiens la bride sévère à tous tes appetits,
Prends garde exactement à tout ce que tu dis,
N'examine pas moins tout ce que tu veux faire,
Et donne à tes désirs pour immuable loi
Que leur unique objet soit le bien de me plaire,
Et leur unique but de t'unir tout à moi.

Garde-toi de te croire ou grand ou bien-aimé,
Pour te sentir un zèle à tel point enflammé,
Qu'à force de tendresse il te baigne de larmes :
Des solides vertus la sainte ambition
Ne fait point consister en tous ces petits charmes
Ni ton avancement, ni ta perfection.

Si tu sens qu'au milieu des tribulations
Je retire de toi mes consolations,
Et te laisse accablé sous ce qui te ravage,
Forme des sentimens d'autant plus résolus,
Et soutiens ton espoir avec tant de courage,
Qu'il prépare ton cœur à souffrir encor plus.

Ne te retranche point sur ton intégrité,
Comme si tu souffrois sans l'avoir mérité,
Et que pour tes vertus ce fût un exercice :
Fuis cette vaine idée, et, comme criminel,
En toutes mes rigueurs adore ma justice,
Et bénis mon courroux, et saint et paternel.

## QUE DIEU EST TOUJOURS MAÎTRE DE SES DONS[2].

Quelque grâce sur toi qu'il m'ait plu de répandre,
Je puis, quand il me plaît, te l'ôter et la rendre;
Quelques dons que j'accorde à tes plus doux souhaits,
Ils sont encore à moi quand je te les ai faits :
Je te donne du mien quand ce bonheur t'arrive,
Et ne prends point du tien alors que je t'en prive.
Ces biens, ces mêmes biens, après t'être donnés,
Font part de mes trésors dont ils sont émanés ;
Et leur perfection tirant de moi son être,
Quand je t'en fais jouir, j'en suis encor le maître.

Tout est à moi, mon fils, tout vient, tout part de moi;
Reçois tout de ma main sans chagrin, sans effroi.

---

1. Liv. III, chap. xxv. — 2. Liv. III, chap. xxx.

Si je te fais traîner un destin misérable,
Si je te fais languir sous l'ennui qui t'accable,
Ne perds sous ce fardeau patience ni cœur :
Je puis en un moment ranimer ta langueur,
Je puis mettre une borne aux maux que je t'envoie,
Et changer tes douleurs en des torrens de joie.
Mais je suis toujours juste en te traitant ainsi,
Toujours digne de gloire, et j'en attends aussi ;
Et, soit que je t'élève ou que je te ravale,
Je veux d'un sort divers une louange égale.

### DE LA VRAIE LIBERTÉ[1].

Ceux qui pensent ici posséder quelque chose,
La possèdent bien moins qu'ils n'en sont possédés ;
Et ceux dont l'amour-propre en leur faveur dispose
Sont autant de captifs par eux-mêmes gardés.

Les appétits des sens ne font que des esclaves ;
La curiosité comme eux a ses liens ;
Et les plus grands coureurs ne courent qu'aux entraves
Que jettent sous leurs pas les charmes des faux biens.

Ils recherchent partout les douceurs passagères,
Plus que ce qui conduit jusqu'à l'éternité ;
Et souvent pour tout but ils se font des chimères,
Qui n'ont pour fondement que l'instabilité.

Hors ce qui vient de Dieu, tout passe, tout s'envole,
Tout en son vrai néant aussitôt se résout ;
Et, pour te dire tout d'une seule parole,
Quitte tout, mon enfant, et tu trouveras tout.

### QU'IL FAUT MÉPRISER LES JUGEMENS QUE LES HOMMES FONT DE NOUS[2].

Peux-tu te bien connoître, et prendre quelque effroi
De quoi que puisse dire un mortel comme toi,
  Qui comme toi n'est que poussière ?
Tu le vois aujourd'hui tout prêt de t'accabler,
  Et dès demain un cimetière
Cachera pour jamais ce qui te fait trembler.

Les injures ne sont que du vent et du bruit ;
Et quiconque t'en charge en a si peu de fruit,

---

1. Liv. III, chap. XXXII. — 2. Liv. III, chap. XXXVI.

Qu'il te nuit bien moins qu'à soi-même :
Pour grand qu'il soit en terre, un Dieu voit ce qu'il fait,
    Et de son jugement suprême
Il ne peut éviter l'irrévocable effet.

Tiens-le devant tes yeux, à toute heure, en tout lieu,
Ce juge universel, ce redoutable Dieu,
    Et vis sans soin de tout le reste ·
Quoi qu'on t'ose imputer, ne daigne y repartir,
    Et dans un silence modeste
Trouve, sans t'indigner, l'art de tout démentir.

Tu paroîtras peut-être en quelque occasion
Couvert d'ignominie et de confusion,
    Malgré ce grand art du silence ;
Mais ne t'en émeus point, n'en sois pas moins content,
    Et crains que ton impatience
Ne retranche du prix du laurier qui t'attend.

Quelque honte à ton front qui semble s'attacher,
Souviens-toi que mon bras peut toujours t'arracher
    A toute cette ignominie ;
Que je sais rendre à tous suivant leurs actions,
    Et sur l'imposture punie
Élever la candeur de tes intentions.

---

### DE L'ANÉANTISSEMENT DEVANT DIEU[1].

    Homme, si tu pouvois apprendre
    L'art de te bien anéantir,
De bien purger ton cœur, d'en bien faire sortir
Ce que l'amour terrestre y peut couler de tendre ;
Si tu savois, mon fils, pratiquer ce grand art,
    Tu verrois bientôt de ma part
Se répandre en ce cœur l'abondance des grâces,
    Et tes actions les plus basses
Sauroient jusqu'à mon trône élever ton regard.

    Une affection mal conçue
    Dérobe tout l'aspect des cieux,
Et quand la créature a détourné tes yeux,
Tu perds tout aussitôt le Créateur de vue :
Sache te vaincre en tout, et partout te dompter ;
    Sache pour lui tout surmonter ;
Bannis tout autre amour, coupes-en les racines ;

---

1. Liv. III, chap. XLII.

Et les connoissances divines
A leurs plus hauts degrés te laisseront monter.

Ne dis point que c'est peu de chose,
Ne dis point que c'est moins que rien,
A qui ton âme prête un moment d'entretien,
Sur qui par échappée un coup d'œil se repose :
Ce peu, ce moins que rien, quand son amusement
　　Attire trop d'empressement,
Quand trop de complaisance à ce coup d'œil s'attache,
　　Imprime aux vertus une tache,
Et retarde l'effet du haut avancement.

### DU MÉPRIS DE LA CALOMNIE[1].

Tu dis qu'il est fâcheux de voir la calomnie
De la vérité même emprunter les couleurs,
Que la plus juste gloire en demeure ternie,
Et peut des plus constans tirer quelques douleurs :
Mais que t'importe enfin, si tu m'as pour refuge ?
N'en suis-je pas au ciel l'inévitable juge,
Qui vois sans me tromper comme tout s'est passé ?
Et pour le châtiment, et pour la récompense,
　　Ne sais-je pas qui fait l'offense,
　　Et qui demeure l'offensé ?

Rien ne va sans mon ordre, et c'est moi qui t'envoie
Ce trait que contre toi lancent tes ennemis :
Je veux qu'ainsi des cœurs le secret se déploie,
Et tout ce qui t'arrive, exprès je l'ai permis.
Tu verras quelque jour mon arrêt équitable
Séparer l'innocent d'avecque le coupable,
Et rendre à tous les deux ce qu'ils ont mérité :
Cependant il me plaît qu'en secret ma justice
　　De l'un éprouve la malice,
　　Et de l'autre la fermeté.

Il faut donc me remettre à juger chaque chose,
Et sur le propre sens jamais ne s'appuyer :
C'est ainsi que le juste, à quoi que je l'expose,
Ne sent rien qui le trouble, ou le puisse ennuyer.
Il me voit au-dessus de la fausse apparence,
Et reconnoît par là quelle est la différence
Du jugement de l'homme, et de mon jugement;
Et que souvent mes yeux condamnent pour un crime

---

1. Liv. III, chap. XLVI.

Ce que trouve digne d'estime
Son injuste discernement.

### DE LA GLOIRE ÉTERNELLE [1].

Ne pense jamais tant à l'excès de tes maux,
Que tu ne puisses voir qu'un moment les termine,
Que leur fruit passe enfin la grandeur des travaux,
Et que la récompense en est toute divine.
Au lieu de t'être à charge, au lieu de t'accabler,
Ils sauront faire naître, ils sauront redoubler
La douceur nécessaire à soulager ta peine;
Et ce moment d'effort dessus ta volonté
La rendra dans le ciel à jamais souveraine
Sur l'infini trésor de toute ma bonté.

Dans ces palais brillans que moi seul je remplis,
Tu trouveras sans peine en moi seul toutes choses;
Tu verras tes souhaits aussitôt accomplis,
Tu tiendras en ta main quoi que tu te proposes;
Toutes sortes de biens avec profusion
Y naîtront d'une heureuse et claire vision,
Sans crainte que le temps les change ou les enlève;
Ton vouloir et le mien n'y seront qu'un vouloir,
Et tu n'y voudras rien qui hors de moi s'achève,
Ni dont ton intérêt s'ose seul prévaloir.

Là, personne à tes vœux ne viendra résister,
Personne contre toi ne formera de plainte;
Tu n'y trouveras point d'obstacle à surmonter,
Tu n'y rencontreras aucun sujet de crainte.
Les objets désirés, s'offrant tous à la fois,
N'y balanceront point ton amour ni ton choix
Sur les ébranlemens de ton âme incertaine;
Tu posséderas tout sans besoin de choisir,
Et tu t'abîmeras dans l'abondance pleine,
Sans que la plénitude émousse le désir.

Là, ma main libérale épandant le bonheur
De tous maux en tous biens fera d'entiers échanges;
Pour l'opprobre souffert je rendrai de l'honneur,
Pour le blâme et l'ennui, d'immortelles louanges.
Mets donc toute ta joie à souffrir les mépris,
En mon seul bon plaisir unis tous tes esprits,
Ne prends point d'autre but, n'admets point d'autre envie;

1. Liv. III, chap. XLIX.

Et souhaite surtout avec sincérité
Que, soit que je t'envoie ou la mort ou la vie,
En tout ce que tu fais mon nom soit exalté.

### DE L'INCOMPATIBILITÉ DE LA GRACE AVEC LE GOUT DES CHOSES DU MONDE [1].

Ma grâce est précieuse, et l'impur alliage
Des attraits du dehors et des plaisirs mondains,
Ces douceurs dont la terre empoisonne un courage,
Sont l'éternel objet de ses justes dédains;
Elle n'en souffre point l'injurieux mélange;
Et, depuis qu'avec elle on pense les unir,
      Elle prend aussitôt le change,
Et leur cède le cœur qui les veut retenir.

Défais-toi donc, mon fils, de tout le corruptible,
Bannis bien loin de toi tout cet empêchement,
Si tu veux que ton cœur demeure susceptible
De ce qu'a de plus doux son plein épanchement :
Ne compte à rien le monde; et, quand cet infidèle
Par quelques hauts emplois émeut ta vanité,
      Préfère ceux où je t'appelle
A tout l'extérieur dont tu te vois flatté.

Oh! que l'homme à la mort porte de confiance,
Quand il n'a sur la terre aucun attachement,
Qu'il s'est dépris de tout, et que sa conscience
A su se faire un fort de ce retranchement!
C'est ainsi qu'on détruit, c'est ainsi qu'on arrache
L'amour désordonné qu'on se porte en secret,
      Et c'est ainsi qu'on se détache
Et du propre intérêt, et de tout faux attrait.

De ce vice commun, de cet amour trop tendre,
Où par sa propre main on se laisse enchaîner,
Coulent tous les désirs dont il se faut défendre,
S'élèvent tous les maux qu'il faut déraciner.
Qui se dompte à tel point qu'il tient partout soumise
Sa chair à sa raison, et sa raison à moi,
      Ne craint plus aucune surprise,
Et demeure le maître et du monde et de soi.

Mais il en est fort peu dont la vertu sublime
Réduise tous leurs soins à bien mourir en eux,

[1]. Liv. III, chap. LIII.

A bien anéantir toute la propre estime,
Et du propre regard purifier leurs vœux.
Cet embarras charmant les retient, les rappelle;
Enveloppés en eux ils n'en peuvent sortir,
  Et leur âme toujours charnelle
A prendre un vol plus haut ne sauroit consentir.

---

### DES MANIÈRES D'AGIR DE LA GRACE[1].

  La grâce a de saints mouvemens,
  Dont les sacrés épuremens
Rapportent tout à Dieu comme à son origine :
Elle ne s'attribue aucun bien qu'elle ait fait,
Et toute sa vertu jamais ne s'imagine
Que son plus grand mérite ait rien que d'imparfait.

  Elle n'est point contentieuse,
  Et ne donne point ses avis
  D'une manière impérieuse
  Qui demande à les voir suivis.
Jamais à ceux d'un autre elle ne les préfère;
Et, de quoi qu'elle juge ou qu'elle délibère,
A l'examen divin elle soumet le tout,
  Et fait la sagesse éternelle
Arbitre souveraine et de ce qu'on croit d'elle,
  Et de tout ce qu'elle résout.

Elle enseigne à tenir tes sens sous ta puissance,
  A bannir de tes actions
  L'orgueil des ostentations,
  Et le fard de la complaisance;
Elle enseigne à cacher dessous l'humilité
Ce que de tes vertus l'effort a mérité,
  Quand même il est tout admirable:
  En toute science, en tout art,
Elle cherche quel fruit en peut être estimable,
Et combien de son Dieu la gloire y tient de part.

Pour t'exprimer enfin ce que la grâce vaut,
C'est un don spécial du souverain Monarque,
Un trait surnaturel des lumières d'en haut,
Le grand sceau des élus et leur céleste marque,
Du salut éternel le gage précieux,
L'arrhe du paradis, et l'avant-goût des cieux.

1. Liv. III, chap. LIV.

## DE LA CORRUPTION DE LA NATURE, ET DE L'IMPUISSANCE DE LA RAISON [1].

Seigneur, il faut ta grâce, il en faut grand secours,
Il en faut grand effort qui croisse tous les jours,
    Pour assujettir la nature ;
Elle qui, du moment qu'elle peut respirer,
    Sans aucun soin de s'épurer,
Penche vers la révolte et glisse vers l'ordure.
Le péché fit sa chute et sa corruption,
    Et, depuis le premier des hommes,
Cette tache a passé dans tous tant que nous sommes
Avec tous les malheurs de sa punition.

Ce chef-d'œuvre si beau, qui sortit de tes mains
Paré des ornemens si brillans et si saints
    De la justice originelle,
En a si bien perdu l'éclat et les vertus,
    Que son nom même ne sert plus
Qu'à nommer la nature infirme et criminelle.
Ce qui lui reste encor de propre mouvement
    N'est qu'un triste amas de foiblesses,
Qui, n'ayant pour objet que d'infâmes bassesses,
Ne fait que l'abîmer dans son déréglement.

Malgré tout ce désordre et sa morne langueur,
Il lui demeure encor quelque peu de vigueur,
    Mais qui ne la sauroit défendre :
Ce n'est du premier feu qu'un rayon égaré,
Une pointe mourante, un trait défiguré,
    Une étincelle sous la cendre ;
C'est enfin cette foible et tremblante raison
    Qu'enveloppe un épais nuage,
Qui mêle tant de trouble à son plus clair usage,
Que souvent son remède est un nouveau poison.

Elle peut discerner aux dehors inégaux
Le bien d'avec le mal, le vrai d'avec le faux,
    Ce qu'il faut désirer ou craindre :
Elle a pour en juger quelquefois de bons yeux ;
Mais, pour mettre en effet ce qu'elle a vu le mieux,
    Ses forces n'y sauroient atteindre.
La grâce n'aidant pas d'un secours assez plein
    Sa foiblesse et notre inconstance,

---

[1]. Liv. III, chap. LV.

Ce qui jette au-devant la moindre résistance
Nous fait perdre courage et changer de dessein.

Vacillante clarté qui manques de pouvoir,
Raison, pourquoi faut-il que tu me fasses voir
      La droite manière de vivre?
Pourquoi m'enseignes-tu le chemin des parfaits,
Si de soi ton idée, impuissante aux effets,
      Ne peut fournir d'aide à la suivre;
Si cet infâme poids de ma corruption
      Rabat l'effort dont tu m'élèves,
Et si ces grands projets, que jamais tu n'achèves,
Ne peuvent m'affranchir de l'imperfection?

Sainte grâce du ciel, sans qui je ne puis rien,
Que tu m'es nécessaire à commencer le bien,
      A le poursuivre, à le parfaire!
Oui, Seigneur, oui, mon Dieu, je pourrai tout en toi,
Pourvu qu'elle m'assiste à régler mon emploi,
      Pourvu que son rayon m'éclaire.
Fais qu'elle m'affermisse aux bonnes actions,
      Père éternel; je t'en conjure
Par ton Fils Jésus-Christ, par cette source pure
D'où part le doux torrent de ses impressions.

---

### EXAMEN DE CONSCIENCE POUR SE PRÉPARER A LA CONFESSION ET COMMUNION [1].

Sur ton intérieur jette l'œil avec soin,
En juge incorruptible, en fidèle témoin;
Et si de ton salut un vrai souci te touche,
Fais que le cœur contrit et l'humble aveu de bouche
Sachent si bien purger le désordre caché,
Que rien par le remords ne te soit reproché,
Que rien plus ne te pèse, et que rien que tu saches
N'empêche un libre accès par ses honteuses taches.

Porte empreint sur ce cœur un regret général
Pour tout ce que jamais il a commis de mal;
Joins à ce déplaisir des douleurs singulières
Pour les infirmités qui te sont journalières.
Gémis, soupire, pleure aux pieds de l'Éternel,
D'être encor si mondain, d'être encor si charnel,
D'avoir des passions si peu mortifiées,
Des inclinations si mal purifiées.

1. Liv. IV, chap. VII.

Que les mauvais désirs demeurent tout-puissans
Sur qui veille si mal à la garde des sens.

Gémis d'en voir souvent les approches saisies
Par les vains embarras de tant de fantaisies ;
D'avoir pour le dehors tant de soupirs ardens,
Et si peu de retour aux choses du dedans ;
De souffrir que ton âme à toute heure n'aspire
Qu'à ce qui divertit, qu'à ce qui te fait rire :
Tandis que pour les pleurs et la componction
Ton endurcissement a tant d'aversion.

Pleure ton peu de soin à régler tes paroles,
Ton silence rempli d'égaremens frivoles,
Le peu d'ordre en tes mœurs, le peu de jugement
Que dans tes actions fait voir chaque moment.
Gémis d'avoir aimé les plaisirs de la table,
Et fait la sourde oreille à ma voix adorable ;
D'avoir pris pour vrai bien la molle oisiveté,
D'avoir pris le travail pour infélicité :
Pleure ta nonchalance à me rendre service ;
Gémis de ta tiédeur pendant le sacrifice,
De tant d'aridité dans tes communions,
De tant de complaisance en tes distractions ;
D'avoir si rarement une âme recueillie ;
De faire hors de toi toujours quelque saillie,
Prompt à te courroucer, prompt à fâcher autrui,
Sévère à le reprendre, et juger mal de lui.
Pleure l'emportement de tes humeurs diverses,
Qu'enflent les bons succès, qu'abattent les traverses ;
Pleure enfin ta misère, et l'ouvrage imparfait
De tant de bons desseins que suit si peu d'effet.

Ces défauts déplorés, et tout ce qui t'en reste,
Avec le vif regret d'un cœur qui les déteste,
Avec de ta foiblesse un aveu douloureux,
D'où naisse un repentir cuisant, mais amoureux,
Passe au ferme propos de corriger ta vie,
D'avancer aux vertus où ma voix te convie ;
Offre-toi tout entier toi-même en mon honneur
Pour holocauste pur sur l'autel de ton cœur.
Car, si tu ne le sais, pour plaire au Dieu qui t'aime,
L'offrande la plus digne est celle de toi-même :
C'est elle qu'il faut joindre à celle de mon corps
Par d'amoureux élans, par de sacrés transports ;
Et rien n'efface mieux les taches de tes crimes,
Que la sainte union qu'ont lors ces deux victimes.

Quand le pécheur a fait autant qu'il est en lui,

Qu'une douleur sensible, un véritable ennui,
Un profond repentir le prosterne à ma face
Pour obtenir pardon, et demander ma grâce;
Je suis le Dieu vivant qui ne veux point sa mort.
Mais qu'à se convertir il fasse un digne effort,
Qu'il vive en mon amour pour revivre en ma gloire,
Et de tous ses péchés je perdrai la mémoire :
Tous lui seront par moi si pleinement remis,
Qu'il aura place au rang de mes plus chers amis.

---

### QU'IL FAUT NOUS OFFRIR TOUT ENTIERS A DIEU EN LA COMMUNION [1].

Tu vois que je me suis offert
Pour toi tout entier à mon Père;
Tu vois que je te donne, après avoir souffert,
Tout mon corps et mon sang en ce divin mystère :
Ce don que je te fais pour être tout à toi
Te sert d'un grand exemple, et t'apprend pour me plaire
Qu'il faut te donner tout à moi.

Si dans toi ton propre intérêt
Se peut réserver quelque chose,
Si tu ne t'offres pas à tout ce qu'il me plaît,
Si tu n'es point d'accord que moi seul j'en dispose,
Tu ne me feras point d'entière oblation,
Et l'art de nous unir qu'ici je te propose
N'aura point sa perfection.

Cette oblation de ton cœur,
Quelques actions que tu fasses,
Doit précéder entière avec pleine vigueur,
Doit se faire à toute heure, et sans que tu t'en lasses.
Aime ce digne joug de ma captivité,
Et n'attends que de lui l'abondance des grâces,
Et la parfaite liberté.

D'où crois-tu qu'on voit ici-bas
Si peu d'âmes illuminées,
Si peu dont le dehors soit purgé d'embarras
Si peu dont les ferveurs ne se trouvent bornées?
C'est qu'à se dépouiller peu savent consentir,
Qui par le propre amour vers elles ramenées,
Ne penchent à se revêtir.

1. Liv. IV, chap. VIII.

Souviens-toi que j'ai prononcé
Cette irrévocable parole :
« Quiconque pour me suivre à tout n'a renoncé,
N'est point un vrai disciple instruit en mon école. »
Si tu le veux donc être en ce mortel séjour,
Donne-toi tout à moi, sans souffrir qu'on me vole
La moindre part en ton amour.

---

### QU'IL NE FAUT PAS AISÉMENT S'ÉLOIGNER DES SACREMENS[1].

Le fier ennemi des mortels
De la communion sait quel bonheur procède,
Et combien on reçoit au pied de mes autels,
En ce festin sacré, de fruit et de remède.
Il ne perd point d'occasions
De semer ses illusions
Pour en détourner les fidèles :
Il en fait son grand œuvre, et met tout son pouvoir
A ne laisser en l'âme aucunes étincelles,
Qui puissent rallumer l'ardeur de ce devoir.

Plus il te voit t'y préparer
Avec une ferveur d'un saint espoir guidée,
Plus les fantômes noirs qu'il te vient figurer
Font un épais nuage à brouiller ton idée.
Il ne néglige aucun secret
A t'éloigner de ce banquet,
Ou t'en faire approcher plus tiède ;
Mais il est en ta main de le rendre impuissant :
Ce qu'il livre d'assauts n'abat que qui lui cède,
Et ne peut t'ébranler, si ton cœur n'y consent.

Faut-il pour un trouble léger,
Pour un amusement qu'un vain objet excite,
Pour une pesanteur qui te vient assiéger,
Que ta communion se diffère, ou se quitte?
Porte tout à ce tribunal
Où, par un bonheur sans égal,
Qui s'accuse aussitôt s'épure ;
Pardonne à qui t'offense, et cours aux pieds d'autrui
Lui demander pardon, si tu lui fis injure.
Tu l'obtiendras de moi, si tu le veux de lui.

Que peut avoir d'utilité
De la confession cette folle remise?

---

[1] Liv. IV. chap. x.

De quoi te peut servir cette facilité
A reculer un bien que t'offre mon Église?
    Romps le plus tôt que tu pourras
    Les chaînes de ces embarras,
    Dont ta propre lenteur t'accable.
Nourrir l'inquiétude apporte peu de fruit,
Et l'on s'avance mal quand on refuit ma table
Pour des empêchemens que chaque jour produit.

    Sais-tu que l'assoupissement
Où te laisse plonger ta langueur insensible
T'achemine à grands pas à l'endurcissement,
Et qu'à force de temps il devient invincible?
    Qu'il est de lâches, qu'il en est,
    Dont la tépidité s'y plaît
    Jusqu'à le rendre volontaire,
Et dont la nonchalance aime à prendre aux cheveux
La moindre occasion d'éloigner un mystère
Qui les obligeroit d'avoir mieux l'œil sur eux!

    Qui ne daigne s'y préparer
Qu'alors qu'il est pressé par quelque grande fête,
Et que le jour pour lui semble le désirer,
Y portera souvent une âme assez mal prête.
    Heureux qui du plus digne apprêt,
    Sans attache au propre intérêt,
    Fait son ordinaire exercice,
Et s'offre en holocauste à son Père immortel,
Quand, pour le sacrement ou pour le sacrifice,
Il se met à ma table, ou monte à mon autel.

---

CE QU'IL FAUT FAIRE DEVANT ET APRÈS LA COMMUNION [1].

J'aime la pureté par-dessus toute chose.
Si tu veux que chez toi je vienne et m'y repose,
Par les austérités d'une sainte rigueur
Sache purifier le séjour de ton cœur :
Des vanités du monde exclus-en les tumultes,
Des folles passions bannis-en les insultes;
Mais ne présume pas qu'il soit en ton pouvoir
Par ta propre vertu de me bien recevoir,
Ni que ton plus grand soin ait de soi le mérite
De m'apprêter un lieu digne que je l'habite.

Quand, durant tout le temps qu'à tes jours j'ai prescrit,
Il ne te passeroit autre chose en l'esprit,

---

1. Liv. IV, chap. XII.

Tu verrois que l'esprit qu'une vie y dispose,
Si je n'y mets la main, ne fait que peu de chose.
Ma bonté qui t'invite à ce divin repas
T'y permet un accès qu'elle ne te doit pas.
Viens-y, non par coutume ou par quelque contrainte,
Mais avec de l'amour, mais avec de la crainte,
Mais avec du respect, mais avec de la foi;
Fais avec diligence autant qu'il est en toi.
Viens, un Dieu te convie à ce banquet céleste,
Lui-même il te l'ordonne, et suppléera le reste :
Si tes défauts sont grands, plus grand est son pouvoir;
Approche en confiance, et viens le recevoir.

Si tu sens que ton zèle impuissant ou languide
De moment en moment te laisse plus aride,
Redouble ta prière et tes gémissemens,
Pour obtenir de lui de meilleurs sentimens;
Persévère, importune, obstine-toi de sorte
A pleurer à ses pieds, à frapper à sa porte,
Qu'il t'ouvre, ou que du moins de ce bien souverain
Il laisse distiller quelque goutte en ton sein.

Cette importunité n'est jamais incivile :
Je te suis nécessaire, et tu m'es inutile;
Tu ne viens pas à moi pour me sanctifier,
Mais je m'abaisse à toi pour te justifier.
Garde de négliger une faveur si grande,
Ouvre-lui tout ton cœur, fais-m'en entière offrande;
Et, m'ayant dignement préparé ce séjour,
Introduis-y l'objet de ton céleste amour.

Mais ce n'est pas assez d'y préparer ton âme
Avec toute l'ardeur d'une céleste flamme :
Si pour t'y disposer il faut beaucoup de soins,
Le sacrement reçu n'en demande pas moins,
Et le recueillement après ce grand remède
Doit égaler du moins l'ardeur qui le précède.
Oui, la retraite sainte après le sacrement
Est un sublime apprêt pour le redoublement,
Et la communion où la ferveur abonde
A de plus grands effets prépare la seconde.

Qui trop tôt s'y relâche en perd soudain le fruit,
Et se dispose mal à celle qui la suit.
Tiens-toi dans le silence, et rentre dans toi-même,
Pour jouir en secret de ce bonheur suprême.
Si tu sais une fois l'art de le conserver,
Le monde tout entier ne t'en sauroit priver;
Mais il faut qu'à moi seul ton cœur entier se donne.

Pour vivre plus en moi qu'en ta propre personne,
Sans que tout l'univers sous aucunes couleurs
T'inquiète l'esprit pour ce qui vient d'ailleurs.

---

### DE L'ARIDITÉ DU CŒUR EN COMMUNIANT, ET DE SON REMÈDE[1].

Quand le zèle te manque, ou qu'il n'a que foiblesse,
Trouve à t'humilier dans ton peu de vertu;
Mais garde que ce cœur n'en soit trop abattu,
Et ne t'en laisse pas accabler de tristesse.
Dieu souvent est prodigue après de longs refus;
Le bonheur qu'il diffère en devient plus diffus;
Les faveurs qu'il recule en sont plus singulières :
Il se plaît à surprendre, il choisit son moment;
Et souvent il accorde à la fin des prières
La grâce qu'il dénie à leur commencement.

Peu de chose souvent à mes faveurs s'oppose,
Peu de chose repousse ou restreint leur pouvoir :
Si l'on peut toutefois ou dire ou concevoir
Que ce qui le restreint ne soit que peu de chose.
L'obstacle est toujours grand, de qui l'amusement
A de pareils bonheurs forme un empêchement;
Mais, soit grand, soit léger, apprends à t'en défaire :
Triomphe pleinement de ce qui le produit,
Et, sans plus craindre alors qu'un tel bien se diffère,
De tes plus doux souhaits tu recevras le fruit.

Quiconque, le cœur simple et l'intention pure,
Me donne tous ses soins avec sincérité;
Quiconque sait porter cette simplicité
Au-dessus de soi-même et de la créature,
Au moment qu'il bannit ses folles passions,
Et le déréglement de ces aversions
Que souvent l'amour-propre inspire aux âmes basses;
Il mérite aussitôt de recevoir des cieux
Les pleins écoulemens du torrent de mes grâces,
Et l'ardeur qui rend l'homme agréable à mes yeux.

Ma libéralité, féconde en biens solides,
Ne peut voir de mélange où je viens m'établir :
Je veux remplir moi seul ce que je veux remplir,
Et ne verse mes dons que dans des vaisseaux vides.
Plus un homme renonce aux choses de là-bas,
Plus un parfait mépris de tous leurs vains appas

---

1. Liv. IV, chap. xv.

L'avance en l'art sacré de mourir à soi-même,
D'autant plus tôt ma grâce anime sa langueur,
D'autant plus de mes dons l'abondance est extrême,
Et porte haut en lui la liberté du cœur.

En cet heureux état avec pleine tendresse
Il saura s'abîmer dans mes doux entretiens,
Et lui-même, admirant ces abîmes de biens,
Il verra tout son cœur dilaté d'allégresse;
Il n'approchera point de la communion
Sans remporter en soi l'amoureuse union
Qui doit être le fruit de ce divin mystère;
Et j'épandrai sur lui cet excès de bonheur,
Pour avoir moins cherché par où se satisfaire,
Que par où soutenir ma gloire et mon honneur.

## QU'IL FAUT APPROCHER DU SACREMENT AVEC FOI, ET N'Y RIEN APPROFONDIR AVEC CURIOSITÉ[1].

Toi qui suis de tes sens les dangereuses routes,
Et veux tout pénétrer par ton raisonnement,
Sache qu'approfondir un si grand sacrement,
C'est te plonger toi-même en l'abîme des doutes.
Quiconque ose d'un Dieu sonder la majesté,
Dans ce vaste océan de son immensité,
Opprimé de sa gloire, aisément fait naufrage;
Et tu voudrois en vain comprendre son pouvoir,
Puisqu'un mot de sa bouche opère davantage
Que tout l'esprit humain ne sauroit concevoir.

Je ne te défends pas la recherche pieuse
Des saintes vérités dont tu dois être instruit;
Leur pleine connoissance est toujours de grand fruit,
Pourvu qu'elle soit humble, et non pas curieuse.
Mais rabats de l'esprit l'essor tumultueux;
A la rébellion des sens présomptueux
Oppose de la foi l'aimable tyrannie;
Soumets-toi tout entier, remets-moi tout le soin
De répandre sur toi ma science infinie,
Et j'en mesurerai le don à ton besoin.

Viens, et n'apporte point une foi chancelante
Que la raison conseille et qui tient tout suspect:
Je la veux simple et ferme, avec l'humble respect
Qu'à ce grand sacrement doit ta sainte épouvante.
La curiosité qu'un vain orgueil conduit

---

[1]. Liv. IV, chap. XVIII.

Se fait de ses faux jours une plus sombre nuit,
Qui cache d'autant plus mes clartés à sa vue.
Plus la raison s'efforce, et moins elle comprend;
Comme elle est toujours foible, elle est souvent déçue :
Mais la solide foi jamais ne se méprend.

Tous ces discernemens que la nature inspire,
Toute cette recherche où le sens peut guider,
Doivent suivre la foi qu'ils veulent précéder,
Doivent la soutenir, et non pas la détruire.
Plus l'esprit s'y travaille, et plus il s'y confond;
Plus il les sonde avant, moins il en voit le fond :
Ils sont toujours obscurs et toujours adorables.
Et si par la raison ils étoient entendus,
Le nom de merveilleux et celui d'ineffables,
Quelque hauts qu'on les vît, ne leur seroient pas dus.

FIN DES INSTRUCTIONS CHRÉTIENNES.

# PRIÈRES CHRÉTIENNES,

TIRÉES DU MÊME LIVRE

## DE L'IMITATION DE JÉSUS-CHRIST.

#### POUR SE METTRE EN LA PRÉSENCE DE DIEU [1].

Parle, parle, Seigneur, ton serviteur écoute :
Je dis ton serviteur, car enfin je le suis ;
Je le suis, je veux l'être, et marcher dans ta route
  Et les jours et les nuits.

Remplis-moi d'un esprit qui me fasse comprendre
Ce qu'ordonnent de moi tes saintes volontés,
Et réduis mes désirs au seul désir d'entendre
  Tes hautes vérités.

Je ne veux ni Moïse à m'enseigner tes voies,
Ni quelque autre prophète à m'expliquer tes lois :
C'est toi, qui les instruis, c'est toi, qui les envoies,
  Dont je cherche la voix.

Parle pour consoler mon âme inquiétée,
Parle pour la conduire à quelque amendement ;
Parle, afin que ta gloire ainsi plus exaltée
  Croisse éternellement.

#### ACTIONS DE GRACES A DIEU [2].

Je te bénis, Père céleste,
Père de mon divin Sauveur,
Qui rends en tous lieux ta faveur
Pour tes enfans si manifeste.

J'en suis le plus pauvre et le moindre,
Et tu daignes t'en souvenir :
Combien donc te dois-je bénir,
Et combien de grâces y joindre !

Tu répands des douceurs soudaines
Sur l'amertume des ennuis ;
Et, tout indigne que j'en suis,
Tu consoles toutes mes peines.

---

1. Liv. III, chap. II. — 2. Liv. III, chap. v.

J'en bénis ta main paternelle,
J'en bénis ton Fils Jésus-Christ,
J'en rends grâces au Saint-Esprit :
A tous les trois gloire éternelle !

Redouble tes faveurs divines,
Visite mon cœur plus souvent ;
Et, pour le rendre plus fervent,
Instruis-le dans tes disciplines.

Affranchis-le de tous ses vices,
Déracine ses passions ;
Efface les impressions
Qu'y forment les molles délices.

Qu'ainsi purgé par ta présence,
A tes pieds je le puisse offrir,
Net pour t'aimer, fort pour souffrir,
Stable pour la persévérance.

### ACTE D'AMOUR[1].

O mon Dieu, mon amour unique,
Regarde mon cœur et ma foi !
Reçois-les, et sois tout à moi,
Comme tout à toi je m'applique.

Dilate mon cœur et mon âme,
Pour les remplir de plus d'amour ;
Et fais-leur goûter nuit et jour
Ce que c'est qu'une sainte flamme.

Qu'ils trouvent partout des supplices,
Hormis aux douceurs de t'aimer ;
Qu'ils se baignent dans cette mer ;
Qu'ils s'abîment dans ces délices.

Que je t'aime plus que moi-même ;
Que je m'aime en toi seulement,
Et qu'en toi seul pareillement
Je puisse aimer quiconque t'aime.

Que mon âme enfin tout entière,
Et toute à toi jusqu'aux abois,
Suive les amoureuses lois
Que lui montrera ta lumière.

1. Liv. III, chap. v.

### ACTE D'HUMILITÉ[1].

Seigneur, t'oserai-je parler,
Moi qui ne suis que cendre et que poussière,
Qu'un vil extrait d'une impure matière,
Qu'au seul néant on a droit d'égaler?
Ta clarté m'expose à mes yeux,
Je me vois tout entier, et j'en vois d'autant mieux
Quels défauts ont suivi ma honteuse naissance;
Je vois ce que je suis, je vois ce que je fus,
Je vois d'où je viens; et, confus
De ne voir que de l'impuissance,
Je m'écrie : « O mon Dieu, que je m'étois déçu!
Je ne suis rien, et n'en avois rien su. »

Cependant, Monarque suprême,
Ton immense bénignité
Sur l'indigne et sur l'ingrat même
Répand sa libéralité.

De ces sources inépuisables
Fais sur nous déborder les flots;
Rends-nous humbles, rends-nous dévots,
Rends-nous reconnoissans, rends-nous inébranlables:
Relève-nous le cœur sous nos maux abattu,
Attire-nous à toi par une sainte amorce,
Toi qui seul es notre vertu,
Notre salut, et notre force.

---

### ACTE DE CRAINTE HUMBLE ET RESPECTUEUSE[2].

Seigneur, tu fais sur moi tonner tes jugemens,
Tous mes os ébranlés tremblent sous leur menace,
Ma langue en est muette, et mon cœur tout de glace
N'a plus pour s'expliquer que des frémissemens.

Tes anges devant toi n'ont point été sans tache,
Et tu n'as rien permis à ta pitié pour eux :
Étant plus criminel, serois-je plus heureux,
Moi qu'à ton bras vengeur aucune ombre ne cache?

Seigneur, si nous n'avons ton aide et ton soutien,
Si tu ne nous défends, si tu ne nous regardes,
Tout l'effort qu'on se fait pour être sur ses gardes
N'est qu'un effort qui gêne, et qui ne sert de rien.

---

1. Liv. III, chap. VIII. — 2. Liv. III, chap. XIV.

Qu'un plein ravalement ainsi m'est nécessaire !
Que je me dois pour moi des sentimens abjects
Et quand je fais du bien, si quelquefois j'en fais,
Le peu d'état, Seigneur, qu'il m'est permis d'en faire !

Que je dois m'abaisser, que je dois m'avilir
Sous tes saints jugemens, sous leurs profonds abîmes
Moi qui ne vois en moi qu'un néant plein de crimes,
Qui, tout néant qu'il est, tâche à s'enorgueillir !

O néant, ô vrai rien ! mais pesanteur extrême,
Mais charge insupportable à qui veut s'élever ;
Mer sans rive, où partout chacun se peut trouver,
Mais sans trouver partout qu'un néant en soi-même !

Nos plus zélés flatteurs eux-mêmes ne sont rien ;
Ce qu'ils donnent d'encens comme eux est périssable
Ta vérité, Seigneur, est seule invariable,
Et seule nous conduit jusqu'au souverain bien.

### RÉSIGNATION EN DIEU [1].

O mon Dieu, si ton bon plaisir
S'accorde à ce que je souhaite,
Donne-m'en le succès conforme à mon désir :
Sinon, ta volonté soit faite !

Si ta gloire peut s'exalter
Par l'effet où j'ose prétendre,
Permets qu'en ton saint nom je puisse exécuter
Ce que tu me vois entreprendre.

S'il doit servir à mon salut,
Si mon âme en tire avantage,
Ainsi que ton honneur en est l'unique but,
Que te servir en soit l'usage !

Mais s'il est nuisible à mon cœur,
S'il est inutile à mon âme,
Daigne éteindre, ô mon Dieu, cette frivole ardeur,
Et remplis-moi d'une autre flamme !

Tu vois ce qui m'est le meilleur,
De mes maux tu sais le remède :
Regarde mon désir, et règle-le, Seigneur,
Ainsi que tu veux qu'il succède.

1. Liv. III, chap. xv.

Donne-moi ce que tu voudras,
Choisis le temps et la mesure ;
Et, comme il te plaira, daigne étendre le bras
Sur ta chétive créature.

Vois-moi gémir et travailler,
Et pour tout fruit ne me destine
Que ce qui te plaît mieux, et qui fait mieux briller
L'éclat de ta gloire divine.

Ordonne de tout mon emploi
Par ta providence suprême ;
Agis partout en maître, et dispose de moi
Sans considérer que toi-même.

Tel qu'un esclave prêt à tout,
Pour toi, non pour moi, je veux vivre ;
C'est là mon seul désir : puissé-je jusqu'au bout,
O mon Dieu, dignement le suivre !

### POUR FAIRE LA VOLONTÉ DE DIEU [1].

Doux arbitre de mon sort,
Daigne m'accorder ta grâce !
Qu'elle aide mon foible effort,
Et que sa pleine efficace
Dure en moi jusqu'à la mort !

Fais, Seigneur, que mon désir
N'ait pour but invariable
Que ce que ton bon plaisir
Aura le plus agréable,
Que ce qu'il voudra choisir.

Que ton pouvoir soit le mien ;
Que le mien partout le suive,
Et s'y conforme si bien,
Qu'ici-bas, quoi qu'il m'arrive,
Sans toi je ne veuille rien.

Fais-le toujours prévaloir
Sur quoi que je me propose,
Et mets hors de mon pouvoir
De vouloir aucune chose
Que ce qu'il te plaît vouloir.

En cette union, Seigneur,
A ta volonté suprême,

---

1. Liv. III, chap. xv.

En cet unique bonheur,
Ou, pour mieux dire, en toi-même,
Fais le repos de mon cœur.

### ACTE DE CONFIANCE [1].

Bénin sauveur de la nature,
Prends soin partout de m'assister,
Et daigne sans cesse prêter
Ton secours à ta créature.

Qu'au milieu de toutes mes peines,
Ce me soit un soulagement
D'être abandonné pleinement
Des consolations humaines.

Qu'au défaut même de la tienne,
J'en trouve dans ta volonté,
Dont l'aimable sévérité
Fait cette épreuve de la mienne.

Car enfin, Seigneur, ta colère
Fera place à des temps plus doux,
Et les fureurs d'un Dieu jaloux
Céderont aux bontés d'un père.

### ABANDON DE SOI-MÊME ENTRE LES MAINS DE DIEU [2].

Ta parole, Seigneur, n'est que trop véritable :
    Les soucis que tu prends de moi
Surpassent de bien loin tous ceux dont est capable
    L'amour-propre et son fol emploi.

Aussi faut-il sur toi pleinement s'en démettre,
    Sans se croire, sans se chercher ;
Et qui n'en use ainsi ne sauroit se promettre
    De faire un pas sans trébucher.

Tiens donc ma volonté sous ton ordre céleste
    Droite en tout temps, ferme en tous lieux ;
Laisse-moi cette grâce, et dispose du reste
    Comme tu jugeras le mieux.

Sois béni, si tu veux que tes lumières saintes
    Éclairent mon entendement ;
Et ne le sois pas moins, si leurs clartés éteintes
    Me rendent mon aveuglement.

1. Liv. III, chap. XVI. — 2. Liv III, chap. XVII.

Sois béni, si tu veux que tes saintes tendresses
  Consolent mes plus durs travaux;
Et ne le sois pas moins, si tes justes rudesses
  Se plaisent à croître mes maux.

Le succès le plus triste et le plus favorable,
  Le plus doux et le plus amer,
Me seront tous des choix de ta main adorable,
  Qu'également il faut aimer.

Je les recevrai tous, sans mettre différence
  Entre les bons et les mauvais;
Je les aimerai tous, et ma persévérance
  T'en rendra grâces à jamais.

---

ACCEPTATION DES SOUFFRANCES A L'EXEMPLE DE JÉSUS-CHRIST[1].

Seigneur, puisqu'en souffrant il vous plut satisfaire
Aux ordres que donna votre Père éternel,
Avec quelle raison voudrois-je m'y soustraire ?
L'innocent lui doit-il plus que le criminel ?

Il faut bien qu'à son tour le pécheur misérable
Accepte de ses maux toute la dureté,
Et soumette une vie infirme et périssable
Aux souverains décrets de votre volonté.

Il est juste, ô mon Dieu, que sans impatience
J'en porte le fardeau pour mon propre salut,
Et que de ses ennuis la triste expérience
Ne produise en mon cœur ni dégoût ni rebut.

Votre exemple nous aide à souffrir avec joie;
Celui de tous vos saints nous rehausse le cœur :
L'un et l'autre du ciel nous aplanit la voie,
L'un et l'autre y soutient notre peu de vigueur.

Que je vous dois d'encens, que je vous dois de grâces
De m'avoir enseigné cet âpre et doux chemin;
Et de m'avoir frayé ces douloureuses traces
Qui mènent sur vos pas à des plaisirs sans fin !

Si vous n'aviez vous-même enseigné cette voie,
Si vous n'y faisiez voir l'empreinte de vos pas,
Vous offririez en vain votre couronne en proie :
Prendroit-on un chemin qu'on ne connoîtroit pas?

---

1. Liv. III, chap. XVIII.

Hélas! si l'on s'égare avec tant de lumière
Qu'épandent votre vie et vos enseignemens,
Qui pourroit arriver au bout de la carrière,
Si nous étions réduits à nos aveuglemens?

### SAINTE IMPATIENCE [1].

Combien dois-je encore attendre?
Jusques à quand tardes-tu.
O Dieu tout bon, à descendre
Dans mon courage abattu?

Mon besoin t'en sollicite,
Toi qui, de tous biens auteur,
Peux d'une seule visite
Enrichir ton serviteur.

Viens donc, Seigneur, et déploie
Tous tes trésors en ces lieux;
Remplis-moi de cette joie
Que tu fais régner aux cieux.

De l'angoisse qui m'accable
Daigne être le médecin,
Et d'une main pitoyable
Dissipes-en le chagrin.

Viens, mon Dieu, viens sans demeure!
Tant que je ne te vois pas,
Il n'est point de jour ni d'heure
Où je goûte aucun appas.

### POUR OBTENIR L'ILLUMINATION DE L'AME [2].

Éclaire-moi, mon cher Sauveur,
Mais de cette clarté qui, cachant sa splendeur,
Chasse mieux du dedans tous les objets funèbres,
Et qui purge le fond du cœur
De toute sorte de ténèbres.

Étouffe ces distractions
Qui, pour troubler l'effet de mes intentions,
A ma plus digne ardeur mêlent leur insolence;
Et dompte les tentations
Qui me font tant de violence.

1. Liv. III, chap. XXI. — 2. Liv. III, chap. XXIII.

Répands tes plus vives clartés ;
Fais briller jusqu'ici tes saintes vérités ;
Fais que toute la terre en soit illuminée,
En dépit des obscurités
Où ses crimes l'ont condamnée.

Je suis cette terre sans fruit,
Dont la stérilité sous une épaisse nuit
N'enfante que chardons, que ronces, et qu'épines :
Vois, Seigneur, où j'en suis réduit
Jusqu'à ce que tu m'illumines !

Verse tes grâces dans mon cœur ;
Fais-en pleuvoir du ciel l'adorable liqueur ;
A mon aridité prête leurs eaux fécondes ;
Prête à ma traînante langueur
La vivacité de leurs ondes !

Qu'ainsi, par un doux changement,
Ce désert arrosé devienne en un moment
Un champ délicieux où règne l'affluence,
Et paré de tout l'ornement
Que des bons fruits a l'abondance !

## DÉTACHEMENT DU MONDE [1].

Ineffable et pleine douceur,
Daigne, ô mon Dieu, pour moi tourner en amertume
Tout ce que le monde présume
Couler de plus doux dans mon cœur !

Bannis ces consolations
Qui peuvent amortir le goût des éternelles,
Et livrer mes sens infidèles
A leurs folles impressions !

Fais que cet éclat d'un moment
Dont le monde éblouit quiconque aime à le croire,
Cette brillante et fausse gloire,
Ne me déçoive aucunement !

Quoi que le diable ose inventer
Pour ouvrir sous mes pas un mortel précipice,
Fais que son plus noir artifice
N'ait point de quoi me supplanter.

Pour combattre et pour souffrir tout,
Donne-moi de la force et de la patience ;

1. Liv. III, chap. XXVI.

Donne à mon cœur une constance
Qui persévère jusqu'au bout.

Fais que j'en puisse voir proscrit
Le goût de ces douceurs où le monde préside!
Fais qu'il laisse la place vide
A l'onction de ton Esprit!

Enfin, pour cet amour charnel
Dont l'impure chaleur souille ce qu'elle enflamme,
Seigneur, allume dans mon âme
Celui de ton nom éternel!

## POUR OBTENIR LA PATIENCE DANS L'AFFLICTION [1].

Tu le veux, ô mon Dieu, que cette inquiétude,
Ce profond déplaisir vienne troubler ma paix :
Après tant de douceurs ta main veut m'être rude,
Et moi j'en veux bénir ton saint nom à jamais.

Père doux et bénin, qui connois ma foiblesse,
Que faut-il que je die en cet accablement?
Tu vois de toutes parts quelle rigueur me presse :
Sauve-moi, mon Sauveur, d'un si cruel tourment!

Encor pour cette fois donne-moi patience,
Aide-moi par ta grâce à n'en point murmurer;
Et je ne craindrai point sur cette confiance,
Pour grands que soient les maux qu'il me faille endurer.

Cependant derechef que faut-il que je die?
Ton saint vouloir soit fait, ton ordre exécuté!
Perte de biens, disgrâce, opprobre, maladie,
Tout est juste, Seigneur, et j'ai tout mérité.

C'est à moi de souffrir; et plaise à ta clémence
Que ce soit sans chagrin, sans bruit, sans m'échapper,
Jusqu'à ce que l'orage ait moins de véhémence,
Jusqu'à ce que ta main daigne le dissiper.

Car enfin ta pitié soutenant mon courage
Peut le rendre vainqueur du plus puissant assaut;
Et plus ce changement m'est un pénible ouvrage,
Plus je le vois facile à la main du Très-Haut.

1. Liv. III, chap. xxix.

### ASPIRATION A DIEU[1].

Voici mon Dieu, voici mon tout :
Que puis-je vouloir davantage ?
Qu'a de plus l'univers de l'un à l'autre bout ?
Et quel plus grand bonheur peut m'échoir en partage ?

O mot délicieux sur tous !
O parole en douceurs féconde !
Qu'elle en a, mon Sauveur, pour qui n'aime que vous !
Qu'elle en a peu pour ceux qui n'aiment que le monde !

Voici mon tout, voici mon Dieu :
A qui l'entend c'est assez dire ;
Et la redite est douce en tout temps, en tout lieu,
A quiconque pour vous de tout son cœur soupire.

Oui, tout est doux, tout est charmant,
Tout ravit en votre présence ;
Mais quand votre bonté se retire un moment,
Tout fâche, tout ennuie en ce moment d'absence.

Vous faites la tranquillité
Et le calme de notre course ;
Et ce que notre joie a de stabilité
N'est qu'un écoulement dont vous êtes la source.

Quel dégoût peut jamais trouver
Celui qui goûte vos délices ?
Et qui les goûte mal, que peut-il éprouver
Où son juste dégoût ne trouve des supplices ?

Éternelle et vive splendeur,
Qui surpassez toutes lumières,
Lancez du haut du ciel votre éclat dans mon cœur,
Percez-en jusqu'au fond les ténèbres grossières.

Daignez, Seigneur, purifier
Mon âme et toutes ses puissances,
La combler d'allégresse, et la vivifier ;
Remplir de vos clartés toutes ses connoissances

Quand viendra pour moi cet instant
Où tant de douceurs sont encloses,
Où de votre présence on est plein et content,
Où vous serez enfin mon tout en toutes choses ?

---

1. Liv. III, chap. XXXIV.

Jusqu'à ce qu'il soit arrivé,
Quoi que votre faveur m'envoie,
Je ne jouirai point d'un bonheur achevé,
Je ne goûterai point une parfaite joie.

Vous êtes mon unique espoir;
Je mets en vous tout mon refuge;
Je dédaigne l'appui de tout autre pouvoir :
Soyez mon défenseur avant qu'être mon juge.

### ACTE D'ANÉANTISSEMENT DEVANT DIEU[1].

Seigneur, qu'est-ce que l'homme? et, dans ton souvenir,
Qui lui donne le rang que tu l'y fais tenir?
Que sont les fils d'Adam, que sont tous leurs mérites,
Pour attirer chez eux l'effet de tes visites?
Que t'a fait l'homme enfin, que ta grâce pour lui
Aime à se prodiguer, et lui servir d'appui?
Ses défauts sont si grands, son impuissance est telle,
Qu'il a vers le néant une pente éternelle.
A moins que ton secours lui relève le cœur,
A moins que ta bonté ranime sa langueur,
Qu'elle daigne au dedans le former et l'instruire,
Ses plus ardens efforts ne peuvent rien produire;
Et son infirmité retrouve en un moment
La tiédeur, le désordre, et le relâchement.
Tous ses maux toutefois rencontrent leur remède
Aussitôt qu'il t'a plu d'accourir à son aide;
Et, pour faire à son âme un bonheur souverain,
Tu n'as qu'à lui prêter, qu'à lui tendre la main.

C'est de toi, mon Sauveur, c'est de toi, source vive,
Que se répand sur moi tout le bien qui m'arrive;
Je ne suis qu'un néant rempli de vanité,
Je ne suis qu'inconstance et qu'imbécillité;
Et quand je me demande un titre légitime
D'où prendre quelque gloire et chercher quelque estime,
Je vois, pour tout appui de mes plus hauts efforts,
Le néant que je suis, et le rien d'où je sors.

O fausse et vaine gloire! ô dangereuse peste,
Qui n'es rien qu'un néant, mais un néant funeste.
Tes decevans attraits retirent tous nos pas
Du chemin où la vraie étale ses appas;
Et l'âme par ton souffle indignement souillée,
Des grâces de son maître est par toi dépouillée.

1. Liv. III, chap. XL.

Oui, notre âme, Seigneur, tout ton portrait qu'elle est,
Commence à te déplaire alors qu'elle se plaît;
Et son avidité pour de vaines louanges
La prive des vertus qui l'égaloient aux anges.

Puisse tout l'univers, puisse tout l'avenir,
Toute l'éternité te louer et bénir !
Ce sont là tous mes vœux, c'est là tout l'avantage
Que mes foibles travaux demandent en partage :
Trop heureux si l'éclat de mon plus digne emploi
Laisse mon nom obscur pour rejaillir sur toi !

### MÉPRIS DE SOI-MÊME[1].

Je l'avouerai, Seigneur, que cette chair fragile
De ses aveuglemens aime l'épaisse nuit;
Et de la vanité l'amorce est si subtile,
    Qu'en un moment elle séduit.

A bien considérer la chose en sa nature,
Je ne mérite amour, ni pitié, ni support;
Et, quoi qu'on m'ait pu faire, aucune créature
    Ne m'a jamais fait aucun tort.

Mes plaintes auroient donc une insolence extrême
Si j'osois t'accuser de trop de dureté,
Et qu'ainsi j'imputasse à la justice même
    Une injuste sévérité.

Mon crime a dû forcer toutes les créatures
A me persécuter, à s'armer contre moi;
Et quiconque m'accable ou d'opprobre ou d'injures
    N'en fait qu'un légitime emploi.

A moi la honte est due, à moi l'ignominie :
Leur plus durable excès ne peut trop me punir;
A toi seul la louange et la gloire infinie
    Dans tous les siècles à venir.

Prépare-toi, mon âme, à souffrir sans tristesse
Les mépris des méchans, et ceux des gens de bien;
A me voir ravalé jusqu'à cette bassesse
    Que même on ne me compte à rien.

Enfin de ton orgueil éteins les moindres restes,
Ou n'espère autrement la paix en aucun lieu,
Ni de stabilité, ni de clartés célestes,
    Ni d'union avec ton Dieu.

1. Liv. III, chap. XLI.

## RECOURS A DIEU[1].

Envoie à mon secours tes bontés souveraines,
Seigneur, contre les maux qui m'ont choisi pour but,
Puisqu'en vain je mettrois aux amitiés humaines
    L'espoir de mon salut.

O mon Dieu! qu'ici-bas j'ai trouvé d'infidèles
Dont je m'imaginois occuper tous les soins!
Et que j'ai rencontré de véritables zèles
    Où j'en croyois le moins!

Il est rare après tout qu'un ami persévère
Dans nos afflictions jusqu'à l'extrémité,
Et nous aide à porter toute notre misère
    Sans être rebuté.

Toi seul es cet ami fidèle, infatigable,
Que de nos intérêts rien ne peut détacher;
Et toute autre amitié n'a rien de si durable,
    Qu'il en puisse approcher.

Daigne mettre en ma bouche une parole vraie,
Qui soit pleine de force et de stabilité;
Et ne souffre jamais que ma bouche s'essaie
    A la duplicité.

Accorde à ma foiblesse assez de prévoyance
Pour aller au-devant de ce qui peut s'offrir,
Et détourner les maux que sans impatience
    Je ne pourrois souffrir.

Qu'heureux est, ô mon Dieu, qu'heureux est qui souhaite
Que ton seul bon plaisir soit partout accompli;
Qu'au dedans, qu'au dehors ta volonté soit faite,
    Et ton ordre rempli!

Que ta grâce en un cœur se trouve en assurance,
Alors qu'à fuir l'éclat il met tous ses efforts,
Et qu'il sait dédaigner cette vaine apparence
    Qu'on admire au dehors!

Une âme en ton vouloir saintement affermie
Ménage tous les dons que lui fait ta faveur,
Et les applique tous à corriger sa vie,
    Ou croître sa ferveur.

---

[1]. Liv. III, chap. XLV.

### AVEU DE LA PROPRE FOIBLESSE [1].

Seigneur, qui par de vifs rayons
Pénètres chaque conscience;
Juste juge, en qui nous voyons
Et la force et la patience;
Tu sais quelle fragilité,
Quelle pente à l'impureté
Suit partout la foiblesse humaine:
Daigne me servir de soutien,
Et sois la confiance pleine
Qui me guide au souverain bien !

Pour ne voir point de tache en moi,
Mon innocence n'est pas sûre :
Tu vois bien plus que je ne vois;
Tu fais bien une autre censure.
Aussi devrois-je avec douceur
M'humilier sous la noirceur
De tous les crimes qu'on m'impute,
Et souffrir d'un esprit remis,
Lors même qu'on me persécute
Pour ce que je n'ai point commis.

Pardon, mon cher Sauveur, pardon,
Quand j'en use d'une autre sorte !
Ne me refuse pas le don
D'une patience plus forte !
Ta miséricorde vaut mieux,
Pour rencontrer grâce à tes yeux
Dans l'excès de ton indulgence,
Qu'une apparente probité
Ne peut servir à la défense
De la secrète infirmité.

### EMPRESSEMENT DE S'UNIR A DIEU [2].

Quand verrai-je, Seigneur, finir tant de supplices?
Quand cesserai-je d'être un esclave des vices?
Quand occuperas-tu toi seul mon souvenir?
Quand mettrai-je ma joie entière à te bénir?
Quand verrai-je en mon cœur une liberté sainte,
Sans aucun embarras, sans aucune contrainte?

1. Liv III, chap. XLVI. — 2. Liv. III, chap. XLVIII.

Et quand ne sentirai-je en mes ardens transports
Rien qui pèse à l'esprit, rien qui gêne le corps?

Doux Sauveur de mon âme, hélas! quand te verrai-je?
Quand m'accorderas-tu ce dernier privilége?
Quand te pourront mes yeux contempler à loisir,
Te voir en tout, partout, être mon seul désir?
Tu sais que c'est pour toi que tout mon cœur soupire,
Tu sais que c'est à toi que tout mon cœur aspire;
Le monde m'est à charge, et ne fait que grossir
Ce fardeau de mes maux qu'il tâche d'adoucir :

Ni de lui, ni de moi, je ne dois rien attendre;
Je veux te posséder, et ne te puis comprendre;
Je forme à peine un vol pour m'attacher aux cieux,
Qu'un souci temporel me ravale en ces lieux;
Et de mes passions les forces mal domptées
Me rendent aux douceurs qu'elles m'avoient prêtées :
La chair rappelle en bas quand l'esprit tire en haut,
Et la foible partie est celle qui prévaut.

Que je souffre, Seigneur, quand mon âme élevée
Jusqu'aux pieds de son Dieu qui l'a faite et sauvée,
Un damnable escadron de sentimens honteux
Vient troubler sa prière et distraire ses vœux!

Viens, céleste douceur, viens occuper la place,
Et toute impureté fuira devant ta face!
Dissipes-en le trouble, et rétablis ma paix;
Fais qu'à te voir sans cesse élevant mes souhaits,
Je t'offre une oraison, je t'offre des louanges
Dignes de se mêler à celles de tes anges;
Et qu'en moi ton amour par ses divins transports
Etouffe le terrestre, et dedans, et dehors!

---

POUR SE CONFORMER A LA VOLONTÉ DE DIEU [1].

Qu'à présent, qu'à jamais soit béni ton saint nom!
La chose arrive ainsi que tu l'as résolue :
Tu l'as faite, ô mon Dieu! puisque tu l'as voulue;
  Et tout ce que tu fais est bon.

Que vois-je en moi, Seigneur, qu'y puis-je voir paroître
Que ce que tu départs sans qu'on l'ait mérité?
Et ce que donne et fait ta libéralité,
  N'en es-tu pas toujours le maître?

---

[1]. Liv. III, chap. L.

De toute éternité tu prévis ce moment
Qui m'abat au dehors durant un temps qui passe,
Pour me faire au dedans revivre dans ta grâce,
    Et t'aimer éternellement.

Il faut qu'un peu de temps je traîne dans la honte
Cet objet de mépris et de confusion ;
Que je semble tomber à chaque occasion
    Sous la langueur qui me surmonte.

Père saint, tu le veux : mais ce n'est qu'à dessein
Que mon cœur avec toi de nouveau se relève,
Et que du haut du ciel un nouveau jour achève
    De s'épandre au fond de mon sein.

Ton ordre est accompli, ta volonté suivie :
Je souffre, je languis, je vis dans le rebut,
Et je prends tous ces maux dont tu me fais le but
    Pour arrhes d'une heureuse vie.

Ce sont traits de ta grâce, et c'est ton amitié
Qui donne à tes amis à souffrir pour ta gloire ;
Et ce qu'ose contre eux la fureur la plus noire
    Marque un effet de ta pitié.

Toutes les fois qu'ainsi ta bonté se déploie,
Ils nomment ces malheurs un bienheureux hasard,
Et n'examinent point quelle main les départ,
    Lorsque la tienne les envoie.

Il m'est avantageux que mon front soit couvert
D'une confusion qui vers toi me rappelle,
Pour chercher mon refuge en ta main paternelle,
    Plutôt qu'en l'homme qui me perd.

J'en apprends à trembler sous l'abîme inscrutable
Que présente à mes yeux ton profond jugement,
Lorsque je vois ton bras frapper également
    Sur le juste et sur le coupable.

Bien que d'abord cet ordre ait de quoi m'étonner,
Il est l'équité même et la même justice,
Puisqu'il afflige l'un pour hâter son supplice,
    Et l'autre pour le couronner.

Quelles grâces, Seigneur, ne te dois-je point rendre,
De ne m'épargner point les grâces des travaux,
Et de me prodiguer l'amertume des maux
    Dont le vrai bien se doit attendre !

Céleste médecin de ceux que tu chéris,
Ainsi jusqu'aux enfers tu mènes et ramènes ;

Tu nous ouvres le ciel par l'essai de leurs gênes,
 Tu fais la plaie, et la guéris.

Frappe, Sauveur bénin, frappe, je t'en convie;
Je me remets entier sous ta correction;
Elle est ici l'effet de ta dilection,
 Et de ta haine en l'autre vie.

Tu sais, et mieux que moi, quelles impressions
Me peuvent avancer en ton divin service,
Et combien est puissante à dissiper le vice
 L'aigreur des tribulations.

Fais-moi n'estimer rien en toute la nature
Que ce qui devant toi conserve quelque prix :
Fais-moi ne rien blâmer que ce qu'à tes mépris
 Expose sa propre souillure.

Fais-moi fuir qui m'encense, ou ne le regarder
Que comme un abuseur qui séduit ce qu'il loue,
Un infirme insolent qui d'un foible se joue,
 Un aveugle qui veut guider.

La louange mal due aussi bien n'est qu'un conte
Que le peu de mérite en soi-même dédit,
Et qui donne au dehors beaucoup moins de crédit
 Qu'au dedans il ne fait de honte.

### AVEU DE LA PROPRE INDIGNITÉ [1].

Seigneur, si je m'arrête au peu que je mérite,
Je ne puis espérer tes consolations,
Ni que du haut du ciel ta secrète visite
Daigne adoucir l'aigreur de mes afflictions.

Je n'en fus jamais digne; et lorsque tu me laisses
Dénué, pauvre, infirme, impuissant, éperdu,
Tu ne fais que justice à mes lâches foiblesses,
Et ce plein abandon n'est que ce qui m'est dû.

Je force ma mémoire à retracer ma vie,
Et n'y vois que désordre et que déréglement,
Qu'une pente au péché honteusement suivie,
Qu'une morne langueur pour mon amendement.

Tout confus que je suis de me voir si coupable,
Que dirai-je, sinon : « J'ai péché, mon Sauveur,

---

1. Liv. III, chap. LII.

J'ai péché; mais pardonne, et d'un œil pitoyable
Regarde un criminel qui demande faveur. »

Car enfin tu ne veux d'une âme ensevelie
Dans cette juste horreur que lui fait son péché,
Sinon qu'elle s'accuse, et qu'elle s'humilie
Sous le saint repentir dont le cœur est touché.

---

### ACTE DE CONFIANCE EN DIEU [1].

Seigneur, c'est à toi que j'aspire,
En toi seul est ce que je veux :
Souffre donc qu'après toi je pleure, je soupire,
Et que, jusqu'à ce que j'expire,
J'envoie après toi tous mes vœux.

C'est en toi seul que je me fie,
A toi seul j'élève mes yeux :
Dieu de miséricorde, éclaire, fortifie,
Épure, bénis, sanctifie
Mon âme du plus haut des cieux!

Chacun cherche ses avantages,
Tu ne regardes que le mien :
C'est pour mon salut seul qu'à m'aimer tu t'engages,
Que tu calmes tous mes orages,
Que tu me tournes tout en bien.

La rigueur même des traverses
A pour but mon utilité :
C'est la part des élus; par là tu les exerces,
Et leurs tentations diverses
Sont des marques de ta bonté.

Ton nom n'est pas moins adorable
Parmi les tribulations;
Et dans leur dureté tu n'es pas moins aimable,
Que quand ta douceur ineffable
Répand ses consolations.

Aussi ne mets-je mon refuge
Qu'en toi, mon souverain auteur;
Et, de tous mes ennuis quel que soit le déluge,
Hors du sein de mon propre juge
Je ne veux point de protecteur.

Tout ce qui semble ici produire
La paix dont on pense jouir

---

[1]. Liv. III, chap. LIX.

N'est sans toi qu'un éclair si prompt à se détruire,
    Que le moment qui le fait luire
    Le fait aussi s'évanouir.

    Joins à ta clémence ineffable
    De ta pitié l'immense effort,
Et ne rejette pas les vœux d'un misérable
    Qui traîne un exil déplorable
    Parmi les ombres de la mort.

    Rassure mon âme alarmée :
    Et contre la corruption,
Contre tous les périls dont la vie est semée,
    Toi qui pour le ciel l'as formée,
    Prends-la sous ta protection !

### PRÉPARATION A LA COMMUNION[1]

Je m'approche, Seigneur, plein de la confiance
Que tu veux que je prenne en ta haute bonté;
Je m'approche en malade, avec impatience
De recevoir de toi la parfaite santé.

Je cherche en altéré la fontaine de vie,
Je cherche en affamé le pain vivifiant;
Et c'est sur cet espoir que mon âme ravie
Au Monarque du ciel présente un mendiant.

Mais que dois-je penser à cette table sainte ?
M'approchant de mon Dieu, de quoi m'entretenir
J'y porte du respect, du zèle, et de la crainte,
Et ne le puis assez respecter ni bénir.

Je n'ai rien de meilleur, ni de plus salutaire,
Que de m'humilier devant ta majesté,
Et tenir les yeux bas sur toute ma misère,
Pour élever d'autant l'excès de ta bonté.

Tu viens jusques à moi pour loger en moi-même;
Tu m'invites toi-même à ces divins banquets,
Où la profusion de ton amour extrême
Sert un pain angélique et de célestes mets.

Ce pain, ce mets sacré que tu nous y fais prendre,
C'est toi, c'est ton vrai corps, arbitre de mon sort;
Pain vivant, qui du ciel as bien voulu descendre
Pour redonner la vie aux enfans de la mort.

---

1. Liv. IV, chap. II.

Qu'en cet effort d'amour tes œuvres admirables
Montrent de ta vertu le pouvoir éclatant!
Et que ces vérités sont pour nous ineffables,
Que ta voix exécute aussitôt qu'on l'entend!

Ta parole jadis fit sitôt toutes choses,
Que rien n'en sépara le son d'avec l'effet;
Et ta vertu passant dans les secondes causes,
A peine l'homme parle, et ton vouloir est fait.

Par des transports de joie et de reconnoissance
Bénis ton Dieu, mon âme, en ce val de malheurs,
Où tu reçois ainsi de sa toute-puissance
Un don si favorable à calmer tes douleurs.

Sais-tu qu'autant de fois que ton zèle s'élève
A prendre du Sauveur le véritable corps,
L'œuvre de son salut autant de fois s'achève,
Et de tous ses tourmens t'applique les trésors?

Il n'a rien mérité qu'il ne t'y communique;
Et, comme son amour ne peut rien refuser,
Sa bonté toujours pleine et toujours magnifique
Est un vaste océan qu'on ne peut épuiser.

### PRIÈRE AVANT LA COMMUNION [1].

Je viens à toi, Seigneur, afin de m'enrichir
Des dons surnaturels qu'il te plaît de nous faire;
J'en viens chercher la joie, afin de m'affranchir
Des longs et noirs chagrins qui suivent ma misère.
Comble donc aujourd'hui de solides plaisirs
   Ce cœur, ces amoureux désirs
Que pousse jusqu'à toi ton serviteur fidèle;
Vois les empressemens de son humble devoir,
Et ne rejette pas les ardeurs de son zèle,
Qu'un vrai respect prépare à te bien recevoir!

Quiconque en ces bas lieux te reçoit dignement,
Pain vivant, doux repas de l'âme du fidèle,
S'établit un partage au haut du firmament,
Et s'assure un plein droit à la gloire éternelle.
Mais, las! que je suis loin d'un état si parfait,
   Moi que souvent le moindre attrait
Jusque dans le péché traîne sans répugnance,
Et qu'une lenteur morne, un sommeil croupissant,

---

[1]. Liv. IV, chap. III.

Tiennent enveloppé de tant de nonchalance,
Qu'à tous les bons desseins je demeure impuissant!

Heureuse mille fois l'âme qui te reçoit,
Toi, son espoir unique et son unique maître,
Avec tout le respect et l'amour qu'elle doit
A l'excès des bontés que tu lui fais paroître!
Est-il bouche éloquente, est-il esprit humain
      Qui ne se consumât en vain,
S'il vouloit exprimer toute son allégresse?
Et peut-on concevoir ces hauts ravissemens,
Ces avant-goûts du ciel, que ta pleine tendresse
Aime à lui prodiguer en ces heureux momens?

### AUTRE PRIÈRE AVANT LA COMMUNION [1].

Préviens ton serviteur par cette douce amorce
Que versent dans les cœurs tes bénédictions;
Joins à la pureté de leurs impressions
Tout ce que le respect a de zèle et de force:
Donne-moi les moyens d'approcher dignement
      De ton auguste sacrement;
Remplis mon sein pour toi d'une céleste flamme,
Et daigne m'arracher à la morne lenteur
      De l'assoupissement infâme
Sous qui m'ensevelit ma propre pesanteur.

Viens, avec tout l'effet de ce don salutaire,
D'une sainte visite aujourd'hui m'honorer:
Que je puisse en esprit pleinement savourer
Les douceurs qu'enveloppe un si profond mystère!
Détache en ma faveur un vif rayon des cieux,
      Qui fasse pénétrer mes yeux
Au fond de cet abîme où tout mon bien s'enferme!
Et si pour y descendre ils ont trop peu de jour,
      Fais qu'une foi solide et ferme
En croie aveuglément l'excès de ton amour!

Je vais te recevoir, tu le veux, tu commandes
Que mon cœur à ton cœur s'unisse en charité:
Porte donc jusqu'à toi son imbécillité
Par un don spécial et des grâces plus grandes.
Je crois, et suis tout prêt de signer de mon sang
      Que sous ce rond, que sous ce blanc,
Véritable Homme-Dieu, tu caches ta présence,

---

1. Liv. IV, chap. IV.

Et que ce que les yeux jugent encor du pain
N'en conserve que l'apparence,
Qui voile à tous nos sens ton être souverain.

Quels souhaits dans nos maux peut former la pensée,
Que ne puisse remplir un si grand sacrement?
D'où pouvons-nous attendre un tel soulagement.
Ou pour le corps malade, ou pour l'âme blessée?
C'est par lui que la grâce avance à gros torrens,
Et que sur les vices mourans
S'affermit la vertu que lui-même il fait naître;
C'est par lui que la foi plus fortement agit,
Que l'espérance a de quoi croître,
Et que la charité s'enflamme et s'élargit.

Tu vois ce qui me manque, ô Sauveur adorable,
Doux Jésus, bonté seule en qui j'ose espérer!
Supplée à mes défauts, et daigne réparer
Ce que détruit en moi la langueur qui m'accable!
Tu t'en es fait toi-même une amoureuse loi,
Quand, nous appelant tous à toi,
Ta bouche toute sainte a bien voulu nous dire:
« Accourez tous à moi, vous dont sous les travaux
Le cœur incessamment soupire,
Et je soulagerai la grandeur de vos maux. »

OBLATION DE SOI-MÊME A DIEU EN LA COMMUNION[1].

Et le ciel, et la terre, et tout ce qu'ils contiennent,
Leurs effets, leurs vertus, à jamais t'appartiennent;
Tout est à toi, Seigneur, tout marche sous ta loi;
Et je m'y viens offrir en volontaire hostie,
Moi qui de ce grand tout suis la moindre partie,
Pour être par cette offre encor mieux tout à toi.

Dans la simplicité d'un cœur qui te réclame,
Je t'offre tout entiers et mon corps et mon âme;
J'en fais un saint hommage à tes commandemens;
J'offre à tes volontés un serviteur fidèle
En sacrifice pur de louange immortelle,
Et réunis en toi tous mes attachemens.

Après tant de péchés, que ferois-je autre chose?
Je vois que leur excès à ta rigueur m'expose,
Qu'il arme contre moi ta juste inimitié:
Que puis-je donc, mon Dieu, pour t'arracher les armes,

1. Liv. IV, chap. IX.

Que t'avouer ma faute, et, fondant tout en larmes,
Implorer à genoux l'excès de ta pitié?

Je sais, Seigneur, je sais, pour grand que soit mon crime
Que ta miséricorde est un profond abîme;
Je me résigne entier à son immensité.
N'agis que suivant elle, et lorsque ta justice
Pressera ton courroux de hâter mon supplice,
Laisse-lui fermer l'œil sur mon iniquité.

Souffre que je te fasse en ce divin mystère
L'offre de tout le bien que jamais j'ai pu faire,
Quoique tout imparfait et de peu de valeur,
Quoique ces actions soient en si petit nombre,
Qu'à peine du vrai bien elles font voir une ombre,
Dont les informes traits n'ont aucune couleur.

Donne-leur ce qui manque à leur foible teinture;
Corrige, sanctifie, agrée, achève, épure;
Fais-les de jour en jour aller de mieux en mieux :
Comble-les d'une grâce en vertus si fertile,
Que cet homme chétif, paresseux, inutile,
Trouve une heureuse fin qui le conduise aux cieux.

Arrache de nos cœurs cette indigne semence
D'envie et de soupçon, de colère et d'offense;
Tout ce qui peut nourrir la contestation,
Tout ce qui peut blesser l'amitié fraternelle,
Et, par une chaleur à tes ordres rebelle,
Éteindre le beau feu de la dilection.

Prends, Seigneur, prends pitié de ceux qui la demandent;
Fais un don de ta grâce aux pécheurs qui l'attendent;
Dans nos pressans besoins laisse-nous l'obtenir;
Et rends-nous tels enfin que notre âme ravie
En puisse dignement jouir durant la vie,
Et dans le ciel un jour à jamais t'en bénir.

---

UNION A DIEU EN LA COMMUNION [1].

Qui me la donnera, Seigneur,
 Cette joie où mon âme aspire,
De pouvoir seul à seul te montrer tout mon cœur,
Et de jouir de toi comme je le désire?

 Je te dirai tout mon secret,
 Tu me diras le tien de même,

1. Liv. IV, chap. XIII.

Tel qu'un ami s'explique avec l'ami discret,
Tel qu'un amant fidèle entretient ce qu'il aime.

   Quand viendra-t-il, cet heureux jour,
    Ce moment tout beau, tout céleste,
Qu'absorbé tout en toi par un parfait amour,
Je m'oublierai moi-même, et fuirai tout le reste?

   Viens en moi, tiens-toi tout en moi;
    Souffre à tes bontés adorables
De nous faire à jamais cette amoureuse loi,
Qu'à jamais cet amour nous rende inséparables.

   Seigneur, que ton esprit est doux!
    Que pour tes enfans il est tendre!
Et que c'est les aimer que de les nourrir tous
De ce pain que du ciel tu fais pour eux descendre

   Un Dieu venir jusqu'en nos cœurs!
    De sa chair propre nous repaître!
O grâce inexplicable! ô célestes faveurs!
Par quels dignes présens puis-je le reconnoître?

   Que te rendrai-je, ô Dieu tout bon,
    Après ce trait d'amour immense?
Que pourrai-je trouver de quoi te faire un don
Qui puisse tenir lieu de quelque récompense?

   Je l'ai, mon Dieu, j'ai ce de quoi
    Te faire une agréable offrande;
Je n'ai qu'à me donner de tout mon cœur à toi,
Et je te rendrai tout ce qu'il faut qu'on te rende.

   Oui, c'est là tout ce que tu veux
    Pour cette faveur infinie.
Seigneur, que d'allégresse animera mes vœux,
Quand je verrai mon âme avec toi bien unie!

   D'un ton amoureux et divin
    Tu me diras lors à toute heure:
« Si tu veux avec moi vivre jusqu'à la fin,
Avec toi jusqu'au bout je ferai ma demeure. »

   Et je te répondrai soudain,
    Si tu m'en veux faire la grâce:
« Seigneur, c'est de ma part mon unique dessein;
Fais que d'un nœud si beau jamais je ne me lasse. »

**POUR REPRÉSENTER A DIEU TOUS NOS BESOINS EN LA COMMUNION**[1].

Source de tous les biens où nous devons prétendre,
    Aimable et doux Sauveur,
Qu'en cet heureux moment je souhaite de prendre
    Avec pleine ferveur ;

De toutes mes langueurs, de toutes mes foiblesses
    Tes yeux sont les témoins,
Et, du plus haut du ciel d'où tu fais tes largesses,
    Tu vois tous mes besoins.

Dissipe mes glaçons par cette heureuse flamme
    Qu'allume ton amour,
Et sur l'aveuglement qui règne dans mon âme
    Répands un nouveau jour.

De la terre pour moi rends les douceurs amères,
    Quoi qu'on m'y puisse offrir ;
Mêle aux sujets d'ennuis, mêle aux succès contraires
    Les plaisirs de souffrir.

Élève tout mon cœur au-dessus du tonnerre,
    Fixe-le dans les cieux,
Et ne le laisse plus divaguer sur la terre
    Vers ce qui brille aux yeux.

Sois l'unique douceur, sois l'unique avantage
    Qui le puisse arrêter ;
Sois seul toute la viande, et seul tout le breuvage,
    Qu'il se plaise à goûter.

Deviens tout son amour, toute son allégresse,
    Tout son bien, tout son but ;
Deviens toute sa gloire et toute sa tendresse,
    Comme tout son salut.

Daigne enfin, ô mon Dieu, par ta bonté suprême
    A tel point l'enflammer,
Qu'il s'embrase, consume et transforme en toi-même,
    A force de t'aimer !

---

1. Liv. IV, chap. XVI.

### SOUHAITS AMOUREUX AVANT LA COMMUNION [1].

Avec tous les transports dont est capable une âme,
Avec toute l'ardeur d'une céleste flamme,
Avec tous les élans d'un zèle affectueux
Et les humbles devoirs d'un cœur respectueux,
Je souhaite approcher de ta divine table;
J'y souhaite porter cet amour véritable,
Cette ferveur sincère et ces fermes propos
Qu'y portèrent jadis tant d'illustres dévots,
Tant d'élus, tant de saints, dont la vie exemplaire
Sut le mieux pratiquer le grand art de te plaire.

Oui, mon Dieu, mon seul bien, mon amour éternel,
Tout chétif que je suis, tout lâche et criminel,
Je veux te recevoir avec autant de zèle
Que jamais de tes saints ait eu le plus fidèle;
Et je souhaiterois qu'il fût en mon pouvoir
D'en avoir encor plus qu'il n'en put concevoir.

Je sais qu'à ces désirs en vain mon cœur s'excite;
Ils passent trop sa force et son peu de mérite.
Mais tu vois sa portée, il va jusques au bout;
Il t'offre ce qu'il a, comme s'il avoit tout,
Comme s'il avoit seul en sa pleine puissance
Ces grands efforts d'amour et de reconnoissance,
Comme s'il avoit seul tous les pieux désirs
Qui d'une âme épurée enflamment les soupirs,
Comme s'il avoit seul toute l'ardeur secrète,
Tous les profonds respects d'une vertu parfaite.

Si ce qu'il t'offre est peu, du moins c'est tout son bien;
C'est te donner beaucoup, que ne réserver rien :
Qui de tout ce qu'il a te fait un plein hommage,
T'offriroit beaucoup plus, s'il pouvoit davantage.

J'ajoute donc au peu qu'il m'est permis d'avoir
Tout ce que tes dévots en peuvent concevoir,
Ces entretiens secrets, ces ferveurs extatiques
Où seul à seul toi-même avec eux tu t'expliques;
Ces lumières d'en haut qui leur ouvrent les cieux,
Ces claires visions pour qui l'âme a des yeux,
Ces amas de vertus, ces concerts de louanges
Que les hommes sur terre et dans le ciel les anges,

---

1. Liv. IV, chap. XVII.

Que toute créature enfin, pour tes bienfaits
Et te rend chaque jour, et te rendra jamais

Reçois de moi ces vœux d'allégresse infinie
Ces désirs que partout ta bonté soit bénie
Ces vœux justement dus à ton infinité,
Ces désirs que tout doit à ton immensité
Je te les rends, Seigneur, et je te les veux rendre,
Tant que de mon exil le cours pourra s'étendre,
Chaque jour, chaque instant, devant tous, en tous lieux
Puisse tout ce qu'il est d'esprits saints dans les cieux,
Puisse tout ce qu'il est en terre de fidèles,
Te rendre ainsi que moi des grâces éternelles,
Te bénir avec moi de l'excès de tes biens,
Et joindre avec ferveur tous leurs désirs aux miens!

FIN DES PRIÈRES CHRÉTIENNES.

# POÉSIES DIVERSES.

## AU LECTEUR

Quelques-unes de ces pièces te déplairont; sache aussi que je ne les justifie pas toutes, et que je ne les donne qu'à l'importunité du libraire pour grossir son livre. Je ne crois pas cette tragi-comédie si mauvaise, que je me tienne obligé de te récompenser par trois ou quatre bons sonnets.

### I. A M. D. L. T.

Enfin, échappé du danger
Où mon sort me voulut plonger,
L'expérience indubitable
Me fait tenir pour véritable
Que l'on commence d'être heureux
Quand on cesse d'être amoureux,
Lorsque notre âme s'est purgée
De cette sottise enragée
Dont le fantasque mouvement
Bricole notre entendement.
Crois-moi qu'un homme de ta sorte,
Libre des soucis qu'elle apporte,
Ne voit plus loger avec lui
Le soin, le chagrin ni l'ennui.
Pour moi, qui dans un long servage
A mes dépens me suis fait sage,
Je ne veux point d'autres motifs
Pour te servir de lénitifs,
Et ne sais point d'autre remède
A la douleur qui te possède,
Qu'écrivant la félicité
Qu'on goûte dans la liberté,
Te faire une si bonne envie
Des douceurs d'une telle vie,
Qu'enfin tu puisses à ton tour
Envoyer au diable l'amour.
Je meure, ami, c'est un grand charme
D'être insusceptible d'alarme,
De n'espérer ni craindre rien,

1. Cette préface se lit en tête d'un recueil contenant, outre la tragi-comédie de *Clitandre*, les seize premières pièces que nous publions ici.

De se plaire en tout entretien,
D'être maître de ses pensées,
Sans les avoir toujours dressées
Vers une beauté qui souvent
Nous estime moins que du vent,
Et pense qu'il n'est point d'hommage
Que l'on ne doive à son visage.
Tu t'en peux bien fier à moi;
J'ai passé par là comme toi;
J'ai fait autrefois de la bête.
J'avois des Phylis à la tête :
J'épiois les occasions;
J'épiloguois mes passions;
Je paraphrasois un visage;
Je me mettois à tout usage,
Debout, tête nue, à genoux,
Triste, gaillard, rêveur, jaloux;
Je courois, je faisois la grue
Tout un jour au bout d'une rue;
Soleils, flambeaux, attraits, appas,
Pleurs, désespoirs, tourmens, trépas,
Tout ce petit meuble de bouche
Dont un amoureux s'escarmouche,
Je savois bien m'en escrimer.
Par là je m'appris à rimer,
Par là je fis sans autre chose
Un sot en vers d'un sot en prose;
Et Dieu sait alors si les feux,
Les flammes, les soupirs, les vœux,
Et tout ce menu badinage,
Servoient de rime et de remplage.
Mais à la fin hors de mes fers,
Après beaucoup de maux soufferts,
Ce qu'à présent je te conseille,
C'est de pratiquer la pareille,
Et de montrer à ce bel œil,
Qui n'a pour toi que de l'orgueil,
Qu'un cœur si généreux et brave
N'est pas né pour vivre en esclave.
Puis, quand nous nous verrons un jour,
Sans soin tous deux, et sans amour,
Nous ferons de notre martyre
A communs frais une satire;
Nous incaguerons les beautés;
Nous rirons de leurs cruautés;
A couvert de leurs artifices,
Nous pasquinerons leurs malices;

Impénétrables à leurs traits,
Nous ferons nargue à leurs attraits;
Et, toute tristesse bannie,
Sur une table bien garnie,
Entre les verres et les pots
Nous dirons le mot à propos;
On nous orra conter merveilles
En préconisant les bouteilles;
Nous rimerons au cabaret
En faveur du blanc, et clairet;
Où, quand nous aurons fait ripaille,
Notre main contre la muraille,
Avec un morceau de charbon
Paranymphera le jambon.
Ami, c'est ainsi qu'il faut vivre,
C'est le chemin qu'il nous faut suivre,
Pour goûter de notre printemps
Les véritables passe-temps.
Prends donc, comme moi, pour devise,
Que l'amour n'est qu'une sottise.

## II. ODE SUR UN PROMPT AMOUR.

O dieux! qu'elle sait bien surprendre!
Mon cœur, adore ta prison,
Et n'écoute plus la raison
Qui fait mine de te défendre;
Accepte une si douce loi!
Voir Amynte et rester à soi
Sont deux choses incompatibles;
Devant une telle beauté,
C'est affaire à des insensibles
De conserver leur liberté.

Ses yeux, d'un pouvoir plus suprême
Que n'est l'autorité des rois,
Interdisent à notre choix
De disposer plus de nous-même :
Ravi que j'en fus à l'abord,
Je ne pus faire aucun effort
A me retenir en balance;
Et je sentis un changement
Par une douce violence,
Que j'eusse fait par jugement.

Regards brillans, clartés divines,
Qui m'avez tellement surpris;

Œillades qui sur les esprits,
Exercez si bien vos rapines,
Tyrans secrets, auteurs puissans
D'un esclavage où je consens;
Chers ennemis de ma franchise,
Beaux yeux, mes aimables vainqueurs,
Dites-moi qui vous autorise
A dérober ainsi les cœurs !

Que ce larcin m'est favorable !
Que j'ai sujet d'appréhender,
La conjurant de le garder,
Qu'elle me soit inexorable :
Amour, si jamais ses dédains
La portent à ce que je crains,
Fais qu'elle se puisse méprendre;
Et qu'aveuglée, au lieu du mien
Qu'elle aura dessein de me rendre,
Amynte me donne le sien !

---

### III. A MONSEIGNEUR LE CARDINAL DE RICHELIEU.

#### *Sonnet.*

Puisqu'un d'Amboise et vous d'un succès admirable
Rendez également nos peuples réjouis,
Souffrez que je compare à vos faits inouïs
Ceux de ce grand prélat, sans vous incomparable.

Il porta comme vous la pourpre vénérable
De qui le saint éclat rend nos yeux éblouis;
Il veilla comme vous d'un soin infatigable;
Il fut ainsi que vous le cœur d'un roi Louis.

Il passa comme vous les monts à main armée;
Il sut ainsi que vous convertir en fumée
L'orgueil des ennemis, et rabattre leurs coups :

Un seul point de vous deux forme la différence :
C'est qu'il fut autrefois légat du pape en France,
Et la France en voudroit un envoyé de vous.

---

### IV. SONNET POUR M. D. V.,

#### *Envoyant un galand[1] à Mme L. C. D. L.*

Au point où me réduit la distance des lieux,
Souffrez que ce galand vous porte mes hommages,

---

1. Un nœud de rubans.

Comme si ses couleurs étoient autant d'images
De celle qu'en mon cœur je conserve le mieux..

Parez-en ce beau sein, ce chef-d'œuvre des cieux,
Cette honte des lis, cet aimant des courages;
Ce beau sein où nature a mis tant d'avantages
Qu'il dérobe le cœur en surprenant les yeux.

Il va mourir d'amour sur cette gorge nue;
Il en pâlit déjà, sa vigueur diminue,
Et finit languissant en des traits effacés.

Hélas! que de mortels lui vont porter envie,
Et voudroient en langueur finir ainsi leur vie,
S'ils pouvoient en mourant être si bien placés!

## V. MADRIGAL

*Pour un masque donnant une boîte de cerises confites à une demoiselle.*

Allez voir ce jeune soleil,
Cerises, je vous en avoue;
Montrez-lui votre teint vermeil
Un peu moins que sa lèvre, un peu plus que sa joue;
Montrez-lui votre rouge teint,
Où la nature a peint,
Comme sur une vive image,
La cruauté de son courage.
Après, en ma faveur, dans le contentement
Que vous aurez si la belle vous touche,
Dites-lui secrètement,
Approchant de sa bouche :
« Phylis, notre beauté
Ne porte les couleurs que de la cruauté,
Mais ce qui la conserve et la fait être aimée,
Ce n'est que la douceur qu'elle tient enfermée;
Ainsi doncque soyez, vous,
Belle et douce comme nous. »

## VI. ÉPITAPHE DE DIDON,

*Traduite du latin d'Ausone :* INFELIX DIDO, etc

Misérable Didon, pauvre amante séduite,
Dedans tes deux maris je plains ton mauvais sort,
Puisque la mort de l'un est cause de ta fuite,
Et la fuite de l'autre est cause de ta mort.

*Autrement.*

Quel malheur en maris, pauvre Didon, te suit !
Tu t'enfuis quand l'un meurt, tu meurs quand l'autre fuit

---

## VII. MASCARADE DES ENFANS GATÉS.

L'OFFICIER.

Une ambition déréglée
Dont mon âme s'est aveuglée,
Plus forte que mon intérêt,
Pour donner un arrêt en cornes,
A tellement passé les bornes
Qu'elle n'a point trouvé d'arrêt.

Ce vain honneur, et cette pompe
De qui le faux éclat nous trompe,
M'a fait engager tout mon bien;
Et, pour être monsieur et maître,
Je crains fort à la fin de n'être
Ni maître, ni monsieur de rien.

Pressé de créanciers avides,
Mes coffres sont tellement vides
Qu'étant au bout de mon latin,
Ma robe a gagné la pelade,
Et ma bourse, encor plus malade,
Se voit bien proche de sa fin.

Ainsi, mes affaires gâtées,
Voyant mes terres décrétées,
Gages, profits, droits arrêtés,
Et ma finance au bas réduite,
Je mène ici sous ma conduite
La troupe des *enfans gâtés.*

LE GENTILHOMME.

Il faut qu'en dépit de mon sang
Je lui cède le premier rang.
En vain ma noblesse me flatte;
En ces lieux par où nous allons,
On respecte mal l'écarlate
Qui ne va point jusqu'aux talons;
Et celle qui souvent accompagne nos bottes,
    Tombant dans le mépris,
    Près de celle qu'on traîne aux crottes,
    Perd son lustre et son prix.

Trop d'or sur mes habits en a vidé ma bourse;

La meute de mes chiens
N'a chassé que mes biens,
Qui dessus mes chevaux se sauvoient à la course;
Et mes oiseaux, au bout d'un an ou deux,
M'ont fait léger comme eux.
Voilà, sans rechercher tant de contes frivoles,
Tout ce qui m'a gâté déduit en trois paroles;
Et, pour un cavalier, c'est bien bourrer des vers
A tort et à travers.

### LE PLAIDEUR.

Les procès m'ont gâté, messieurs; je m'en repens:
C'est, dans mon déplaisir, tout ce que j'en puis dire;
Car je crains tellement de payer des dépens
Que, même au mardi gras, je n'ose plus médire.

### L'AMOUREUX.

J'ai fait ce qu'il a fallu faire;
Mais le bal, les collations,
Les présens, les discrétions,
N'ont point avancé mon affaire.
J'ai corrompu trente valets
Afin de rendre mes poulets;
J'ai donné mille sérénades :
On persiste à me dédaigner;
Et deux misérables œillades,
C'est tout ce que j'ai pu gagner.

Quoi que m'ait promis l'espérance,
A la fin il ne m'est resté
Que l'incommode vanité
D'une sotte persévérance;
Ma profusion sans effet
N'a servi qu'à gâter mon fait
Et dissiper mon héritage :
Quel malheur me va poursuivant!
O Dieu! j'ai mangé mon partage
Sans avoir vécu que de vent.

### L'IVROGNE.

N'est-ce pas une chose étrange
Que, pour trotter dedans la fange,
Je fasse faux bond au clairet,
Et que cette troupe brouillonne
M'arrache de ce cabaret
Pour vous produire ma personne?
Je violente mon humeur
D'abandonner ce lieu charmeur;
Toutefois je n'ose me plaindre,

Étant déjà si fort gâté
Que je m'achèverois de peindre
Pour peu que j'en aurois tâté.

Outre que mes eaux sont si basses,
A force de vider les tasses,
Qu'il faut renoncer au métier,
Ne pouvant plus laisser en gage,
Au malheureux cabaretier,
Que les rubis de mon visage.

Mais encor suis-je plus heureux
Que tant de fous et d'amoureux
Qui se sont perdus par leurs grippes;
Car, bien que je sois bas d'aloi,
Mon argent, serré dans mes tripes,
N'est point sorti hors de chez moi.

### LE JOUEUR.

Attaqué d'une forte et rude maladie,
    Depuis le jour des Rois,
Les os, par sa chaleur à mon dam trop hardie,
    M'en sont tombés des doigts.

Bien que, du seul revers de ce mal si funeste,
    Je fusse assez gâté,
Pour avoir fait encore à prime trop de reste
    Il ne m'est rien resté.

Dames, à cela près, faisons en assurance
    La bête en quelque lieu,
Et je promets moi-même, à faute de finance,
    De me mettre au milieu.

---

### VIII. RÉCIT

*Pour le ballet du château de Bissêtre.*

Toi, dont la course journalière
Nous ôte le passé, nous promet l'avenir,
Soleil, père des temps comme de la lumière,
    Qui vois tout naître et tout finir,
    Depuis que tu fais tout paroître
As-tu rien vu d'égal au château de Bissêtre?

    Toutes ces pompeuses machines
Qu'autrefois on flattoit de titres orgueilleux,
Pourroient-elles garder auprès de ces ruines
    Le nom d'ouvrages merveilleux?

Et toi, qui les faisois paroître,
Qu'y voyois-tu d'égal au château de Bissêtre?

Ces tours qui semblent désolées,
Et ces vieux monumens qu'on laisse à l'abandon,
C'est ce qui fait périr le nom des mausolées,
Et des palais d'Apollidon,
Puisque tu les fis tous paroître
Sans y voir rien d'égal au château de Bissêtre

Cache-toi donc plus tard sous l'onde,
Sur ce nouveau miracle arrête ton flambeau;
Et, sans aller sitôt apprendre à l'autre monde
Ce que le nôtre a de plus beau,
Sois longtemps à faire paroître
Que rien n'est comparable au château de Bissêtre.

### IX. POUR M. L. C. D. F.,

*Représentant un diable au même ballet.*

*Épigramme.*

Quand je vois, ma Phylis, ta beauté sans seconde,
Moi qui tente un chacun, je m'y laisse tenter;
Et mes désirs brûlans de perdre tout le monde
Se changent aussitôt à ceux de l'augmenter.

### X. STANCES

*Sur une absence en temps de pluie.*

Depuis qu'un malheureux adieu
Rendit vers vous ma flamme criminelle,
Tout l'univers, prenant votre querelle,
Contre moi conspire en ce lieu.

Ayant osé me séparer
Du beau soleil qui luit seul à mon âme,
Pour le venger, l'autre, cachant sa flamme,
Refuse de plus m'éclairer.

L'air, qui ne voit plus ce flambeau,
En témoignant ses regrets par ses larmes,
M'apprend assez qu'éloigné de vos charmes
Mes yeux se doivent fondre en eau.

Je vous jure, mon cher souci,
Qu'étant réduit à voir l'air qui distille,
Si j'ai le cœur prisonnier à la ville,
Mon corps ne l'est pas moins ici.

## XI. SONNET.

Après l'œil de Mélite il n'est rien d'admirable ;
Il n'est rien de solide après ma loyauté :
Mon feu, comme son teint, se rend incomparable,
Et je suis en amour ce qu'elle est en beauté.

Quoi que puisse à mes sens offrir la nouveauté,
Mon cœur à tous ses traits demeure invulnérable ;
Et quoiqu'elle ait au sien la même cruauté,
Ma foi pour ses rigueurs n'en est pas moins durable.

C'est donc avec raison que mon extrême ardeur
Trouve chez cette belle une extrême froideur,
Et que, sans être aimé, je brûle pour Mélite.

Car de ce que les dieux, nous envoyant au jour.
Donnèrent pour nous deux d'amour et de mérite.
Elle a tout le mérite, et moi j'ai tout l'amour.

## XII. MADRIGAL.

Je suis blessé profondément ;
Amour, et ma maîtresse,
Qui de vous deux me blesse ?
Un aveugle n'a point l'adresse
De porter dans les cœurs ses coups si justement :
Et Phylis n'a point de flèches
Pour faire de telles brèches :
Mon mal n'est point l'effet ni de ses seuls regards,
Ni des traits qu'un aveugle tire ;
Mais la mauvaise avecque lui conspire,
Et lui prête ses yeux pour adresser ses dards.

## XIII. ÉPIGRAMMES

*Traduites du latin d'Audoenus (Owen).*

### 1.

Jeanne, toute la journée,
Dit que le joug d'hyménée
Est le plus âpre de tous ;
Mais la pauvre créature,
Tout le long de la nuit, jure
Qu'il n'en est point de si doux.

#### 2.

Les huguenotes de Paris
Disent qu'il leur faut deux maris,
Qu'autrement il n'est en nature
De moyen par où, sans pécher,
On puisse, suivant l'Écriture,
Se mettre deux en une chair.

#### 3.

Depuis que l'hiver est venu,
Je plains le froid qu'Amour endure,
Sans songer que plus il est nu,
Et tant moins il craint la froidure.

#### 4.

Dans les divers succès de la fin de leur vie,
Le prodigue et l'avare ont de quoi m'étonner ;
Car l'un ne donne rien qu'après qu'elle est ravie,
Et l'autre après sa mort n'a plus rien à donner.

#### 5.

Catin, ce gentil visage,
Épousant un huguenot,
Le soir de son mariage
Disoit à ce pauvre sot :
« De peur que la différence
En fait de religion,
Rompant notre intelligence,
Nous mette en division ;
Laisse-moi mon franc arbitre,
Et du reste de la foi
Je veux avoir le chapitre,
Si j'en dispute avec toi. »

#### 6.

Lorsque nous sommes mal, la plus grande maison
Ne nous peut contenir, faute d'assez d'espace ;
Mais, sitôt que Phylis revient à la raison,
Le lit le plus étroit a pour nous trop de place.

---

### XIV. DIALOGUE.

#### TYRCIS, CALISTE.

TYRCIS.

Caliste, mon plus cher souci,
Prends pitié de l'ardeur qui me dévore l'âme.

CALISTE.

Tyrcis, ne vois-tu pas aussi

Que mon cœur embrasé brûle de même flamme?
### TYRCIS.
Je n'ose l'espérer.
### CALISTE.
Tu t'en peux assurer.
### TYRCIS.
Mais mon peu de mérite
Défend un si haut point à ma présomption.
### CALISTE.
Mais cette récompense est plutôt trop petite
Pour tant d'affection.
### TYRCIS.
Je croirai, puisque tu le veux,
Que maintenant mon mal aucunement te touche.
### CALISTE.
La mort seule éteindra mes feux,
Et j'en ai plus au cœur mille fois qu'en la bouche.
### TYRCIS.
Je n'ose l'espérer.
### CALISTE.
Tu t'en peux assurer.
### TYRCIS.
Hélas! que ton courage
M'apprête de rigueurs à souffrir sous ta loi!
### CALISTE.
Ce que j'ai de rigueurs, j'en réserve l'usage
Pour tout autre que toi.
### TYRCIS.
Si quelqu'un plus riche ou plus beau,
Et mieux fourni d'appas, à te servir se range?
### CALISTE.
J'élirois plutôt le tombeau,
Que ma volage humeur se dispensât au change.
### TYRCIS.
Je n'ose l'espérer.
### CALISTE.
Tu t'en peux assurer.
### TYRCIS.
Mais pourrois-tu, ma belle,
Dédaigner un amant qui vaudroit mieux que moi?
### CALISTE.
Pourrois-je préférer à ton amour fidèle
Une incertaine foi?
### TYRCIS.
Si la rigueur de tes parens
A quelque autre parti plus sortable t'engage?

CALISTE.
Les saints devoirs que je leur rends
Jamais dessus ma foi n'auront cet avantage.
TYRCIS.
Je n'ose l'espérer.
CALISTE.
Tu t'en peux assurer.
TYRCIS.
Quoi! parens, ni richesses,
Ni grandeurs, ne pourront ébranler tes esprits?
CALISTE.
Tout cela, mis auprès de tes chastes caresses,
Perd son lustre et son prix.

## XV. CHANSON.

Toi qui près d'un beau visage
Ne veux que feindre l'amour,
Tu pourrois bien quelque jour
Éprouver à ton dommage
Que souvent la fiction
Se change en affection.

Tu dupes son innocence,
Mais enfin ta liberté
Se doit à cette beauté
Pour réparer ton offense;
Car souvent la fiction
Se change en affection.

Bien que ton cœur désavoue
Ce que ta langue lui dit,
C'est en vain qu'il la dédit,
L'amour ainsi ne se joue;
Et souvent la fiction
Se change en affection.

Sache enfin que cette flamme
Que tu veux feindre au dehors,
Par des inconnus ressorts
Entrera bien dans ton âme;
Car souvent la fiction
Se change en affection.

Tyrcis auprès d'Hippolyte
Pensoit bien garder son cœur;
Mais ce bel objet vainqueur

Le fit rendre à son mérite,
Changeant en affection,
Malgré lui, sa fiction.

---

### XVI. CHANSON.

Si je perds bien des maîtresses,
J'en fais encor plus souvent,
Et mes vœux et mes promesses
Ne sont que feintes caresses,
Et mes vœux et mes promesses
Ne sont jamais que du vent.

Quand je vois un beau visage,
Soudain je me fais de feu;
Mais longtemps lui faire hommage,
Ce n'est pas bien mon usage;
Mais longtemps lui faire hommage,
Ce n'est pas bien là mon jeu.

J'entre bien en complaisance
Tant que dure une heure ou deux;
Mais en perdant sa présence
Adieu toute souvenance;
Mais en perdant sa présence
Adieu soudain tous mes feux.

Plus inconstant que la lune,
Je ne veux jamais d'arrêt;
La blonde comme la brune
En moins de rien m'importune;
La blonde comme la brune
En moins de rien me déplaît.

Si je feins un peu de braise,
Alors que l'humeur m'en prend,
Qu'on me chasse, ou qu'on me baise,
Qu'on soit facile ou mauvaise,
Qu'on me chasse, ou qu'on me baise,
Tout m'est fort indifférent.

Mon usage est si commode,
On le trouve si charmant,
Que qui ne suit ma méthode
N'est pas bien homme à la mode,
Que qui ne suit ma méthode
Passe pour un Allemand.

---

## XVII. EXCUSE A ARISTE.

Ce n'est donc pas assez ; et de la part des Muses,
Ariste, c'est en vers qu'il vous faut des excuses ;
Et la mienne pour vous n'en plaint pas la façon :
Cent vers lui coûtent moins que deux mots de chanson ;
Son feu ne peut agir quand il faut qu'il s'explique
Sur les fantasques airs d'un rêveur de musique,
Et que, pour donner lieu de paroître à sa voix,
De sa bizarre quinte il se fasse des lois ;
Qu'il ait sur chaque ton ses rimes ajustées,
Sur chaque tremblement ses syllabes comptées,
Et qu'une froide pointe à la fin d'un couplet
En dépit de Phébus donne à l'art un soufflet :
Enfin cette prison déplaît à son génie ;
Il ne peut rendre hommage à cette tyrannie ;
Il ne se leurre point d'animer de beaux chants,
Et veut pour se produire avoir la clef des champs.
C'est lors qu'il court d'haleine, et qu'en pleine carrière,
Quittant souvent la terre en quittant la barrière,
Puis, d'un vol élevé se cachant dans les cieux,
Il rit du désespoir de tous ses envieux.
Ce trait est un peu vain, Ariste, je l'avoue ;
Mais faut-il s'étonner d'un poëte qui se loue?
Le Parnasse, autrefois dans la France adoré,
Faisoit pour ses mignons un autre âge doré :
Notre fortune enfloit du prix de nos caprices,
Et c'étoit une banque à de bons bénéfices :
Mais elle est épuisée, et les vers à présent
Aux meilleurs du métier n'apportent que du vent ;
Chacun s'en donne à l'aise, et souvent se dispense
A prendre par ses mains toute sa récompense.
Nous nous aimons un peu, c'est notre foible à tous ;
Le prix que nous valons, qui le sait mieux que nous?
Et puis la mode en est, et la cour l'autorise.
Nous parlons de nous-même avec toute franchise ;
La fausse humilité ne met plus en crédit.
Je sais ce que je vaux, et crois ce qu'on m'en dit.
Pour me faire admirer je ne fais point de ligue ;
J'ai peu de voix pour moi, mais je les ai sans brigue ;
Et mon ambition, pour faire plus de bruit,
Ne les va point quêter de réduit en réduit ;
Mon travail sans appui monte sur le théâtre ;
Chacun en liberté l'y blâme ou l'idolâtre :
Là, sans que mes amis prêchent leurs sentimens,
J'arrache quelquefois leurs applaudissemens ;

Là, content du succès que le mérite donne,
Par d'illustres avis je n'éblouis personne ;
Je satisfais ensemble et peuple et courtisans,
Et mes vers en tous lieux sont mes seuls partisans :
Par leur seule beauté ma plume est estimée :
Je ne dois qu'à moi seul toute ma renommée,
Et pense toutefois n'avoir point de rival
A qui je fasse tort en le traitant d'égal.
Mais insensiblement je baille ici le change,
Et mon esprit s'égare en sa propre louange ;
Sa douceur me séduit, je m'en laisse abuser,
Et me vante moi-même, au lieu de m'excuser.
Revenons aux chansons que l'amitié demande :
J'ai brûlé fort longtemps d'une amour assez grande,
Et que jusqu'au tombeau je dois bien estimer,
Puisque ce fut par là que j'appris à rimer.
Mon bonheur commença quand mon âme fut prise.
Je gagnai de la gloire en perdant ma franchise.
Charmé de deux beaux yeux, mon vers charma la cour ;
Et ce que j'ai de nom je le dois à l'amour.
J'adorai donc Phylis ; et la secrète estime
Que ce divin esprit faisoit de notre rime
Me fit devenir poëte aussitôt qu'amoureux :
Elle eut mes premiers vers, elle eut mes premiers feux :
Et bien que maintenant cette belle inhumaine
Traite mon souvenir avec un peu de haine,
Je me trouve toujours en état de l'aimer ;
Je me sens tout ému quand je l'entends nommer,
Et par le doux effet d'une prompte tendresse
Mon cœur sans mon aveu reconnoît sa maîtresse.
Après beaucoup de vœux et de soumissions
Un malheur rompt le cours de nos affections ;
Mais, toute mon amour en elle consommée,
Je ne vois rien d'aimable après l'avoir aimée :
Aussi n'aimé-je plus, et nul objet vainqueur
N'a possédé depuis ma veine ni mon cœur.
Vous le dirai-je, ami ? tant qu'ont duré nos flammes,
Ma muse également chatouilloit nos deux âmes :
Elle avoit sur la mienne un absolu pouvoir ;
J'aimois à le décrire, elle à le recevoir.
Une voix ravissante, ainsi que son visage,
La faisoit appeler le phénix de notre âge ;
Et souvent de sa part je me suis vu presser
Pour avoir de ma main de quoi mieux l'exercer.
Jugez vous-même, Ariste, à cette douce amorce,
Si mon génie étoit pour épargner sa force :
Cependant mon amour, le père de mes vers,

Le fils du plus bel œil qui fût en l'univers,
A qui désobéir c'étoit pour moi des crimes,
Jamais en sa faveur n'en put tirer deux rimes :
Tant mon esprit alors, contre moi révolté,
En haine des chansons sembloit m'avoir quitté;
Tant ma veine se trouve aux airs mal assortie,
Tant avec la musique elle a d'antipathie,
Tant alors de bon cœur elle renonce au jour!
Et l'amitié voudroit ce que n'a pu l'amour!
N'y pensez plus, Ariste; une telle injustice
Exposeroit ma muse à son plus grand supplice.
Laissez-la, toujours libre, agir suivant son choix,
Céder à son caprice, et s'en faire des lois.

## XVIII. RONDEAU[1].

Qu'il fasse mieux, ce jeune jouvencel,
A qui *le Cid* donne tant de martel,
Que d'entasser injure sur injure,
Rimer de rage une lourde imposture,
Et se cacher ainsi qu'un criminel[1].
Chacun connoît son jaloux naturel,
Le montre au doigt comme un fou solennel
Et ne croit pas, en sa bonne écriture,
  Qu'il fasse mieux.

Paris entier, ayant vu son cartel,
L'envoie au diable, et sa muse au bordel;
Moi, j'ai pitié des peines qu'il endure;
Et comme ami je le prie et conjure,
S'il veut ternir un ouvrage immortel,
  Qu'il fasse mieux.

*Omnibus invideas, livide, nemo tibi.*

## XIX. SONNET A MONSEIGNEUR DE GUISE

Croissez, jeune héros; notre douleur profonde
N'a que ce doux espoir qui la puisse affoiblir;
Croissez, et hâtez-vous de faire voir au monde
Que le plus noble sang peut encor s'ennoblir.

---

1. Corneille fait ici allusion aux *Observations sur le Cid* dont l'auteur, Scudéry, avoit gardé l'anonyme. Quant au rondeau, il est dirigé contre Mairet.

Croissez pour voir sous vous trembler la terre et l'onde :
Un grand prince vous laisse un grand nom à remplir ;
Et ce que se promit sa valeur sans seconde,
C'est par vous que le ciel réserve à l'accomplir.

Vos aïeux vous diront par d'illustres exemples
Comme il faut mériter des sceptres et des temples ;
Vous ne verrez que gloire et que vertus en tous.

Sur des pas si fameux suivez l'ordre céleste ;
Et de tant de héros qui revivent en vous,
Égalez le dernier, vous passerez le reste.

## XX. — LE PRESBYTÈRE D'HÉNOUVILLE.

### A TYRCIS.

Enfin j'ai vu Timandre, et mon âme étonnée
Repasse avec plaisir l'agréable journée
Où mille beaux objets, l'un de l'autre suivis,
Rendirent tous mes sens également ravis ;
J'ai vu ce lieu fameux, dont l'art et la nature
Disputent à l'envi l'excellente structure ;
J'ai vu les raretés de ce charmant séjour
Pour qui même les rois concevroient de l'amour ;
Et cependant, Tyrcis, je trouve mes pensées
Pour t'en faire un portrait si fort embarrassées,
Qu'encor que ce tableau fût déjà médité,
J'ai peine à contenter ta curiosité ;
Entre tant de beautés où mon esprit s'amuse,
Je travaille à donner un bon ordre à la muse,
Et, de tant de sujets qui s'offrent à la fois,
La plume comme l'œil fait à peine le choix.
 Sur le bord d'un vallon flanqué de deux collines,
Dont la beauté fait honte aux montagnes voisines,
La maison de Timandre en situation
A de quoi lui donner un peu d'ambition :
Il est vrai qu'à mon goût il en est peu d'égales,
Et peu que la nature ait faites ses rivales.
Ce n'est pas qu'elle soit superbe en bâtimens :
L'or n'est point profané dans ses assortimens ;
Le cinabre et le jaspe, et l'ambre, et le porphyre,
Ne font point les beautés que j'y trouve à décrire.
Tout ce vain apparat d'un faste ambitieux
Dégoûte plus souvent qu'il n'est délicieux :
Si dans la symétrie et dans l'architecture
L'œil ne rencontre rien qui lui fasse d'injure

Il est aisé de voir qu'en sa perfection
Timandre s'est réglé sur sa condition.
　Dès le premier abord l'entrée est magnifique;
La porte en sa façon n'a rien qui soit rustique;
L'ouverture de front présente un colombier
Dont la fécondité prodigue son gibier.
A main droite, la salle en diverses peintures
Fait voir en même temps diverses aventures,
Et la croisée ouverte apporte du jardin
Les parfums excellens du myrte et du jasmin.
De suite la cuisine et les autres offices
Vous offrent à l'envi leurs différens services :
De ce même côté s'avance un escalier.
Dont le contournement, qui n'a rien de grossier,
Vous oblige de voir des chambres de campagne,
Où, sans profusion, ce qui les accompagne,
Dans les proportions de leur ameublement,
Donne aux plus délicats du divertissement.
La noix de l'escalier, qui renferme une horloge,
Tire des curieux, en passant, son éloge.
　Mais pendant que vos yeux remarquent la maison,
Trente petits voleurs, retenus en prison,
De mille accens divers vous frappent les oreilles;
Et, comme disputant à qui fera merveilles,
Dégoisant leurs ennuis, ces charmans prisonniers
A donner du plaisir ne sont pas les derniers;
Mais leurs tons si mignards, loin d'obtenir leur grâce,
Les font mieux resserrer en ce petit espace,
Et ces musiciens si pleins d'activité
Semblent former complot contre leur liberté.
　Après cette douceur, et sortant de la salle
Pour voir les raretés que le jardin étale,
L'on diroit que les fleurs empruntent du soleil
Le gracieux émail de cet arc sans pareil,
Ou qu'elles ont dessein d'en être les figures,
Et de portraire au vif toutes ses bigarrures,
Tant la vivacité du divers coloris
Forme naïvement les beautés de l'iris.
Là, l'on voit s'accorder Flore avecque Pomone,
La poire pendre à l'arbre auprès de l'anémone;
Mais l'on a de la peine à n'être pas surpris
De ce nombre infini de tulipes de prix,
Dont le parterre entier fait au premier rencontre
A l'œil du curieux une superbe montre.
La rose cependant dispute avec l'œillet,
Le lis passe en blancheur et la neige et le lait :
L'iris, le martagon, avec la giroflée

Que la trop grande ardeur n'a point encor brûlée,
Le thym, la marjolaine et l'odeur du muguet,
Tout cela vous fournit de quoi faire un bouquet;
Et, pour mêler encor l'utile au délectable,
L'on y trouve de quoi s'occuper à la table.
L'on ne voit point ailleurs d'asperge ou d'artichaut,
Où la comparaison ne montre du défaut.
 En sortant du jardin, l'on entre, dès la porte,
Dans l'admiration de l'innombrable sorte
Des curiosités qu'enferme un grand fruitier.
Entrant, à la main droite on découvre un vivier,
Dont l'eau, sans avoir pris d'un lieu plus haut sa course,
Dedans son propre fond sort d'une vive source :
La carpe et le mulet, l'anguille et le barbeau,
Coulant innocemment leur vie au fond de l'eau,
Sont prêts à la donner au jour d'une visite,
Quand Timandre est surpris par des gens de mérite.
D'abord qu'on va paroître, aussitôt le plongeon
S'enfonce dedans l'eau, touché du moindre son;
Mais si vous surprenez la tremblante sercelle,
Elle gagne soudain sa niche à tire-d'aile;
Et la tortue encor, dont l'œil est vigilant,
Prend la fuite aussitôt à pas tardif et lent.
 C'est un plaisir de voir les soins de la nature
Fournir dans cet étang diverse nourriture
A tous ces animaux d'espèce si divers,
Dont les noms que j'ignore échapperont mes vers.
 De là s'offre à vos yeux une barrière verte,
De qui la balustrade aux gens d'honneur ouverte,
Timandre en son fruitier leur partage à loisir
Les divertissemens auxquels il prend plaisir.
Là, la pomme et la poire, et la guigne et la prune,
D'une bonté de goût en ce lieu seul commune,
Font peine à bien juger quel est de meilleure eau.
Ou bien le fruit à pierre[1], ou le fruit au couteau.
Mais, ainsi qu'au jardin, en ce fruitier encore
L'on remarque d'accord Pomone avecque Flore,
Et l'on voit naître ici de toutes les couleurs,
Dans le nouveau printemps, un million de fleurs,
Dont la confusion toute rare et diverse
Joint à celles d'ici les tulipes de Perse;
Et ces riches bouquets sont si bien compassés
Qu'entre quatre pieds d'arbre ils se trouvent placés.
 Ici l'ordre est gardé de la mathématique :
Tant d'arbres en leur plant n'ont point de ligne oblique;

---

1. « Fruit à noyau. »

Leurs pieds bien cultivés et leur bois clair et frais
Prouvent les soins du maître, et qu'il y fait des frais.
　De ces arbres si beaux l'épaisse chevelure
Conserve la fraîcheur d'une molle verdure
Où divers animaux, que je ne connois pas,
Trouvent à se cacher, ou prendre leur repas.
Ici le paon de mer, deçà la macquerole,
Et la poule barbare en cet autre lieu vole;
L'on voit en cet endroit courir le chevalier,
De cet autre s'enfuir le timide pluvier;
En ce lieu la perdrix dessous l'herbe cachée
Se dérobe à votre œil, se sentant approchée :
Bref, de ces raretés le plus grand partisan
Satisfait son génie, y trouvant le faisan.
Ainsi de tous côtés cette petite place
Fourniroit au besoin les plaisirs de la chasse.
Mais surtout l'excellence et le coup de l'ami,
C'est de trouver un lièvre en son gîte endormi :
A peine y sauroit-on faire une promenade,
Qu'on n'en pousse quelqu'un devers la palissade,
Où, par divers endroits pratiqués à dessein,
Aisément du chasseur il échappe la main.
C'est où Flore et Pomone entretiennent Diane,
Qui se vient délasser dedans cette garanne[1].
Enfin ce lieu charmant, si fertile en beautés,
A de quoi contenter ces trois divinités.
　Pas à pas on se rend près d'une autre barrière
En façon, en couleur semblable à la première,
Où de chaque côté la verdure au niveau
Fait d'excellens tapis de charme et de fouteau.
Mais cette salle verte est bien plus accomplie
Par les charmes puissans d'une muse polie
Qui, dessus une porte, a fait graver au net,
Ou peut-être Apollon lui-même, ce sonnet :

<blockquote>
Vois à loisir ce lieu champêtre;
Les jours y coulent sans ennuis :
Tâche, si tu peux, de connoître
Tant d'herbes, de fleurs, et de fruits.

Ces animaux que tu poursuis,
Ces oiseaux que tu vois paroître,
Dans ce bel enclos sont réduits
Par les soins et l'art de son maître.
</blockquote>

---

1. « Garenne. »

Jette après la vue au dehors,
Et, voyant avec quels efforts
La nature à l'envi le pare.

Demande à tes yeux enchantés
S'il pouvoit, en un lieu plus rare,
Assembler tant de raretés.

Cette porte, en effet, et deux grandes croisées,
Cachent des nouveautés à peindre malaisées.
Avant que les ouvrir, Timandre prend le soin
De faire retourner ses hôtes de plus loin :
Lors, ouvrant les châssis, l'on voit deux perspectives,
D'où les prés, les forêts, les montagnes, les rives,
Les bocages touffus, les pentes, les vallons,
Les collines par onde en forme de sillons,
Les tours et les retours de l'agréable Seine
Qui coule en serpentant dans cette large plaine,
Les vaisseaux qu'elle porte en son vaste canal,
Son onde qui paroît un liquide cristal :
Toutes ces raretés presque inimaginables,
Et dont la vérité passe toutes les fables,
Sont les riches couleurs qui sur le naturel
Font en terre un crayon du séjour immortel.
En sortant de ce parc, cette vue éloignée
Devient à petits pas si doucement bornée,
Que la croupe du mont n'étale rien d'affreux,
Ni rien qui fasse peine à reposer les yeux.
Pour de là vous conduire à trois coups d'arquebuse,
Timandre sait user d'une obligeante ruse ;
Et le prétexte adroit de la fraîcheur du bois
Doit bientôt enchanter votre œil une autre fois.
Par une verte allée où l'épais du feuillage
Attire mille oiseaux à dire leur ramage,
Presque insensiblement sur un tertre élevé,
Dont le pied quelquefois par la Seine est lavé,
L'œil vous fait un présent de la plus riche vue
Dont puisse être jamais une place pourvue.
Tout ce que l'on a vu jusqu'ici de charmant,
Cet agréable lieu le montre éminemment :
Par des charmes plus forts que ceux de la Méduse,
En un moment le sens si doucement s'abuse,
Que, les autres privés de toutes fonctions,
L'œil peut admirer seul tant de perfections ;
Et d'autant que la vue est bien moins égarée,
L'estime qu'on en fait est bien plus assurée.
La Seine en divers lieux bat le pied des rochers ;

L'œil en se promenant decouvre huit clochers,
Dont les noms par hasard terminés tous en *ville*
Semblent servir de rime à celui d'Hénouville.
Il me semble, Tyrcis, d'un second Hélicon
Où l'on va recueillir les faveurs d'Apollon,
Puisqu'au pied de ce mont ceux qu'échauffe sa veine,
Pour éteindre leur soif, rencontrent la fontaine
Qui leur va prodiguant ses salutaires eaux
Pour exciter leur verve à dire mots nouveaux.
  Mais quand l'heure avertit de faire la retraite,
Ce qui rend de nouveau l'âme plus satisfaite
Est que la même porte offre à lire, au retour,
Cet autre beau sonnet, digne à jamais du jour :

> L'art n'a point fait ce que tu vois,
> Et la nature toute nue
> Étale ici tout à la fois
> Ses plus doux charmes à ta vue.
>
> Vois la campagne, en deux endroits,
> S'ouvrir à la Seine épandue ;
> Vois les montagnes et les bois
> En borner la vaste étendue,
>
> Et puis, faisant comparaison
> Des raretés de la maison
> Où ton âme s'est divertie,
>
> Dis tout haut qu'un lieu si charmant
> Méritoit bien à sa sortie
> Ce merveilleux assortiment.

C'est ainsi, cher Tyrcis, que vit le grand Timandre,
Dont tu vois le renom en tous lieux se répandre :
Loin du bruit de la cour, vivant sous d'autres lois,
Sans perdre la faveur qu'il a près de nos rois,
Il quitte pour un temps l'intrigue des affaires,
Pour goûter le bonheur des pâtres solitaires.
C'est ce qui me fera partout dans l'univers
Publier hautement son mérite en mes vers.

## XXI. A M. DE SCUDÉRY,

*Sur sa comédie du* TROMPEUR PUNI.

Ton Cléonte, par son trépas,
  Jette un puissant appas
    A la supercherie.
  Vu l'éclat infini

Qu'il reçoit de ta plume après sa tromperie,
Chacun voudra tromper pour être ainsi puni;
    Et, quoiqu'il en perde la vie,
    On portera toujours envie
    A l'heur qui suit son mauvais sort,
Puisqu'il ne vivroit plus s'il n'étoit ainsi mort.

## XXII. SUR LA MORT DE LOUIS XIII.
### Sonnet.

Sous ce marbre repose un monarque françois
Que ne sauroit l'envie accuser d'aucun vice;
Il fut et le plus juste et le meilleur des rois :
Son règne fut pourtant celui de l'injustice.

L'ambition, l'orgueil, l'intérêt, l'avarice,
Revêtus de son nom, nous donnèrent des lois :
Sage en tout, il ne fit jamais qu'un mauvais choix,
Dont longtemps nous et lui portâmes le supplice.

Vainqueur de toutes parts, esclave dans sa cour,
Son tyran et le nôtre à peine sort du jour,
Que jusque dans la tombe il le force à le suivre.

Jamais pareils malheurs furent-ils entendus?
Après trente-trois ans sur le trône perdus,
Commençant à régner, il a cessé de vivre.

## XXIII. VERS SUR LE CARDINAL DE RICHELIEU.

Qu'on parle mal ou bien du fameux cardinal,
Ma prose ni mes vers n'en diront jamais rien :
Il m'a fait trop de bien pour en dire du mal;
Il m'a fait trop de mal pour en dire du bien.

## XXIV. REMERCIEMENT A M. LE CARDINAL DE MAZARIN[1].

Non, tu n'es point ingrate, ô maîtresse du monde,
Qui de ce grand pouvoir sur la terre et sur l'onde,
Malgré l'effort des temps, retiens sur nos autels
Le souverain empire et des droits immortels.

1. Ce remercîment, placé à la suite de la dédicace de *la Mort de Pompée* (Paris, 1644), a été réimprimé depuis avec une traduction en vers latins, et l'avertissement suivant, qui est de Corneille :
« *Au Lecteur*. Ayant dédié ce poëme à M. le cardinal Mazarin, j'ai trouvé à propos de joindre à l'épître le remercîment que je présen-

Si de tes vieux héros j'anime la mémoire,
Tu relèves mon nom sur l'aile de leur gloire;
Et ton noble génie, en mes vers mal tracé,
Par ton nouveau héros m'en a récompensé.
C'est toi, grand cardinal, homme au-dessus de l'homme,
Rare don qu'à la France ont fait le ciel et Rome;
C'est toi, dis-je, ô héros, ô cœur vraiment romain,
Dont Rome en ma faveur vient d'emprunter la main.
Mon honneur n'a point eu de douteuse apparence;
Tes dons ont devancé même mon espérance;
Et ton cœur généreux m'a surpris d'un bienfait
Qui ne m'a pas coûté seulement un souhait.
La grâce s'affoiblit quand il faut qu'on l'attende :
Tel pense l'acheter alors qu'il la demande;
Et c'est je ne sais quoi d'abaissement secret
Où quiconque a du cœur ne consent qu'à regret.
C'est un terme honteux que celui de prière;
Tu me l'as épargné, tu m'as fait grâce entière.
Ainsi l'honneur se mêle au bien que je reçois.
Qui donne comme toi donne plus d'une fois.
Son don marque une estime et plus pure et plus pleine;
Il attache les cœurs d'une plus forte chaîne;
En prenant nouveau prix de la main qui le fait,
Sa façon de bien faire est un second bienfait.
Ainsi le grand Auguste autrefois dans ta ville
Aimoit à prévenir l'attente de Virgile :
Lui que j'ai fait revivre, et qui revit en toi,
En usoit envers lui comme tu fais vers moi.

Certes, dans la chaleur que le ciel nous inspire,

tai, il y a trois mois, à Son Éminence, pour une libéralité dont elle me surprit. Cette pièce, quoique faite à la hâte, a eu le bonheur de plaire assez à un homme savant pour ne dédaigner pas de perdre une heure à donner une meilleure forme à mes pensées, et les faire passer dans cette langue illustre qui sert de truchement à tous les savans de l'Europe. Je te donne ici l'un et l'autre, afin que tu voies et ma gloire et ma honte. Il m'est extrêmement glorieux qu'un esprit de cette trempe ait assez considéré mon ouvrage pour le vouloir traduire; mais il m'est presque aussi honteux de voir ses expressions tellement au-dessus des miennes, qu'il semble que ce soit un maître qui ait voulu mettre en lumière les petits efforts de son écolier. C'est une honte toutefois qui m'est très-avantageuse; et si j'en rougis, c'est de me voir infiniment son redevable. L'obligation que je lui en ai est d'autant plus grande qu'il m'a fait cet honneur sans que j'aie celui de le connoître, ni d'être connu de lui. Un de ses amis m'a dit son nom; mais, comme il ne l'a pas voulu mettre au-dessous de ses vers quand il les a fait imprimer, je te l'indiquerai seulement par les deux premières lettres, de peur de fâcher sa modestie, à laquelle je ne veux ni déplaire, ni consentir tout à fait. »

Nos vers disent souvent plus qu'ils ne pensent dire;
Et ce feu qui sans nous pousse les plus heureux
Ne nous explique pas tout ce qu'il fait pour eux.
Quand j'ai peint un Horace, un Auguste, un Pompée,
Assez heureusement ma muse s'est trompée,
Puisque, sans le savoir, avecque leur portrait
Elle tiroit du tien un admirable trait.
Leurs plus hautes vertus qu'étale mon ouvrage
N'y font que prendre un rang pour former ton image.
Quand j'aurai peint encor tous ces vieux conquérans,
Les Scipions vainqueurs, et les Catons mourans,
Les Pauls, les Fabiens; alors de tous ensemble
On en verra sortir un tout qui te ressemble;
Et l'on rassemblera de leurs pompeux débris
Ton âme et ton courage, épars dans mes écrits.
Souffre donc que pour guide au travail qui me reste
J'ajoute ton exemple à cette ardeur céleste,
Et que de tes vertus le portrait sans égal
S'achève de ma main sur son original;
Que j'étudie en toi ces sentimens illustres
Qu'a conservés ton sang à travers tant de lustres,
Et que le ciel propice, et les destins amis
De tes fameux Romains en ton âme ont transmis.
Alors de tes couleurs peignant leurs aventures,
J'en porterai si haut les brillantes peintures,
Que ta Rome elle-même, admirant mes travaux,
N'en reconnoîtra plus les vieux originaux,
Et se plaindra de moi de voir sur eux gravées
Les vertus qu'à toi seul elle avoit réservées;
Cependant qu'à l'éclat de tes propres clartés
Tu te reconnoîtras sous des noms empruntés.
  Mais ne te lasse point d'illuminer mon âme,
Ni de prêter ta vie à conduire ma flamme;
Et, de ces grands soucis que tu prends pour mon roi,
Daigne encor quelquefois descendre jusqu'à moi.
Délasse en mes écrits ta noble inquiétude;
Et tandis que, sur elle appliquant mon étude,
J'emploierai, pour te plaire, et pour te divertir,
Les talens que le ciel m'a voulu départir,
Reçois, avec les vœux de mon obéissance,
Ces vers précipités par ma reconnoissance.
L'impatient transport de mon ressentiment
N'a pu pour les polir m'accorder un moment.
S'ils ont moins de douceur, ils en ont plus de zèle;
Leur rudesse est le sceau d'une ardeur plus fidèle :
Et ta bonté verra dans leur témérité,
Avec moins d'ornement, plus de sincérité.

## XXV. A MAITRE ADAM BILLAUT,

MENUISIER DE NEVERS,

SUR SES CHEVILLES.

### Sonnet.

Le dieu de Pythagore et sa métempsycose
Jetant l'âme d'Orphée en un poëte françois :
« Par quel crime, dit-elle, ai-je offensé vos lois,
Digne du triste sort que leur rigueur m'impose?

« Les vers font bruit en France; on les loue, on en cause;
Les miens en un moment auront toutes les voix;
Mais j'y verrai mon homme à toute heure aux abois,
Si pour gagner du pain il ne sait autre chose.

— Nous savons, dirent-ils, le pourvoir d'un métier :
Il sera fameux poëte et fameux menuisier,
Afin qu'un peu de bien suive beaucoup d'estime. »

A ce nouveau parti l'âme les prit au mot,
Et, s'assurant bien plus au rabot qu'à la rime,
Elle entra dans le corps de maître Adam Billaut.

## XXVI. INSCRIPTIONS[1].

### 1. LA REDDITION DE CAEN.

Le château révolté donne à Caen mille alarmes,
Mais sitôt que Louis y fait briller ses armes,

---

[1]. Ces inscriptions furent composées sur l'ordre de Louis XIV, qui écrivit à Corneille la lettre suivante :

« Monsieur de Corneille, comme je n'ai point de vie plus illustre à imiter que celle du feu roi, mon très-honoré seigneur et père, je n'ai point aussi un plus grand désir que de voir en un abrégé ses glorieuses actions dignement représentées, ni un plus grand soin que d'y faire travailler promptement; et comme j'ai cru que, pour rendre cet ouvrage parfait, je devois vous en laisser l'expression, et à Valdor les desseins, et que j'ai vu, par ce qu'il a fait, que son intention avoit répondu à mon attente, je juge, par ce que vous avez accoutumé de faire, que vous réussirez en cette entreprise, et que, pour éterniser la mémoire de votre roi, vous prendrez plaisir d'éterniser le zèle que vous avez pour sa gloire. C'est ce qui m'a obligé de vous faire cette lettre par l'avis de la reine régente, madame ma mère, et de vous assurer que vous ne sauriez me donner des preuves de votre affection plus agréables que celle que j'en attends sur ce sujet. Cependant je prie Dieu qu'il vous ait, monsieur de Corneille, en sa sainte garde.

« Écrit à Fontainebleau, ce 14 octobre 1645.

« *Signé* LOUIS; *et plus bas*, DE GUÉNÉGAUD. »

Sa présence reprend le cœur de ses guerriers;
Et leur révolte ainsi ne semble être conçue
Que par l'ambition de jouir de sa vue,
Et de le couronner de ses premiers lauriers.

### 2. LA DÉROUTE DU PONT-DE-CÉ.

Que sert de disputer le passage de Loire?
Le sang sur la discorde emporte la victoire;
Notre mauvais destin cède à son doux effort;
Et les canons, quittant leurs usages farouches,
Ne servent plus ici que d'éclatantes bouches
Pour rendre grâce au ciel de cet heureux accord.

### 3. LA RÉDUCTION DU BÉARN.

Sa valeur en ce lieu n'a point cherché sa gloire :
Il prend l'honneur du ciel pour but de sa victoire,
Et la religion combat l'impiété.
Il tient dessous ses pieds l'hérésie étouffée :
Les temples sont ses forts; et son plus beau trophée
Est un présent qu'il fait à la Divinité.

### 4. LA REDDITION DE SAUMUR.

En vain contre le roi vous opposez vos armes;
Sa majesté brillante avec de si doux charmes
Peut mettre en un moment vos desseins à l'envers.
Ne vous enquérez pas si ses troupes sont fortes;
Encore que vos cœurs ne lui soient pas ouverts,
D'un seul trait de ses yeux il ouvrira vos portes.

### 5. LA PRISE DE SAINT-JEAN D'ANGÉLY

Soubise, ouvre les yeux : ce foudre que tu crains
    N'est plus entre ses mains;
Sa clémence l'arrache à sa juste colère;
Et, de quoi que ton crime ose l'entretenir,
Tes soupirs ont trouvé le secret de lui plaire;
Et quand il voit tes pleurs, il oublie à punir.

### 6. L'ENTRÉE DANS LES VILLES REBELLES DE GUYENNE.

Tel entrant ce grand roi dans ses villes rebelles
De ces cœurs révoltés fait des sujets fidèles;
Un profond repentir désarme ses rigueurs;
Et, quoique le soldat soupire après la proie,
Il l'apaise, il l'arrête, et se montre avec joie
Et père des vaincus, et maître des vainqueurs.

### 7. LA PUNITION DES VILLES REBELLES.

Enfin aux châtimens il se laisse forcer.
Qui pardonne aisément invite à l'offenser,
Et le trop de bonté jette une amorce au crime.
Une juste rigueur doit régner à son tour;
Et qui veut affermir un trône légitime
Doit semer la terreur aussi bien que l'amour.

### 8. DÉFAITE DANS L'ÎLE DE RÉ.

Va, fier tyran des mers, mon prince te l'ordonne;
Prends toi-même le soin de conduire Bellone
Au secours du parti qu'elle veut épouser;
Calme les flots mutins, dissipe les tempêtes;
Obéis; et par là fais voir que tu t'apprêtes
Au joug que dans un an il te doit imposer.

### 9. LA DIGUE DE LA ROCHELLE.

Vois Éole et Neptune à l'envi faire hommage
    A ce prodigieux ouvrage,
Rochelle, et crains enfin le plus puissant des rois.
    Ta fureur est bien sans seconde,
De t'obstiner encore à rejeter des lois
    Que reçoivent le vent et l'onde.

### 10. LA GRACE FAITE A LA ROCHELLE.

Ici l'audace impie en son trône parut,
Ici fut l'arrogance à soi-même funeste :
Un excès de valeur brisa ce qu'elle fut;
Un excès de clémence en sauva ce qui reste.

### 11. LE PAS DE SUSE FORCÉ.

L'orgueil de tant de forts sous mon roi s'humilie :
Suse ouvre enfin la porte au bonheur d'Italie,
Dont elle voit qu'il tient les intérêts si chers;
Et pleine de l'exemple affreux de La Rochelle :
« Ouvrons à ce grand prince, ouvrons-lui tôt, dit-elle;
Qui dompte l'Océan ne craint pas nos rochers. »

### 12. PAIX DE CASAL.

Lorsque Mars se prépare à tout couvrir de morts,
Un illustre Romain étouffe ces discords
En dépit des fureurs en deux camps allumées.
En ce moment à craindre il remplit nos souhaits;
Et, se montrant tout seul plus fort que deux armées,
Dans le champ de bataille il fait naître la paix.

### 13. LA PROTECTION DE MANTOUE.

Lorsqu'aux pieds de mon roi tu mets ton jeune prince,
Manto, tu ne vois point soupirer ta province
Dans l'attente d'un bien qu'on espère et qui fuit;
Et de sa main à peine a-t-il tari les larmes,
Que sa France en la tienne aussitôt met ses armes,
Que la gloire couronne, et la victoire suit.

### 14. LA PAIX D'ALET.

Que ce fut un spectacle, Alet, doux à tes yeux,
Quand tu vis à ses pieds ces peuples factieux
Trouver plus de bonté qu'ils n'avoient eu d'audace!
Apprenez de mon prince, ô monarques vainqueurs,
Que c'est peu fait à vous de reprendre une place,
Si vous ne trouvez l'art de regagner les cœurs.

### 15. PAIX ACCORDÉE AUX CHEFS DES REBELLES.

La paix voit ce pardon d'un œil indifférent,
Et ne veut rien devoir au parti qui se rend,
Déjà par la victoire assez bien établie;
Et la noble fierté qui l'oblige à punir
Ne dissimule ici le crime qu'on oublie
Que pour ne perdre pas la gloire d'obéir.

### 16. LA PRISE DE NANCY.

Troie auprès de ses murs l'espace de dix ans
Vit contre elle les dieux et les Grecs combattans,
Et s'arma sans trembler contre la destinée.
Grand roi, l'on avouera que l'éclat de tes yeux
T'a fait plus remporter d'honneur, cette journée,
Que la fable en dix ans n'en fit avoir aux dieux.

### 17. LA REPRISE DE CORBIE.

Prends Corbie, Espagnol, prends-la; que nous importe?
Tu la rends à mon roi plus puissante et plus forte
Avant qu'il en ait pu concevoir quelque ennui.
Ton bonheur sert au sien, et ta gloire à sa gloire;
Et s'il t'a, par pitié, permis une victoire,
Ta victoire elle-même a travaillé pour lui.

### 18. LA PRISE DE HESDIN.

A peine de Hesdin les murs sont renversés,
Que sur l'affreux débris des bastions forcés
Tu reçois le bâton de la main de ton maître,

Généreux maréchal[1]; c'est de quoi nous ravir,
De le voir aussi prompt à te bien reconnoître
Que ta haute valeur fut prompte à le servir.

### 19. LA PROTECTION DU PORTUGAL ET DE LA CATALOGNE.

Que le ciel vous fut doux, lorsque dans votre effroi
Il vous sollicita de courir à mon roi
Pour voir entre vos murs la liberté renaître!
Le succès à l'instant suivit votre désir.
Peuples, qui recherchez ou protecteur ou maître,
Par cet heureux exemple apprenez à choisir.

### 20. LA PRISE DE PERPIGNAN.

Illustre boulevard des frontières d'Espagne,
Perpignan, sa plus belle et dernière campagne,
Tout mourant, contre toi nous le voyons s'armer[2];
Tout mourant, il te force, et fait dire à l'Envie
Qu'un si grand conquérant n'eût jamais pu fermer
Par un plus digne exploit une si belle vie.

### XXVII. A M. DE CAMPION, 1647[3].

#### Sonnet.

Invincible ennemi des erreurs de la Parque,
Qui fais, quand tu le veux, revivre les héros,
Et de qui les écrits sont d'illustres dépôts
Où luit de leurs vertus la plus brillante marque;

Notre France aux chrétiens donne en toi leur Plutarque,
Et les nobles emplois de ton savant repos,
Traçant leurs grands portraits, offrent à tous propos
De fidèles miroirs aux soins d'un vrai monarque.

J'ai quelque art d'arracher les grands noms du tombeau,
De leur rendre un destin plus durable et plus beau,
De faire qu'après moi l'avenir s'en souvienne;

Mon nom semble avoir droit à l'immortalité;
Mais ma gloire est autant au-dessous de la tienne,
Que la fable en effet cède à la vérité.

1. Le maréchal de La Meilleraye.
2. Louis XIII mourut *dans ce temps-là.*
3. M. de Campion est auteur de la *Vie de plusieurs hommes illustres.*

## XXVIII. A M. DE BOISROBERT,

ABBÉ DE CHATILLON,

SUR SES ÉPÎTRES.

Que tes entretiens sont charmans!
Que leur douceur est infinie!
Que la facilité de ton heureux génie
Fait de honte à l'éclat des plus beaux ornemens!
Leur grâce naturelle aura plus d'idolâtres
Que n'en a jamais eu le fast[1] de nos théâtres :
Le temps respectera tant de naïveté;
Et pour un seul endroit où tu me donnes place,
Tu m'assures bien mieux de l'immortalité
Que *Cinna*, *Rodogune*, et *le Cid*, et l'*Horace*.

## XXIX. LE LIS[2].

*Madrigal.*

Un divin oracle autrefois
A dit que ma pompe et ma gloire
Sur celle du plus grand des rois
Pouvoit emporter la victoire;
Mais si j'obtiens, selon mes vœux,
De pouvoir parer vos cheveux,
Je dois, ô Julie adorable,
Toute autre gloire abandonner;
Car nul honneur n'est comparable
A celui de vous couronner.

## XXX. LA TULIPE.

*Madrigal.*

AU SOLEIL.

Bel astre à qui je dois mon être et ma beauté,
   Ajoute l'immortalité
A l'éclat nonpareil dont je suis embellie;
Empêche que le temps n'efface mes couleurs:

---

1. Pour *faste*.
2. Cette pièce et les cinq suivantes font partie de la *Guirlande de Julie*

Pour trône donne-moi le beau front de Julie;
Et, si cet heureux sort à ma gloire s'allie,
    Je serai la reine des fleurs.

### XXXI. L'HYACINTHE.

*Madrigal.*

D'un éternel bonheur ma disgrâce est suivie;
Je n'ai plus rien en moi qui marque mon ennui.
Autrefois un soleil me fit perdre la vie;
Mais un autre soleil me la rend aujourd'hui.

### XXXII. LA FLEUR D'ORANGE.

*Madrigal.*

Du palais d'émeraude où la riche nature
M'a fait naître et régner avecque majesté,
Je viens pour adorer la divine beauté
Dont le soleil n'est rien qu'une foible peinture.
Si je n'ai point l'éclat ni les vives couleurs
    Qui font l'orgueil des autres fleurs,
  Par mes odeurs je suis plus accomplie,
Et par ma pureté plus digne de Julie.
Je ne suis point sujette au fragile destin
    De ces belles infortunées
    Qui meurent dès qu'elles sont nées,
Et de qui les appas ne durent qu'un matin;
Mon sort est plus heureux, et le ciel favorable
Conserve ma fraîcheur, et la rend plus durable.
Ainsi, charmant objet, rare présent des cieux,
Pour mériter l'honneur de plaire à vos beaux yeux,
    J'ai la pompe de ma naissance;
Je suis en bonne odeur en tout temps, en tous lieux;
    Mes beautés ont de la constance,
Et ma pure blancheur marque mon innocence.
J'ose donc me vanter, en vous offrant mes vœux,
De vous faire moi seule une riche couronne,
    Bien plus digne de vos cheveux
Que les plus belles fleurs que Zéphire vous donne:
Mais, si vous m'accusez de trop d'ambition,
Et d'aspirer plus haut que je ne devrois faire,
    Condamnez ma présomption,
    Et me traitez en téméraire;
Punissez, j'y consens, mon superbe dessein

Par une sévère défense
De m'élever plus haut que jusqu'à votre sein ;
Et ma punition sera ma récompense.

## XXXIII. LA FLEUR DE GRENADE.

### Madrigal.

Dans l'empire fameux de Flore et de Pomone
Mon père a mille enfans qui portent la couronne ;
    Mais, préférant mon sort au leur,
    J'ai mieux aimé demeurer fleur
Avec le vif éclat dont je suis embellie,
Afin de m'offrir vierge à la chaste Julie.
O perte favorable ! ô change précieux !
    Je quitte ma gloire mortelle
Pour l'immortel honneur de parer cette belle,
Et le destin des rois pour le destin des dieux.

## XXXIV. L'IMMORTELLE BLANCHE.

### Madrigal.

Donnez-moi vos couleurs, tulipes, anémones ;
Œillets, roses, jasmins, donnez-moi vos odeurs ;
Des contraires saisons le froid ni les ardeurs
    Ne respectent que les couronnes
    Que l'on compose de mes fleurs :
Ne vous vantez donc point d'être aimables ni belles ;
On ne peut nommer beau ce qu'efface le temps :
    Pour couronner les beautés éternelles,
        Et pour rendre leurs yeux contens,
        Il ne faut point être mortelles.
Si vous voulez affranchir du trépas
    Vos brillans mais frêles appas,
        Souffrez que j'en sois embellie ;
Et, si je leur fais part de mon éternité,
Je les rendrai pareils aux appas de Julie,
Et dignes de parer sa divine beauté.

## XXXV. ÉPITAPHE

*Sur la mort de damoiselle Élisabeth Ranquet, femme de
M. du Chevreul, écuyer, seigneur d'Esturnville.*

### Sonnet.

Ne verse point de pleurs sur cette sépulture,
Passant : ce lit funèbre est un lit précieux,

Où gît d'un corps tout pur la cendre toute pure;
Mais le zèle du cœur vit encore en ces lieux.

Avant que de payer le droit à la nature,
Son âme, s'élevant au delà de ses yeux,
Avoit au Créateur uni la créature;
Et marchant sur la terre elle étoit dans les cieux.

Les pauvres bien mieux qu'elle ont senti sa richesse :
L'humilité, la peine, étoient son allégresse;
Et son dernier soupir fut un soupir d'amour.

Passant, qu'à son exemple un beau feu te transporte;
Et, loin de la pleurer d'avoir perdu le jour,
Crois qu'on ne meurt jamais quand on meurt de la sorte.

## XXXVI. REMERCIMENT

*Fait au president du Puy [1] de l'immaculée conception de Rouen,
pour Jacqueline Pascal, dont une poésie avoit été couronnée
par cette Société.*

Pour une jeune muse absente,
Prince, je prendrai soin de vous remercier;
Et son âge et son sexe ont de quoi convier
A porter jusqu'au ciel sa gloire encor naissante.
De nos poëtes fameux les plus hardis projets
Ont manqué bien souvent d'assez justes sujets
    Pour voir leurs muses couronnées;
    Mais c'en est un beau aujourd'hui :
    Une fille de douze années
A seule de son sexe eut des prix sur ce Puy.

## XXXVII. LA POÉSIE A LA PEINTURE.

*En faveur de l'Académie des peintres illustres.*

Enfin tu m'as suivie, et ces vastes montagnes,
Qui du Rhône et du Pô séparent les campagnes,
N'ont eu remparts si forts ni si haut élevés
Que ton vol, chère sœur, après moi n'ait bravés;
Enfin ce vieux témoin de toutes nos merveilles,
Toujours pour toi tout d'yeux, et pour moi tout d'oreilles,
Le Tibre voit la Séine, autrefois son appui,
Partager tes trésors et les miens avec lui :
Tu me rejoins enfin, et courant sur mes traces,

---

[1] Société littéraire dont l'origine remonte au moyen âge.

En cet heureux séjour du mérite et des grâces,
Tu viens, à mon exemple, enrichir ces beaux lieux
De tout ce que ton art a de plus précieux.
Oh! qu'ils te fourniront de brillantes matières!
Que d'illustres objets à toutes tes lumières!
Prépare des pinceaux, prépare des efforts
Pour toutes les beautés de l'esprit et du corps,
Pour tous les dons du ciel, pour tous les avantages
Que la nature et lui sèment sur les visages :
Prépares-en enfin pour toutes les vertus,
Sous qui nous puissions voir les vices abattus.
Sans te gêner l'idée après leur caractère,
Pour les bien exprimer tu n'auras qu'à portraire;
La France en est féconde, et tes nobles travaux
En trouveront chez elle assez d'originaux :
Mais n'en prépare point pour la plus signalée,
Qu'on a depuis longtemps de la cour exilée,
Pour celle qui départ le solide renom :
Hélas! j'en ai moi-même oublié jusqu'au nom,
Tant je vois rarement mes plus fameux ouvrages
Pouvoir s'enorgueillir de ses moindres suffrages.
Ronsard, qu'elle flattoit à son commencement,
La crut avec son roi couchée au monument;
Il en perdit haleine, et sa muse malade
En laissa de ses mains tomber *la Franciade*.
Maynard l'a chaque jour criée à haute voix :
Il n'est porte où pour elle il n'ait frappé cent fois;
Mais sans en voir l'image en aucun lieu gravée,
Il est mort la cherchant, et ne l'a point trouvée.
J'en fais souvent reproche à ce climat heureux;
Je me plains aux plus grands comme aux plus généreux :
Pour trop m'en plaindre en vain je deviens ridicule,
Et l'on ne m'entend pas, ou l'on le dissimule.
Qu'aujourd'hui la valeur sait mal se secourir!
Que je vois de grands noms en danger de mourir!
Que de gloire à l'oubli malgré le ciel se livre,
Quand il m'a tant donné de quoi la faire vivre!
Le siècle a des héros, il en a même assez
Pour en faire rougir tous les siècles passés;
Il a plus d'un César, il a plus d'un Achille :
Mais il n'a qu'un Mécène, et n'aura qu'un Virgile :
Rare exemple, et trop grand pour ne pas éclater,
Rare exemple, et si grand qu'on ne l'ose imiter.
Cette haute vertu va toutefois renaître :
A quelques traits déjà je crois la reconnoître.
Chère et divine sœur prépare tes crayons :
J'en vois de temps en temps briller quelques rayons;

Les Sophocles nouveaux dont s'honore la France
En ont déjà senti quelque douce influence;
Mais ce ne sont enfin que rayons inconstans,
Qui vont de l'un à l'autre, et qui n'ont que leur temps :
Et ces heureux hasards des fruits de mon étude
Laissent tout l'avenir dedans l'incertitude.
Fixe avec ton pouvoir leur éclat vagabond;
Fais-les servir d'ébauche à ton savoir profond;
Et, mêlant à ces traits l'effort de ton génie,
Fais revoir en portrait cette illustre bannie;
Peins bien toute sa pompe et toutes ses beautés,
Son empire absolu dessus les volontés;
Fais-lui donner du lustre aux plus brillantes marques
Dont se pare le chef des plus dignes monarques;
Fais partir de nos mains à ses commandemens
Tout ce que nous avons d'éternels monumens;
Fais-lui distribuer la plus durable gloire;
Mets l'histoire à ses pieds, et toute la mémoire :
Mets en ses yeux l'éclat d'une divinité;
Mets en ses mains le sceau de l'immortalité,
Et rappelle si bien un juste amour pour elle,
Qu'à son tour en ces lieux cet amour la rappelle,
Et que les cœurs, plongés dans le ravissement,
N'en puissent plus souffrir ce long bannissement.
Mais que dis-je? tu vas rappeler cette reine
Avec bien plus de gloire, et beaucoup moins de peine.
Ce que je n'ai pu faire avec toutes mes voix,
Quoique j'aie eu pour moi jusqu'à celle des rois,
Quoique toute leur cour, de mes douceurs charmée,
Ait par delà mes vœux enflé ma renommée.
Un coup d'œil le va faire, et ton art plus charmant
Pour un si grand effet ne veut qu'un seul moment.
Je vois, je vois déjà dans ton académie,
Par de royales mains en ces lieux affermie,
Tes Zeuxis renaissans, tes Apelles nouveaux,
Étaler à l'envi des chefs-d'œuvre si beaux,
Qu'un violent amour pour des choses si rares
Transforme en généreux les cœurs les plus avares,
Et, les précipitant à d'inouïs efforts,
Fait dérouiller les clefs des plus secrets trésors.
Je les vois effacer ces chefs-d'œuvres antiques,
Dont jadis les seuls rois, les seules républiques,
Les seuls peuples entiers pouvoient faire le prix,
Et pour qui l'on traitoit les talens de mépris :
Je vois le Potosi te venir rendre hommage,
Je vois se déborder le Pactole et le Tage,
Je les vois à grands flots se répandre sur toi.

N'accusons plus le siècle; enfin je la revoi,
Je la revois enfin cette belle inconnue,
Et par toi rappelée, et pour toi revenue.
Oui, désormais le siècle a tout son ornement.
Puisqu'enfin tu lui rends en cet heureux moment
Cette haute vertu, cette illustre bannie,
Cette source de gloire en torrens infinie,
Cette reine des cœurs, cette divinité :
J'ai retrouvé son nom, la Libéralité.

---

## XXXVIII. SONNET.

*Sur la contestation entre le sonnet d'URANIE et celui de JOB.*

Demeurez en repos, frondeurs et mazarins,
Vous ne méritez pas de partager la France ;
Laissez-en tout l'honneur aux partis d'importance
Qui mettent sur les rangs de plus nobles mutins.

Nos uranins ligués contre nos jobelins
Portent bien au combat une autre véhémence ;
Et s'il doit achever de même qu'il commence,
Ce sont guelfes nouveaux, et nouveaux gibelins.

Vaine démangeaison de la guerre civile,
Qui partagiez naguère et la cour et la ville,
Et dont la paix éteint les cuisantes ardeurs,

Que vous avez de peine à demeurer oisive,
Puisqu'au même moment qu'on voit bas les frondeurs,
Pour deux méchans sonnets on demande : « Qui vive ? »

---

## XXXIX. SONNET.

Deux sonnets partagent la ville,
Deux sonnets partagent la cour,
Et semblent vouloir à leur tour
Rallumer la guerre civile.

Le plus sot et le plus habile
En mettent leur avis au jour,
Et ce qu'on a pour eux d'amour
A plus d'un échauffe la bile.

Chacun en parle hautement,
Suivant son petit jugement;
Et, s'il y faut mêler le nôtre,

L'un est sans doute mieux rêvé,
Mieux conduit, et mieux achevé;
Mais je voudrois avoir fait l'autre.

## XL. ÉPIGRAMME.

Ami, veux-tu savoir, touchant ces deux sonnets
    Qui partagent nos cabinets,
   Ce qu'on peut dire avec justice?
L'un nous fait voir plus d'art, et l'autre plus de vif;
L'un est le plus peigné, l'autre est le plus naïf :
L'un sent un long effort, et l'autre un prompt caprice :
Enfin l'un est mieux fait, et l'autre plus joli :
    Et, pour te dire tout en somme,
   L'un part d'un auteur plus poli,
  Et l'autre d'un plus galant homme.

## XLI. JALOUSIE.

N'aimez plus tant, Phylis, à vous voir adorée :
Le plus ardent amour n'a pas grande durée;
Les nœuds les plus serrés sont le plus tôt rompus;
A force d'aimer trop, souvent on n'aime plus,
Et ces liens si forts ont des lois si sévères
Que toutes leurs douceurs en deviennent amères.
Je sais qu'il vous est doux d'asservir tous nos soins :
Mais qui se donne entier n'en exige pas moins;
Sans réserve il se rend, sans réserve il se livre,
Hors de votre présence il doute s'il peut vivre :
Mais il veut la pareille, et son attachement
Prend compte de chaque heure et de chaque moment.
C'est un esclave fier qui veut régler son maître,
Un censeur complaisant qui cherche à trop connoître,
Un tyran déguisé qui s'attache à vos pas;
Un dangereux Argus qui voit ce qui n'est pas;
Sans cesse il importune, et sans cesse il assiége,
Importun par devoir, fâcheux par privilége,
Ardent à vous servir jusqu'à vous en lasser,
Mais au reste un peu tendre et facile à blesser.
Le plus léger chagrin d'une humeur inégale,
Le moindre égarement d'un mauvais intervalle,
Un souris par mégarde à ses yeux dérobé,
Un coup d'œil par hasard sur un autre tombé,
Le plus foible dehors de cette complaisance
Que se permet pour tous la même indifférence;
Tout cela fait pour lui de grands crimes d'État;

Et plus l'amour est fort, plus il est délicat.
Vous avez vu, Phylis, comme il brise sa chaîne
Sitôt qu'auprès de vous quelque chose le gêne;
Et comme vos bontés ne sont qu'un foible appui
Contre un murmure sourd qui s'épand jusqu'à lui.
Que ce soit vérité, que ce soit calomnie,
Pour vous voir en coupable il suffit qu'on le die;
Et lorsqu'une imposture a quelque fondement
Sur un peu d'imprudence, ou sur trop d'enjouement,
Tout ce qu'il sait de vous et de votre innocence
N'ose le révolter contre cette apparence,
Et souffre qu'elle expose à cent fausses clartés
Votre humeur sociable et vos civilités.
Sa raison au dedans vous fait en vain justice,
Sa raison au dehors respecte son caprice;
La peur de sembler dupe aux yeux de quelques fous
Étouffe cette voix qui parle trop pour vous.
La part qu'il prend sur lui de votre renommée
Forme un sombre dépit de vous avoir aimée;
Et, comme il n'est plus temps d'en faire un désaveu,
Il fait gloire partout d'éteindre un si beau feu :
Du moins s'il ne l'éteint, il l'empêche de luire,
Et brave le pouvoir qu'il ne sauroit détruire.
Voilà ce que produit le don de trop charmer.
Pour garder vos amans, faites-vous moins aimer;
Un amour médiocre est souvent plus traitable :
Mais pourriez-vous, Phylis, vous rendre moins aimable?
Pensez-y, je vous prie, et n'oubliez jamais,
Quand on vous aimera, que *l'amour est doux; mais*....

## XLII. BAGATELLE.

Quoi! sitôt que j'en veux rabattre,
Vous vous faites tenir à quatre,
Et, quand j'en devrois enrager,
Votre ordre ne se peut changer :
Il faut vous en faire cinquante.
Ma foi, le nombre m'épouvante;
Un vieux garçon de cinquante ans
N'en fait guère en beaucoup de temps,
Et ne va pas tout d'une haleine
A la benoîte cinquantaine.
Encor, pour être votre fait,
Il faut qu'ils soient doux comme lait,
Qu'ils aillent droit comme une quille,
Qu'ils n'aient point de fausse cheville,

Que tout y soit bien ajusté,
Que rien n'y penche d'un côté,
Rien n'y soit de mauvaise mise,
Rien n'y sente la barbe grise.
Voilà bien des conditions
Pour mes pauvres inventions :
Le temps les a presque épuisées,
Les vieux travaux les ont usées;
Comment pourront-elles trouver
Le secret de bien achever?
Devenez un peu complaisante,
Et daignez vous passer à trente;
Vous serez servie à souhait,
Et je vous dirai haut et net
Que je craindrai fort peu la honte
De vous fournir mal votre compte.
Mais je vaux moins qu'un quinola,
Si je n'en fais vingt par delà :
Tenir à demi sa parole,
C'est une méchante bricole;
On doit s'efforcer jusqu'au bout,
Et ne rien faire, ou faire tout.
Il faut donc que je m'évertue,
Que je me débatte et remue,
Que je pousse de tout mon mieux,
Dussé-je en crever à vos yeux :
Aux grands coups on voit les grands hommes.
Voyons, de grâce, où nous en sommes :
Si je compte bien par mes doigts,
Je passe les quarante et trois;
Encor six, vous n'auriez que dire,
Et vous commencez à sourire
De voir mon reste de vertu,
Sans vous avoir rien rabattu,
Ni tourné la tête en arrière,
Toucher au bout de la carrière.
En faut-il encor? je le veux,
Voilà jusqu'à cinquante-deux :
Plaignez-vous, en cette aventure,
De n'avoir pas bonne mesure.

## XLIII. STANCES.

J'ai vu la peste en raccourci :
Et, s'il faut en parler sans feindre,
Puisque la peste est faite ainsi,
Peste, que la peste est à craindre!

De cœurs qui n'en sauroient guérir
Elle est partout accompagnée,
Et, dût-on cent fois en mourir,
Mille voudroient l'avoir gagnée.

L'ardeur dont ils sont emportés,
En ce péril leur persuade
Qu'avoir la peste à ses côtés,
Ce n'est point être trop malade.

Aussi faut-il leur accorder
Qu'on auroit du bonheur de reste,
Pour peu qu'on se pût hasarder
Au beau milieu de cette peste.

La mort seroit douce à ce prix;
Mais c'est un malheur à se pendre,
Qu'on ne meurt pas d'en être pris,
Mais faute de la pouvoir prendre.

L'ardeur qu'elle fait naître au sein
N'y fait même un mal incurable
Que parce qu'elle prend soudain,
Et qu'elle est toujours imprenable.

Aussi chacun y perd son temps;
L'un en gémit, l'autre en déteste;
Et ce que font les plus contens,
C'est de pester contre la peste.

## XLIV. SONNET.

Vous aimez que je me range
Auprès de vous chaque jour,
Et m'ordonnez que je change
En amitié mon amour.

Cette méchante bricole
Vous fait beaucoup hasarder,
Et je vous trouve bien folle
Si vous me pensez garder.

Une passion si belle
N'est pas une bagatelle
Dont on se joue à son gré;

Et l'amour qui vous rebute
Ne sauroit choir d'un degré,
Qu'il ne meure de sa chute.

### XLV. SUR LE DÉPART DE Mᵐᵉ LA MARQUISE DE B. A. T[1].

Allez, belle marquise, allez en d'autres lieux
Semer les doux périls qui naissent de vos yeux.
Vous trouverez partout les âmes toutes prêtes
A recevoir vos lois et grossir vos conquêtes,
Et les cœurs à l'envi se jetant dans vos fers
Ne feront point de vœux qui ne vous soient offerts;
Mais ne pensez pas tant aux glorieuses peines
De ces nouveaux captifs qui vont prendre vos chaînes,
Que vous teniez vos soins tout à fait dispensés
De faire un peu de grâce à ceux que vous laissez.
Apprenez à leur noble et chère servitude
L'art de vivre sans vous et sans inquiétude;
Et, si sans faire un crime on peut vous en prier,
Marquise, apprenez-moi l'art de vous oublier.
   En vain de tout mon cœur la triste prévoyance
A voulu faire essai des maux de votre absence;
Quand j'ai cru le soustraire à des yeux si charmans,
Je l'ai livré moi-même à de nouveaux tourmens.
Il a fait quelques jours le mutin et le brave,
Mais il revient à vous, et revient plus esclave,
Et reporte à vos pieds le tyrannique effet
De ce tourment nouveau que lui-même il s'est fait.
   Vengez-vous du rebelle, et faites-vous justice;
Vous devez un mépris du moins à son caprice;
Avoir un si long temps des sentimens si vains,
C'est assez mériter l'honneur de vos dédains.
Quelle bonté superbe, ou quelle indifférence
A sa rébellion ôte le nom d'offense?
Quoi! vous me revoyez sans vous plaindre de rien?
Je trouve même accueil avec même entretien?
Hélas! et j'espérois que votre humeur altière
M'ouvriroit les chemins à la révolte entière;
Ce cœur, que la raison ne peut plus secourir,
Cherchoit dans votre orgueil une aide à se guérir:
Mais vous lui refusez un moment de colère;
Vous m'enviez le bien d'avoir pu vous déplaire;
Vous dédaignez de voir quels sont mes attentats,
Et m'en punissez mieux ne m'en punissant pas.
Une heure de grimace ou froide ou sérieuse,
Un ton de voix trop rude ou trop impérieuse,
Un sourcil trop sévère, une ombre de fierté,

---

1. Mlle du Parc, l'actrice, à qui Corneille donne ici le nom d'un de ses rôles.

M'eût peut-être à vos yeux rendu la liberté.
J'aime, mais en aimant je n'ai point la bassesse
D'aimer jusqu'au mépris de l'objet qui me blesse ;
Ma flamme se dissipe à la moindre rigueur.
Non qu'enfin mon amour prétende cœur pour cœur :
Je vois mes cheveux gris : je sais que les années
Laissent peu de mérite aux âmes les mieux nées ;
Que les plus beaux talens des plus rares esprits,
Quand les corps sont usés, perdent bien de leur prix ;
Que, si dans mes beaux jours je parus supportable,
J'ai trop longtemps aimé pour être encore aimable,
Et que d'un front ridé les replis jaunissans
Mêlent un triste charme au prix de mon encens.
Je connois mes défauts ; mais, après tout, je pense
Être pour vous encore un captif d'importance :
Car vous aimez la gloire, et vous savez qu'un roi
Ne vous en peut jamais assurer tant que moi.
Il est plus en ma main qu'en celle d'un monarque
De vous faire égaler l'amante de Pétrarque,
Et mieux que tous les rois je puis faire douter
De sa Laure ou de vous qui le doit emporter.
  Aussi, je le vois trop, vous aimez à me plaire,
Vous vous rendez pour moi facile à satisfaire ;
Votre âme de mes feux tire un plaisir secret,
Et vous me perdriez sans honte avec regret.
  Marquise, dites donc ce qu'il faut que je fasse :
Vous rattachez mes fers quand la saison vous chasse ;
Je vous avois quittée, et vous me rappelez
Dans le cruel instant que vous vous en allez.
Rigoureuse faveur, qui force à disparoître
Ce calme étudié que je faisois renaître,
Et qui ne rétablit votre absolu pouvoir
Que pour me condamner à languir sans vous voir !
Payez, payez mes feux d'une plus foible estime,
Traitez-les d'inconstans ; nommez ma fuite un crime ;
Prêtez-moi, par pitié, quelque injuste courroux ;
Renvoyez mes soupirs qui volent après vous ;
Faites-moi présumer qu'il en est quelques autres
A qui jusqu'en ces lieux vous renvoyez des vôtres,
Qu'en faveur d'un rival vous allez me trahir :
J'en ai, vous le savez, que je ne puis haïr ;
Négligez-moi pour eux, mais dites en vous-même :
« Moins il me veut aimer, plus il fait voir qu'il m'aime,
Et m'aime d'autant plus que son cœur enflammé
N'ose même aspirer au bonheur d'être aimé ;
Je fais tous ses plaisirs, j'ai toutes ses pensées,
Sans que le moindre espoir les ait intéressées. »

Puissé-je malgré vous y penser un peu moins,
M'échapper quelques jours vers quelques autres soins,
Trouver quelques plaisirs ailleurs qu'en votre idée,
Et voir toute mon âme un peu moins obsédée;
Et vous, de qui je n'ose attendre jamais rien,
Ne ressentir jamais un mal pareil au mien!
   Ainsi parla Cléandre, et ses maux se passèrent,
Son feu s'évanouit, ses déplaisirs cessèrent:
Il vécut sans la dame, et vécut sans ennui,
Comme la dame ailleurs se divertit sans lui
Heureux en son amour, si l'ardeur qui l'anime
N'en conçoit les tourmens que pour s'en plaindre en rime.
Et si d'un feu si beau la céleste vigueur
Peut enflammer ses vers sans échauffer son cœur!

### XLVI. MADRIGAL POUR UNE DAME[1],

*Qui représentoit la Nuit en la comédie d'*ENDYMION

Si la lune et la nuit sont bien représentées,
    Endymion n'étoit qu'un sot:
    Il devoit dès le premier mot
Renvoyer à leur ciel les cornes argentées.
Ténébreuse déesse, un œil bien éclairé
Dans tes obscurités eût cherché sa fortune;
Et je n'en connois point qui n'eût tôt préféré
Les ombres de la nuit aux clartés de la lune.

### XLVII. ÉLÉGIE.

Iris, je vais parler; c'est trop de violence.
Il est temps que mon feu se dérobe au silence,
Et qu'il fasse échapper au respect qui me nuit
L'aveu du triste état où vous m'avez réduit.
Depuis le jour fatal que pour vous je soupire,
Mes yeux se sont cent fois chargés de vous le dire,
Et cent fois, si mon mal vous pouvoit émouvoir,
Leur mourante langueur vous l'auroit fait savoir:
Mais les vôtres partout, certains de leur victoire,
D'une obscure conquête estiment peu la gloire,
Et veulent, pour daigner en faire part au cœur,
Que l'éclat du triomphe en apporte au vainqueur.
C'est par là que, jaloux de l'orgueil qui l'inspire,
Ce cœur n'a point sur moi reconnu son empire;

---

[1]. Mlle du Parc.

Que, mettant ma défaite au-dessous de ses soins,
Il en a récusé mes soupirs pour témoins,
Et craint de s'exposer, s'il avouoit mes peines,
A rougir d'un captif indigne de vos chaînes.
Je le confesse, Iris, il n'est point parmi nous
De mérite assez haut pour aller jusqu'à vous.
A voir ce que je suis tout mon espoir chancelle ;
Mais le peu que je vaux ne vous rend pas moins belle :
J'ai des yeux comme un autre à me laisser charmer,
J'ai comme un autre un cœur ardent à s'enflammer ;
Et, dans les doux appas dont vous êtes pourvue,
J'ai dû brûler pour vous, puisque je vous ai vue.
Oui, de votre beauté l'éclat impérieux
Touche aussitôt le cœur qu'il vient frapper les yeux :
Ce n'est point un brillant dont la fausse lumière
Ne fasse qu'éblouir au moment qu'elle éclaire ;
Ce n'est point un effort de charmes impuissans
Qui prennent pour appui la surprise des sens :
Quoi qu'en vous leur rapport vante d'un prix extrême,
La raison convaincue y souscrit elle-même,
Et, sans appréhender de le voir démenti,
Par son propre suffrage affermit leur parti.
Alors, que ne peut point sur les plus belles âmes
Ce vif amas d'attraits, cette source de flammes,
Ces beaux yeux qui, portant le jour de toutes parts,
Font autant de captifs qu'ils lancent de regards !
Alors, que ne peut point ce pompeux assemblage
Des traits les plus perçans dont brille un beau visage,
Et qui dessus le vôtre étalent hautement
Ce qu'ailleurs cent beautés font voir de plus charmant !
Aussi, que leur adresse aux dons de la nature
Ajoute encor de l'art la plus douce imposture,
Que de lis empruntés leur visage soit peint,
On les verra pâlir auprès de votre teint,
Ce teint dont la blancheur, sans être mendiée,
Passe en vivacité la plus étudiée,
Et pare avec orgueil le plus brillant séjour
Où les grâces jamais aient attiré l'amour.
C'est là, c'est en vous seule, Iris, que l'on doit croire
Qu'aimant à triompher, il triomphe avec gloire,
Et qu'il trouve aussitôt de quoi s'assujettir
Quiconque de ses traits s'étoit pu garantir.
Pour moi, je l'avouerai, comme aucune surprise
N'avoit jusques ici fait trembler ma franchise,
Permettant à mes yeux l'heur de vous regarder,
Mon cœur trop imprudent ne crut rien hasarder.
Ainsi de vos beautés qu'on vantoit sans pareilles

Je voulus à loisir contempler les merveilles ;
Ainsi j'examinai tous ces riches trésors
Que prodigua le ciel à former votre corps,
Ce port noblement fier, cette taille divine
Qui par sa majesté marque son origine,
Seule égale à soi-même, et tellement à vous
Que, la formant unique, il s'en montra jaloux.
De tant d'appas divers mon âme possédée
Se plut d'en conserver la précieuse idée :
Je l'admirai sans cesse, et de mon souvenir,
Ne croyant qu'admirer, j'eus peur de la bannir :
Mais de ce sentiment la flatteuse imposture
N'empêcha pas le mal pour cacher la blessure ;
Et ce soin d'admirer, qui dure plus d'un jour,
S'il n'est amour déjà, devient bientôt amour.
Un je ne sais quel trouble où je me vis réduire
De cette vérité sut assez tôt m'instruire ;
Par d'inquiets transports me sentant émouvoir
J'en connus le sujet quand j'osai vous revoir.
A prendre ce dessein mon âme toute émue
Eut peine à soutenir l'éclat de votre vue ;
Mon cœur en fut surpris d'un doux saisissement
Qui me fit découvrir que j'allois être amant :
Un désordre confus m'expliqua son martyre ;
Je voulus vous parler, et ne sus que vous dire ;
Je rougis, je pâlis ; et d'un tacite aveu :
« Si je n'aime point, dis-je, hélas ! qu'il s'en faut peu ! »
Soudain, le pourrez-vous apprendre sans colère ?
Je jugeai la révolte un parti nécessaire,
Et je n'épargnai rien, dans cette extrémité,
Pour soulever mon cœur contre votre beauté.
L'ardeur de dégager ma franchise asservie
Me fit prendre les yeux de la plus noire envie ;
Je ne m'attachai plus qu'à chercher des défauts
Qui, détruisant ma flamme, adoucissent mes maux :
Mais las ! cette recherche un peu trop téméraire
Produisit à sa cause un effet bien contraire ;
Et vos attraits, par elle à mes sens mieux offerts,
Au lieu de les briser, redoublèrent mes fers.
Plus je vous contemplai, plus je connus de charmes
Contre qui ma raison me refusa des armes ;
Et sans cesse l'amour, par de vives clartés,
Me découvrit en vous de nouvelles beautés.
Tout ce que vous faisiez étoit inséparable
De ce je ne sais quoi sans qui rien n'est aimable ;
Tout ce que vous disiez avoit cet air charmant
Qui des plus nobles cœurs triomphe en un moment.

J'en connus le pouvoir, j'en ressentis l'atteinte :
Contraint de vous aimer, j'aimai cette contrainte;
Et je n'aspirai plus, par mille vœux offerts,
Qu'à vous faire avouer la gloire de mes fers.
Y consentirez-vous, belle Iris? et pourrai-je
Promettre à mes désirs ce charmant privilége?
Je ne demande point que, sensible à mon feu,
L'assurance du vôtre en couronne l'aveu;
Je ne demande point qu'à mes vœux favorable
Vous vous montriez amante en vous montrant aimable,
Et que, par un transport qui n'examine rien,
Le don de votre cœur suive l'offre du mien :
Quoi qu'on ait fait pour vous et de grand et d'insigne,
C'est un prix glorieux dont on n'est jamais digne,
Et que ma passion me faisant désirer,
L'excès de mes défauts me défend d'espérer.
Permettez seulement, pour flatter mon martyre,
Que vous osant aimer j'ose aussi vous le dire;
Qu'à vos pieds mon respect apporte chaque jour
Les sermens redoublés d'un immuable amour;
Que là, par son ardeur, je vous fasse connoître
Qu'étant pur et sincère il doit toujours s'accroître;
Que ce n'est point l'effet d'un aveugle appétit
Que le désir fit naître et que l'espoir nourrit;
Et qu'aimant par raison d'un amour véritable
Ce que jamais le ciel forma de plus aimable,
Le temps dessus mon cœur n'aura rien d'assez fort
Pour en bannir les traits que par ceux de la mort.

## XLVIII. SONNET.

Je vous estime, Iris, et crois pouvoir sans crime
Permettre à mon respect un aveu si charmant :
  Il est vrai qu'à chaque moment
  Je songe que je vous estime.

Cette agréable idée, où ma raison s'abîme,
Tyrannise mes sens jusqu'à l'accablement;
  Mais pour vouloir fuir ce tourment
  La cause en est trop légitime.

Aussi, quelque désordre où mon cœur soit plongé,
Bien loin de faire effort à l'en voir dégagé,
Entretenir sa peine est toute mon étude.

J'en aime le chagrin, le trouble m'en est doux.
  Hélas! que ne m'estimez-vous
  Avec la même inquiétude!

## XLIX. SONNET.

D'un accueil si flatteur, et qui veut que j'espère,
Vous payez ma visite alors que je vous voi,
Que souvent à l'erreur j'abandonne ma foi,
Et crois seul avoir droit d'aspirer à vous plaire.

Mais si j'y trouve alors de quoi me satisfaire,
Ces charmes attirans, ces doux je ne sais quoi,
Sont des biens pour tout autre aussi bien que pour moi;
Et c'est dont un beau feu ne se contente guère.

D'une ardeur réciproque il veut d'autres témoins,
Un mutuel échange et de vœux et de soins,
Un transport de tendresse à nul autre semblable.

C'est là ce qui remplit un cœur fort amoureux :
Le mien le sent pour vous ; le vôtre en est capable.
Hélas ! si vous vouliez, que je serois heureux !

## L. SONNET AU ROI.

*Pour obtenir la confirmation des lettres de noblesse
accordées à son père.*

La noblesse, grand roi, manquoit à ma naissance ;
Ton père en a daigné gratifier mes vers,
Et mes vers anoblis ont couru l'univers
Avecque plus de pompe et de magnificence.

Ce fut là, de son temps, toute leur récompense,
Dont même il honora tant de sujets divers,
Que sur ce long abus tes yeux enfin ouverts
De ce mélange impur ont su purger la France.

Par cet illustre soin mes vers déshonorés
Perdront ce noble orgueil dont tu les vois parés,
Si dans mon premier rang ton ordre me ravale.

Grand roi, ne souffre pas qu'il ait tout son effet,
Et qu'aujourd'hui ta main, pour moi si libérale,
Reprenne le seul don que ton père m'a fait.

## LI. STANCES.

Marquise, si mon visage
A quelques traits un peu vieux,

Souvenez-vous qu'à mon âge
Vous ne vaudrez guère mieux.

Le temps aux plus belles choses
Se plaît à faire un affront,
Et saura faner vos roses
Comme il a ridé mon front.

Le même cours des planètes
Règle nos jours et nos nuits :
On m'a vu ce que vous êtes ;
Vous serez ce que je suis.

Cependant j'ai quelques charmes
Qui sont assez éclatans
Pour n'avoir pas trop d'alarmes
De ces ravages du temps.

Vous en avez qu'on adore,
Mais ceux que vous méprisez
Pourroient bien durer encore
Quand ceux-là seront usés.

Ils pourront sauver la gloire
Des yeux qui me semblent doux,
Et dans mille ans faire croire
Ce qu'il me plaira de vous.

Chez cette race nouvelle,
Où j'aurai quelque crédit,
Vous ne passerez pour belle
Qu'autant que je l'aurai dit.

Pensez-y, belle marquise.
Quoiqu'un grison fasse effroi,
Il vaut bien qu'on le courtise,
Quand il est fait comme moi.

## LII. STANCE A LA REINE.

C'est trop faire languir de si justes désirs,
  Reine ; venez assurer nos plaisirs
    Par l'éclat de votre présence ;
Venez nous rendre heureux sous vos augustes lois,
  Et recevez tous les cœurs de la France
  Avec celui du plus grand de ses rois.

### LIII. SONNET.

Usez moins avec moi du droit de tout charmer :
Vous me perdrez bientôt, si vous n'y prenez garde
J'aime bien à vous voir, quoiqu'enfin j'y hasarde
Mais je n'aime pas bien qu'on me force d'aimer.

Cependant mon repos a de quoi s'alarmer :
Je sens je ne sais quoi dès que je vous regarde;
Je souffre avec chagrin tout ce qui m'en retarde;
Et c'est déjà sans doute un peu plus qu'estimer.

Ne vous y trompez pas : l'honneur de ma défaite
N'assure point d'esclave à la main qui l'a faite;
Je sais l'art d'échapper aux charmes les plus forts;

Et, quand ils m'ont réduit à ne plus me défendre,
Savez-vous, belle Iris, ce que je fais alors?
    Je m'enfuis, de peur de me rendre.

### LIV. SONNET PERDU AU JEU.

Je chéris ma défaite, et mon destin m'est doux,
Beauté, charme puissant des yeux et des oreilles;
Et je n'ai point regret qu'une heure auprès de vous
Me coûte en votre absence et des soins et des veilles.

Se voir ainsi vaincu par vos rares merveilles,
C'est un malheur commode à faire cent jaloux;
Et le cœur ne soupire, en des pertes pareilles,
Que pour baiser la main qui fait de si grands coups.

Recevez de la mienne, après votre victoire,
Ce que pourroit un roi tenir à quelque gloire,
Ce que les plus beaux yeux n'ont jamais dédaigné.

Je vous en rends, Iris, un juste et prompt hommage.
Hélas! contentez-vous de me l'avoir gagné,
    Sans me dérober davantage.

### LV. CHANSON.

Vos beaux yeux sur ma franchise
N'adressent pas bien leurs coups,
Tête chauve et barbe grise
Ne sont pas viande pour vous;

Quand j'aurois l'heur de vous plaire,
Ce seroit perdre du temps;
Iris, que pourriez-vous faire
D'un galant de cinquante ans?

Ce qui vous rend adorable
N'est propre qu'à m'alarmer.
Je vous trouve trop aimable,
Et crains de vous trop aimer :
Mon cœur à prendre est facile,
Mes vœux sont des plus constans;
Mais c'est un meuble inutile
Qu'un galant de cinquante ans.

Si l'armure n'est complète,
Si tout ne va comme il faut,
Il vaut mieux faire retraite
Que d'entreprendre un assaut :
L'amour ne rend point la place
A de mauvais combattans,
Et rit de la vaine audace
Des galans de cinquante ans.

## LVI. STANCES.

Caliste, lorsque je vous voi,
Dirai-je que je vous admire?
C'est vous dire bien peu pour moi,
Et peut-être c'est trop vous dire.

Je m'expliquerois un peu mieux
Pour un moindre rang que le vôtre;
Vous êtes belle, j'ai des yeux,
Et je suis homme comme un autre.

Que n'êtes-vous, à votre tour,
Caliste, comme une autre femme!
Je serois pour vous tout d'amour,
Si vous n'étiez point si grand'dame.

Votre grade hors du commun
Incommode fort qui vous aime,
Et sous le respect importun
Un beau feu s'éteint de lui-même.

J'aime un peu l'indiscrétion
Quand je veux faire des maîtresses;
Et quand j'ai de la passion,
J'ai grand amour pour les caresses.

Mais si j'osois me hasarder
Avec vous au moindre pillage,
Vous me feriez bien regarder
Le grand chemin de mon village.

J'aime donc mieux laisser mourir
L'ardeur qui seroit maltraitée,
Que de prétendre à conquérir
Ce qui n'est point de ma portée.

## LVII. MADRIGAL A MADEMOISELLE SERMENT[1]

Mes deux mains à l'envi disputent de leur gloire,
Et dans leurs sentimens jaloux
Je ne sais ce que j'en dois croire.
Phylis, je m'en rapporte à vous;
Réglez mon amour par le vôtre.
Vous savez leurs honneurs divers :
La droite a mis au jour un million de vers;
Mais votre belle bouche a daigné baiser l'autre.
Adorable Phylis, peut-on mieux décider
Que la droite lui doit céder?

## LVIII. MADRIGAL.

Je ne veux plus devoir à des gens comme vous;
Je vous trouve, Phylis, trop rude créancière.
Pour un baiser prêté qui m'a fait cent jaloux,
Vous avez retenu mon âme prisonnière.
Il fait mauvais garder un si dangereux prêt;
J'aime mieux vous le rendre avec double intérêt,
Et m'acquitter ainsi mieux que je ne mérite;
Mais à de tels paiemens je n'ose me fier,
Vous accroîtrez la dette en vous laissant payer,
Et doublerez mes fers si par là je m'acquitte :
Le péril en est grand, courons-y toutefois,
Une prison si belle est trop digne d'envie;
Puissé-je vous devoir plus que je ne vous dois,
En peine d'y languir le reste de ma vie!

1. Mlle Serment ayant baisé la main de Corneille dans un élan d'admiration, il lui envoya ce madrigal.

## LIX. STANCES.

Que vous sert-il de me charmer?
Aminte, je ne puis aimer
Où je ne vois rien à prétendre;
Je sens naître et mourir ma flamme à votre aspect,
Et si pour la beauté j'ai toujours l'âme tendre,
Jamais pour la vertu je n'ai que du respect.

Vous me recevez sans mépris,
Je vous parle, je vous écris,
Je vous vois quand j'en ai l'envie;
Ces bonheurs sont pour moi des bonheurs superflus;
Et si quelque autre y trouve une assez douce vie,
Il me faut pour aimer quelque chose de plus.

Le plus grand amour sans faveur,
Pour un homme de mon humeur,
Est un assez triste partage;
Je cède à mes rivaux cet inutile bien,
Et qui me donne un cœur, sans donner davantage,
M'obligeroit bien plus de ne me donner rien.

Je suis de ces amans grossiers
Qui n'aiment pas fort volontiers
Sans aucun prix de leurs services,
Et veux, pour m'en payer, un peu mieux qu'un regard;
Et l'union d'esprit est pour moi sans délices,
Si les charmes des sens n'y prennent quelque part.

## LX. ÉPIGRAMME.

Qu'on te flatte, qu'on te baise,
Tu ne t'effarouches point,
Phylis, et le dernier point
Est le seul qui te déplaise.
Cette amitié de milieu
Te semble être selon Dieu,
Et du ciel t'ouvrir la porte:
Mais détrompe-toi l'esprit:
Quiconque aime de la sorte
Se donne au diable à crédit.

## LXI. RONDEAU.

Je pense, à vous voir tant d'attraits,
Qu'amour vous a formée exprès
Pour faire que sa fête on chôme;
Car vous en avez une somme
Bien dangereuse à voir de près.
Vous êtes belle plus que très,
Et vous avez le teint si frais,
Qu'il n'est rien d'égal (au moins comme
Je pense) à vous.

Vos yeux, par des ressorts secrets,
Tiennent mille cœurs dans vos rets;
Qui s'en défend est habile homme :
Pour moi qu'un si beau feu consomme,
Nuit et jour, percé de vos traits,
Je pense à vous.

## LXII. REMERCIEMENT AU ROI.

Ainsi du Dieu vivant la bonté surprenante
Verse, quand il lui plaît, sa grâce prévenante,
Ainsi du haut des cieux il aime à départir
Des biens dont notre espoir n'osoit nous avertir.
Comme ses moindres dons excèdent le mérite,
Cette même bonté seule l'en sollicite;
Il ne consulte qu'elle, et, maître qu'il en est,
Sans devoir à personne, il donne à qui lui plaît.
    Telles sont les faveurs que ta main nous partage,
Grand roi, du Roi des rois la plus parfaite image :
Tel est l'épanchement de tes nouveaux bienfaits;
Il prévient l'espérance, il surprend les souhaits,
Il passe le mérite, et ta bonté suprême
Pour faire des heureux les choisit d'elle-même.
Elle m'a mis du nombre, et me force à rougir
De ne me voir qu'un zèle incapable d'agir.
Son excès dans mon cœur fait des troubles étranges
Je sais que je te dois des vœux et des louanges,
Que ne t'en pas offrir c'est te les dérober;
Mais si j'y fais effort, je cherche à succomber,
Et le plus beau succès que ma muse en obtienne
Profanera ta gloire et détruira la mienne.
Je veux bien l'immoler tout entière à mon roi;
Mais, si je n'en ai plus, je ne puis rien pour toi;
Et j'en dois prendre soin, pour éviter le crime

D'employer à te peindre un pinceau sans estime.
　Il n'est dans tous les arts secret plus excellent
Que de savoir connoître et choisir son talent.
Pour moi qui de louer n'eus jamais la méthode,
J'ignore encor le tour du sonnet et de l'ode.
Mon génie au théâtre a voulu m'attacher;
Il en a fait mon sort, je dois m'y retrancher;
Partout ailleurs je rampe, et ne suis plus moi-même :
Mais là j'ai quelque nom, là quelquefois on m'aime;
Là ce même génie ose de temps en temps
Tracer de ton portrait quelques traits éclatans.
Par eux de l'*Andromède* il sut ouvrir la scène;
On y vit le Soleil instruire Melpomène,
Et lui dire qu'un jour Alexandre et César
Sembleroient des vaincus attachés à ton char.
Ton front le promettoit, et tes premiers miracles
Ont rempli hautement la foi de mes oracles.
A peine tu parois les armes à la main,
Que tu ternis les noms du Grec et du Romain;
Tout tremble, tout fléchit sous tes jeunes années;
Tu portes en toi seul toutes les destinées;
Rien n'est en sûreté s'il ne vit sous ta loi :
On t'offre, ou, pour mieux dire, on prend la paix de toi;
Et ceux qui se font craindre aux deux bouts de la terre,
Pour ne te craindre plus renoncent à la guerre.
　Ton hymen est le sceau de cette illustre paix :
Sur ces grands incidens tout parle, et je me tais;
Et, sans me hasarder à ces nobles amorces,
J'attends l'occasion qui s'arrête à mes forces.
Je la trouve, et j'en prends le glorieux emploi,
Afin d'ouvrir ma scène encore un coup pour toi :
J'y mets *la Toison d'or*; mais, avant qu'on la voie,
La Paix vient elle-même y préparer la joie;
L'Hymen l'y fait descendre; et de Mars en courroux
Par ta digne moitié j'y romps les derniers coups.
　On te voyoit dès lors à toi seul comparable
Faire éclater partout ta conduite adorable,
Remplir les bons d'amour, et les méchans d'effroi.
Jusque-là toutefois tout n'étoit pas à toi;
Et, quelque doux effets qu'eût produits ta victoire,
Les conseils du grand Jule[1] avoient part à ta gloire.
　Maintenant qu'on te voit en digne potentat
Réunir en ta main les rênes de l'État,
Que tu gouvernes seul, et que, par ta prudence,
Tu rappelles des rois l'auguste indépendance,

---

[1]. Mazarin.

Il est temps que d'un air encor plus élevé
Je peigne en ta personne un monarque achevé;
Que j'en laisse un modèle aux rois qu'on verra naître,
Et qu'en toi pour régner je leur présente un maître.
  C'est là que je saurai fortement exprimer
L'art de te faire craindre, et de te faire aimer;
Cet accès libre à tous, cet accueil favorable,
Qu'ainsi qu'au plus heureux tu fais au misérable.
Je te peindrai vaillant, juste, bon, libéral,
Invincible à la guerre, en la paix sans égal :
Je peindrai cette ardeur constante et magnanime
De retrancher le luxe et d'extirper le crime;
Ce soin toujours actif pour les nobles projets,
Toujours infatigable au bien de tes sujets;
Ce choix de serviteurs fidèles, intrépides,
Qui soulagent tes soins, mais sur qui tu présides,
Et dont tout le pouvoir qui fait tant de jaloux
N'est qu'un écoulement de tes ordres sur nous.
Je rendrai de ton nom l'univers idolâtre :
Mais, pour ce grand chef-d'œuvre, il faut un grand théâtre
  Ouvre-moi donc, grand roi, ce prodige des arts,
Que n'égala jamais la pompe des Césars,
Ce merveilleux salon où ta magnificence
Fait briller un rayon de sa toute-puissance;
Et peut-être, animé par tes yeux de plus près,
J'y ferai plus encor que je ne te promets.
Parle, et je reprendrai ma vigueur épuisée,
Jusques à démentir les ans qui l'ont usée.
Vois comme elle renaît dès que je pense à toi,
Comme elle s'applaudit d'espérer en mon roi !
Le plus pénible effort n'a rien qui la rebute :
Commande, et j'entreprends; ordonne, et j'exécute.

## LXIII. PLAINTE DE LA FRANCE A ROME.
### *Élégie.*

Lorsque, sous le plus juste et le plus grand des princes,
L'abondance et la paix règnent dans mes provinces,
Rome, par quel destin tes Romains irrités
Arrêtent-ils le cours de mes prospérités?
Après avoir gagné victoire sur victoire,
  Et porté ma valeur au comble de la gloire,
Après avoir contraint par mes illustres faits
Mes rivaux orgueilleux à recevoir la paix,
J'espérois d'établir une sainte alliance,
D'unir les intérêts de Rome et de la France,

Et de porter bien loin, par mes rares exploits,
La gloire de mes lis et celle de la croix;
Mon monarque, chargé de lauriers et de palmes,
Voyoit tous ses États et ses provinces calmes,
Et, disposant son bras à quelque saint emploi,
Ne vouloit plus combattre et vaincre que pour toi,
Il t'offroit son pouvoir et sa valeur extrême :
Mais tu veux l'obliger à te vaincre toi-même,
Et, par un attentat et lâche et criminel,
Tu fais de ses faveurs un mépris solennel;
On voit régner le crime avec la violence,
Où doit régner la paix avecque le silence;
On voit les assassins courir avec ardeur
Jusqu'au palais sacré de mon ambassadeur,
Porter de tous côtés leur fureur vagabonde,
Et violer les droits les plus sacrés du monde.
Je savois bien que Rome élevoit dans son sein
Des peuples adonnés au culte souverain,
Des héros dans la paix, des savans politiques,
Experts à démêler les affaires publiques,
A conseiller les rois, à régler les États;
Mais je ne savois pas que Rome eût des soldats.
Lorsque Mars désoloit nos campagnes fertiles,
Tu maintenois tes champs et tes peuples tranquilles;
Tout le monde agité de tant de mouvemens
Suivoit le triste cours de ses déréglemens;
Toi seule, dans le port, à l'abri de l'orage,
Tu voyois les écueils où nous faisions naufrage;
Des princes irrités modérant le courroux,
Tu disposois le ciel à devenir plus doux;
Et, sans prendre intérêt aux passions d'un autre,
Tu gardois ton repos et tu pensois au nôtre;
Tu voyois à regret cent exploits inhumains,
Et tu levois au ciel tes innocentes mains;
Tu recourois aux vœux quand nous courions aux armes;
Nous répandions du sang, tu répandois des larmes,
Et, plaignant le malheur du reste des mortels,
Tu soupirois pour eux au pied de tes autels;
Tu demandois au ciel cette paix fortunée,
Et tu me la ravis dès qu'il me l'a donnée;
A peine ai-je fini mes glorieux travaux,
Que tu veux m'engager à des combats nouveaux :
Reine de l'univers, arbitre de la terre,
Tu me prêchois la paix au milieu de la guerre;
J'ai suivi tes conseils et tes justes souhaits,
Et tu me fais la guerre au milieu de la paix;
Détruisant les erreurs et punissant les crimes,

J'ai soutenu l'honneur de tes saintes maximes;
J'ai remis autrefois, en dépit des tyrans,
Dans leur trône sacré tes pontifes errans,
Et, faisant triompher d'une égale vaillance.
Ou la France dans Rome, ou Rome dans la France,
J'ai conservé tes droits et maintenu ta foi;
Et tu prends aujourd'hui les armes contre moi!
Quel intérêt t'engage à devenir si fière?
Te reste-t-il encor quelque vertu guerrière?
Crois-tu donc être encore au siècle des Césars?
Où, parmi les fureurs de Bellone et de Mars,
Jalouse de la gloire et du pouvoir suprême,
Tu foulois à tes pieds et sceptre et diadème?
Dans ce fameux état où le ciel t'avoit mis
Tu ne demandois plus que de grands ennemis;
Et, portant ton orgueil sur la terre et sur l'onde,
Tu bravois le destin des puissances du monde,
Et tu faisois marcher sous tes injustes lois
Un simple citoyen sur la tête des rois;
Ton destin ne t'offroit que d'illustres conquêtes;
Ta foudre ne tomboit que sur de grandes têtes,
Et tu montrois en pompe aux peuples étonnés
Des souverains captifs et des rois enchaînés.
Mais, quelques grands exploits que l'histoire renomme,
Tu n'es plus cette fière et cette grande Rome;
Ton empire n'est plus ce qu'il fut autrefois,
Et ce n'est plus un siècle à se moquer des rois;
On ne redoute plus l'orgueil du Capitole,
Qui fut jadis si craint de l'un à l'autre pôle;
Et les peuples, instruits de tes douces vertus,
Adorent ta grandeur, mais ne la craignent plus.
Que si le ciel t'inspire encor quelque vaillance,
Va dresser tes autels jusqu'aux champs de Byzance,
Anime tes Romains à quelque effort puissant,
Et va planter ta croix où règne le croissant;
Remplis les premiers rangs d'une sainte entreprise,
Et voyons marcher Rome au secours de Venise;
Pour tes sacrés autels toi-même combattant,
Commence ces exploits que tu nous prêches tant,
Ou laisse-moi jouir dans la paix où nous sommes
D'un repos que je viens de procurer aux hommes:
J'ai vu de tous côtés mes ennemis vaincus,
Et je suis aujourd'hui ce qu'autrefois tu fus;
Les lois de mon État sont aussi souveraines,
Mes lis vont aussi loin que tes aigles romaines;
Et, pour punir le crime et l'orgueil des humains,
Mes François aujourd'hui valent les vieux Romains.

L'invincible Louis, sous qui le monde tremble,
Ne vaut-il pas lui seul tous les héros ensemble?
La victoire, sous lui ne se lassant jamais,
Lui fournit des sujets de vaincre dans la paix :
Dans ce comble d'honneur où lui seul peut atteindre,
Tout désarmé qu'il est, il sait se faire craindre;
Il dompte ses rivaux et sert ses alliés,
Voit, même dans la paix, des rois humiliés;
Il auroit su venger tant de lois violées,
Et tu verrois déjà tes plaines désolées,
Tu verrois et tes chefs et tes peuples soumis;
Mais tu n'as pas pour lui d'assez grands ennemis;
Et dans le mouvement de gloire qui le presse,
Tu tiens ta sûreté de ta seule foiblesse :
Que n'es-tu dans le temps où tes héros guerriers
Eussent pu lui fournir des moissons de lauriers!
Pour arrêter sur toi ses forces occupées,
Où sont tes Scipions, tes Jules, tes Pompées?
Tu le verrois courir au milieu des hasards,
Affronter tes héros, et vaincre tes Césars,
Et, par une conduite aussi juste que brave,
Affranchir de tes fers tout l'univers esclave :
Mais, puisque ta fureur ne se peut contenir,
Après tant de mépris il faudra te punir;
La gloire des héros n'est jamais assez pure,
Et le trône jaloux ne souffre point d'injure;
Ne te flatte plus tant sur ton divin pouvoir;
On peut mêler la force avecque le devoir :
Des monarques pieux, des princes magnanimes
Ont révéré tes lois en punissant tes crimes;
Ils ont eu le secret de partager leurs cœurs,
D'être tes ennemis et tes adorateurs,
De soutenir leur rang, et sauver leur franchise
En se vengeant de toi, mais non pas de l'Église;
Ils ont su réprimer ton orgueil obstiné
Sans choquer le pouvoir que le ciel t'a donné,
Et séparer enfin, dans une juste guerre,
Les intérêts du ciel d'avec ceux de la terre.
Sur l'exemple fameux de ces rois sans pareils
Inspire à mon héros ces fidèles conseils.
Prince, dont la valeur et la sagesse est rare,
Ménage ta couronne avecque ta tiare;
Donne aux siècles futurs un exemple immortel;
Garde les droits du trône et les droits de l'autel;
Qu'à ton ressentiment la piété s'unisse;
Louis, fais grâce à Rome en te faisant justice;
Pense aux devoirs sacrés d'un monarque chrétien;

Fais agir ton pouvoir, mais révère le sien;
Et, mêlant au courroux le respect et la crainte,
Punis Rome l'injuste, et conserve la sainte!

---

### LXIV. POUR LE CHRIST DE SAINT-ROCH, A PARIS.

Pécheur, tu vois ici le Dieu qui t'a fait naître :
Sa mort est ton ouvrage, et devient ton appui.
Dans cet excès d'amour tu dois au moins connoître
Que s'il est mort pour toi, tu dois vivre pour lui.

---

### LXV. ODE AU RÉVÉREND P. DELIDEL
#### DE LA COMPAGNIE DE JÉSUS,
*Sur son traité de la* THÉOLOGIE DES SAINTS.

Toi qui nous apprends de la grâce
Quelle est la force et la douceur,
Comme elle descend dans un cœur,
Comme elle agit, comme elle passe;
Docte écrivain, dont l'œil perçant
Va jusqu'au sein du Tout-Puissant
Pénétrer ce profond abîme;
Que les hommes te vont devoir!
Et que le prix en est ineffable et sublime
De ces biens que par là tu mets en leur pouvoir!

Oui, tant que durera ta course,
Tu peux, mortel, à pleines mains
Puiser des bonheurs souverains
En cette inépuisable source.
Un guide si bien éclairé
Te conduit d'un pas assuré
Au vivant soleil qui l'éclaire :
Suis, mais avec zèle, avec foi,
Suis, dis-je, tu verras tout ce qu'il te faut faire;
Et, si tu ne le fais, il ne tiendra qu'à toi.

Tu pèches, mais un Dieu pardonne,
Et pour mériter ce pardon
Il te fait ce précieux don;
Il n'en est avare à personne.
Reçois avec humilité,
Conserve avec fidélité,
Ce grand appui de ta foiblesse :
Avec lui ton vouloir peut tout;

Sans lui tu n'es qu'ordure, impuissance, bassesse.
Fais-en un bon usage, et la gloire est au bout.

  C'en est la digne récompense;
  Mais aussi, tu le dois savoir,
  Cet usage est en ton pouvoir,
  Il dépend de ta vigilance :
  Tu peux t'endormir, t'arrêter,
  Tu peux même le rejeter,
  Ce don sans qui ta perte est sûre,
  Et n'en tireras aucun fruit,
Si tu défères plus aux sens, à la nature,
Qu'aux mouvemens sacrés qu'en mon âme il produit.

  J'en connois par toi l'efficace,
  Savant et pieux écrivain,
  Qui jadis de ta propre main
  M'as élevé sur le Parnasse :
  C'étoit trop peu pour ta bonté
  Que ma jeunesse eût profité
  Des leçons que tu m'as données;
  Tu portes plus loin ton amour,
Et tu veux qu'aujourd'hui mes dernières années
De tes instructions profitent à leur tour.

  Je suis ton disciple, et peut-être
  Que l'heureux éclat de mes vers
  Eblouit assez l'univers
  Pou faire peu de honte au maître.
  Par une plus sainte leçon
  Tu m'apprends de quelle façon
  Au vice on doit faire la guerre.
  Puissé-je en user encor mieux!
Et, comme je te dois ma gloire sur la terre,
Puissé-je te devoir un jour celle des cieux !

       Par son très-obligé disciple,
        CORNEILLE.

 *Quod scribo et placeo, si placeo, omne tuum est.*

---

## LXVI. IMITATION D'UNE ODE LATINE QUI FUT ADRESSÉE A M. PELLISSON.

Non, je ne serai pas, illustre Pellisson,
Ingrat à tes bienfaits, injuste à ton beau nom.
Dans mes chants, dans mes vers, il trouvera sa place,
Et tes bienfaits dans moi ne perdront pas leur grâce.
Je sais bien que ce nom, par la gloire porté,

A déjà pris l'essor vers l'immortalité,
Et que, pour le placer avec quelque avantage,
Il faudroit mettre l'or et le marbre en usage :
Mais, ne pouvant dresser de plus beaux monumens,
Approuve dans mes vers ces justes sentimens.
 C'est toi, grand Pellisson, qui, malgré la licence,
Ramènes dans nos jours le siècle d'innocence :
Par toi nous retrouvons la candeur, la bonté,
Et du monde naissant la sainte probité.
Que la justice armée et les lois souveraines
Contiennent les mortels par la crainte des peines,
De peur que le forfait et le crime indompté
N'entraîne le désordre avec l'impunité :
Ni la rigueur des lois ni l'austère justice
Ne te retiendront pas sur le penchant du vice;
L'amour de la vertu fait cet effet dans toi,
Elle seule te guide; elle est seule ta loi.
Au milieu de la cour ton âme bienfaisante
Verse indifféremment sa faveur obligeante;
Et, bien loin d'enchérir ou vendre les bienfaits,
Tu préviens, en donnant, les vœux et les souhaits.
Ces mortels dont l'éclat emporte notre estime
N'ont souvent pour vertu que d'être exempts de crime :
Mais ta vertu, qui suit des sentimens plus hauts,
Ne borne pas ta gloire à vivre sans défauts;
En mille beaux projets, en mille biens féconde,
Ta solide vertu se fait voir dans le monde;
Et, sans les faux appas d'un éclat emprunté,
Elle porte à nos yeux sa charmante beauté.
 En vain, pour ébranler ta fidèle constance,
On vit fondre sur toi la force et la puissance;
En vain dans la Bastille on t'accabla de fers;
En vain on te flatta sur mille appas divers :
Ton grand cœur, inflexible aux rigueurs, aux caresses,
Triompha de la force, et se rit des promesses.
Et comme un grand rocher par l'orage insulté
Des flots audacieux méprise la fierté,
Et, sans craindre le bruit qui gronde sur sa tête,
Voit briser à ses pieds l'effort de la tempête;
C'est ainsi, Pellisson, que, dans l'adversité,
Ton intrépide cœur garda sa fermeté,
Et que ton amitié, constante et généreuse,
Du milieu des dangers sortit victorieuse.
Mais c'est par ce revers que le plus grand des rois
Sembloit te préparer aux plus nobles emplois,
Et qu'admirant dans toi l'esprit et le courage,
De la Bastille au Louvre il te fit un passage,

Où ta fidélité, dans son plus grand éclat,
Conserve le dépôt des secrets de l'État.
Pour moi, je ne veux point, comme le bas vulgaire,
De tes divers emplois pénétrer le mystère ;
Je ne m'introduis point dans le palais des grands,
Et me fais un secret de ce que j'y comprends ;
Mais je te vois alors comme un autre Moïse,
Quand le peuple de Dieu, par sa seule entremise,
Sur le mont de Sina reçut la sainte loi
A travers les carreaux, la terreur, et l'effroi ;
De sa haute faveur les tribus étonnées
Au pied du sacré mont demeuroient prosternées,
Pendant que ce prophète, élevé dans ce lieu,
Dans un nuage épais parloit avec son Dieu,
Et qu'il puisoit à fond dans le sein de sa gloire
Le merveilleux projet de sa divine histoire,
Monument éternel, où la postérité
Viendra dans tous les temps chercher la vérité.
Mais, puisqu'un même sort te donne dans la France
Du plus grand des héros l'illustre confidence,
Et que, par sa faveur, tu vois jusques au fonds
Des secrets de l'État les abîmes profonds,
Ne donneras-tu pas, après tes doctes veilles,
De ce grand conquérant les faits et les merveilles?
Et d'un style éloquent ne décriras-tu pas
Ses conseils, ses exploits, ses siéges, ses combats?
Le monde attend de toi ce merveilleux ouvrage,
Seul digne des appas de ton divin langage :
Les faits de ce grand roi perdroient de leur beauté,
Si tu n'en soutenois l'auguste majesté ;
Et sa gloire après nous ne seroit pas entière,
Si tout autre que toi traitoit cette matière.
Poursuis donc, Pellisson, cet auguste projet,
Et ne t'étonne point par l'éclat du sujet ;
Ton seul art peut donner d'une main immortelle
Au plus grand de nos rois une gloire éternelle.

## LXVII. DÉFENSE DES FABLES DANS LA POÉSIE.

*Imitation du latin*[1].

Qu'on fait d'injure à l'art de lui voler la fable!
C'est interdire aux vers ce qu'ils ont d'agréable,
Anéantir leur pompe, éteindre leur vigueur,
Et hasarder la muse à sécher de langueur.

1. De Santeuil.

O vous qui prétendez qu'à force d'injustices
Le vieil usage cède à de nouveaux caprices,
Donnez-nous par pitié du moins quelques beautés
Qui puissent remplacer ce que vous nous ôtez,
Et ne nous livrez pas aux tons mélancoliques
D'un style estropié par de vaines critiques !
   Quoi ! bannir des enfers Proserpine et Pluton ?
Dire toujours le diable, et jamais Alecton ?
Sacrifier Hécate et Diane à la Lune,
Et dans son propre sein noyer le vieux Neptune ?
Un berger chantera ses déplaisirs secrets
Sans que la triste Écho répète ses regrets ?
Les bois autour de lui n'auront point de dryades ?
L'air sera sans zéphyrs, les fleuves sans naïades,
Et par nos délicats les faunes assommés
Rentreront au néant dont on les a formés ?
   Pourras-tu, dieu des vers, endurer ce blasphème,
Toi qui fis tous ces dieux, qui fis Jupiter même ?
Pourras-tu respecter ces nouveaux souverains
Jusqu'à laisser périr l'ouvrage de tes mains ?
   O digne de périr, si jamais tu l'endures !
D'un si mortel affront sauve tes créatures ;
Confonds leurs ennemis, insulte à leurs tyrans,
Fais-nous, en dépit d'eux, garder nos premier rangs ;
Et, retirant ton feu de leurs veines glacées,
Laisse leurs vers sans force, et leurs rimes forcées.
   « La fable en nos écrits, disent-ils, n'est pas bien ;
La gloire des païens déshonore un chrétien. »
L'Église toutefois, que l'Esprit saint gouverne,
Dans ses hymnes sacrés nous chante encor l'Averne,
Et par le vieil abus le Tartare inventé
N'y déshonore point un Dieu ressuscité.
Ces rigides censeurs ont-ils plus d'esprit qu'elle,
Et font-ils dans l'Église une Église nouvelle ?
Quittons cet avantage, et ne confondons pas
Avec des droits si saints de profanes appas.
L'œil se peut-il fixer sur la vérité nue ?
Elle a trop de brillant pour arrêter la vue ;
Et, telle qu'un éclair qui ne fait qu'éblouir,
Elle échappe aussitôt qu'on présume en jouir ;
La fable, qui la couvre, allume, presse, irrite
L'ingénieuse ardeur d'en voir tout le mérite :
L'art d'en montrer le prix consiste à le cacher,
Et sa beauté redouble à se faire chercher.
   Otez Pan et sa flûte, adieu les pâturages ;
Otez Pomone et Flore, adieu les jardinages :
Des roses et des lis le plus superbe éclat,

Sans la fable, en nos vers, n'aura rien que de plat.
Qu'on y peigne en savant une plante nourrie
Des impures vapeurs d'une terre pourrie,
Le portrait plaira-t-il, s'il n'a pour agrément
Les larmes d'une amante ou le sang d'un amant?
Qu'aura de beau la guerre, à moins qu'on y crayonne
Ici le char de Mars, là celui de Bellone;
Que la Victoire vole, et que les grands exploits
Soient portés en tous lieux par la nymphe à cent voix?
 Qu'ont la terre et la mer, si l'on n'ose décrire
Ce qu'il faut de tritons à pousser un navire,
Cet empire qu'Éole a sur les tourbillons,
Bacchus sur les coteaux, Cérès sur les sillons?
Tous ces vieux ornemens, traitez-les d'antiquailles;
Moi, si jamais je peins Saint-Germain et Versailles,
Les nymphes, malgré vous, danseront tout autour;
Cent demi-dieux follets leur parleront d'amour;
Du satyre caché les brusques échappées
Dans les bras des sylvains feront fuir les napées;
Et, si je fais ballet pour l'un de ces beaux lieux,
J'y ferai malgré vous trépigner tous les dieux.
 Vous donc, encore un coup, troupe docte et choisie,
Qui nous forgez des lois à votre fantaisie,
Puissiez-vous à jamais adorer cette erreur
Qui pour tant de beautés inspire tant d'horreur,
Nous laisser à jamais ces charmes en partage,
Qui portent les grands noms au delà de notre âge;
Et, si le vôtre atteint quelque postérité,
Puisse-t-il n'y traîner qu'un vers décrédité!

## LXVIII. A M. PELLISSON.

En matière d'amour je suis fort inégal;
J'en écris assez bien, et le fais assez mal;
J'ai la plume féconde, et la bouche stérile,
Bon galant au théâtre, et fort mauvais en ville;
Et l'on peut rarement m'écouter sans ennui,
Que quand je me produis par la bouche d'autrui.

Voilà, monsieur, une petite peinture que je fis de moi-même il y a près de vingt ans. Je ne vaux guère mieux à présent. Quoi qu'il en soit, M. le surintendant a voulu savoir ces six vers; et je ne suis point fâché de lui avoir fait voir que j'ai toujours eu assez d'esprit pour connoître mes défauts, malgré l'amour-propre qui semble être attaché à notre métier. J'obéis donc sans répugnance aux ordres qu'il lui a plu m'en donner, et vous supplie de me ménager un moment d'audience pour prendre congé de lui, puisqu'il a voulu que je l'importunasse encore une fois. Il me témoigna, dimanche dernier, assez de bonté pour me faire espérer qu'il ne dédaignera pas de prendre quelque soin de moi ; et je ne doute point que tôt ou tard elle n'aye son effet, principalement quand vous prendrez la peine de l'en faire souvenir. Je me promets cela de la généreuse amitié dont vous m'honorez, et suis à vous de tout mon cœur.

CORNEILLE.

## LXIX. VERS SUR LA POMPE DU PONT NOTRE-DAME

Que le dieu de la Seine a d'amour pour Paris!
Dès qu'il en peut baiser les rivages chéris,
De ses flots suspendus la descente plus douce
Laisse douter aux yeux s'il avance ou rebrousse ;
Lui-même à son canal il dérobe ses eaux,
Qu'il y fait rejaillir par de secrètes veines,
Et le plaisir qu'il prend à voir des lieux si beaux,
De grand fleuve qu'il est le transforme en fontaines.

## LXX. POUR LA FONTAINE DES QUATRE-NATIONS,

### VIS-A-VIS LE LOUVRE.

C'est trop gémir, nymphes de Seine,
Sous le poids des bateaux qui cachent votre lit,
Et qui ne vous laissoient entrevoir qu'avec peine
Ce chef-d'œuvre étonnant dont Paris s'embellit,
    Dont la France s'enorgueillit.
Par une route aisée, aussi bien qu'imprévue,
Plus haut que le rivage un roi vous fait monter ;
    Qu'avez-vous plus à souhaiter?
Nymphes, ouvrez les yeux, tout le Louvre est en vue.

## LXXI. SUR LE CANAL DU LANGUEDOC,

### POUR LA JONCTION DES DEUX MERS.

*Imitation d'une pièce latine.*

La Garonne et l'Atax dans leurs grottes profondes
Soupiroient de tous temps pour voir unir leurs ondes,
Et faire ainsi couler par un heureux penchant
Les trésors de l'aurore aux rives du couchant ;

---

1. Cette pièce, ainsi que les deux suivantes, est traduite du latin de Santeuil.

Mais à des vœux si doux, à des flammes si belles,
La nature, attachée à ses lois éternelles,
Pour obstacle invincible opposoit fièrement
Des monts et des rochers l'affreux enchaînement.
France, ton grand roi parle, et ces rochers se fendent,
La terre ouvre son sein, les plus hauts monts descendent;
Tout cède; et l'eau qui suit les passages ouverts
Le fait voir tout-puissant sur la terre et les mers.

## LXXII. AU ROI[1].

*Sur sa libéralité envers les marchands de la ville de Paris.*

Chantez, peuples, chantez la valeur libérale,
La bonté de Louis à son grand cœur égale :
Du trône, d'où ses soins insultent les remparts,
Forcent les bastions, brisent les boulevards,
Il vous tend cette main qui lance le tonnerre;
Et quand vous lui portez des secours pour la guerre,
Qu'à tout donner pour lui vous vous montrez tous prêts,
Il vous rend et vos dons et d'heureux intérêts.
 Ainsi quand du soleil la course rayonnante
Fait rouler dans les cieux sa pompe dominante,
Qu'en maître souverain de ce brillant séjour
Il règle les saisons et dispense le jour,
Il ne dédaigne point d'épandre ses lumières
Sur les sables déserts et les tristes bruyères,
Et, sans que pour régner il veuille aucun appui,
Il aime à voir l'amour que la terre a pour lui;
La terre qui l'adore exhale des nuages
Qui du milieu des airs lui rendent ses hommages;
Mais il n'attire à lui cette semence d'eaux
Que pour la distiller en de féconds ruisseaux,
Et de tous les présens que lui fait la nature
Il n'en reçoit aucun sans rendre avec usure.
 O vous, célèbre corps, à qui de l'univers
Tous les bords sont connus et tous les ports ouverts;
Vous par qui les trésors des plus heureuses plages
Viennent de notre France enrichir les rivages,
Oyez ce qu'au milieu du bruit de cent canons
Votre grand roi prononce en faveur de vos dons,
Ce qu'en votre faveur la muse me révèle!
« Peuples, dit ce héros, je connois votre zèle,
J'en aime les efforts, et dans tout l'avenir
J'en saurai conserver l'amoureux souvenir;

1. Ces vers sont imités d'une pièce latine dont l'auteur est inconnu

Vous n'avez que trop vu ce qu'ose l'Allemagne,
Ce que fait la Hollande, et qu'a tramé l'Espagne,
Ce que leur union attente contre moi.
Plus l'attentat est grand, plus grande est votre foi.
Et vous n'attendez point que je vous fasse dire
Comme il faut soutenir ma gloire et mon empire;
Vous courez au-devant, et prodiguez vos biens
Pour en mettre en mes mains les plus aisés moyens;
C'est votre seul devoir qui pour moi s'intéresse,
C'est votre pur amour qui pour moi vous en presse :
Je le vois avec joie. » A ces mots ce vainqueur,
Sur son peuple en vrai père épanchant son grand cœur,
Fait prendre ces présens, qu'un léger intervalle
Renvoie accompagnés de sa bonté royale.
« C'est assez, poursuit-il, d'avoir vu votre amour;
La tendresse du mien veut agir à son tour.
Pour rendre cette guerre à ses auteurs funeste,
Sujets dignes de moi, j'ai des trésors de reste;
J'en ai de plus sûrs même et de beaucoup plus grands
Que ceux que vous m'offrez, que ceux que je vous rends:
J'ai le fond de vos cœurs, et c'est de quoi suffire
Aux plus rares exploits où mon courage aspire :
C'est aux ordres d'un roi ce qui donne le poids;
C'est là qu'est le trésor, qu'est la force des rois.
Reprenez ces présens dont l'offre m'est si chère;
Si je les ai reçus, c'est en dépositaire,
Et je saurai sans eux dissiper les complots
Que la triple alliance oppose à mon repos.
Ce fruit de vos travaux destiné pour la guerre,
Ces tributs que vous font et la mer et la terre,
Votre amour, votre ardeur à servir mes desseins,
Les rend assez à moi tant qu'ils sont en vos mains;
Mes troupes, par moi-même au péril animées,
Renverseront sans eux les murs et les armées,
J'en ai la certitude; et de vous je ne veux
Aucun autre secours que celui de vos vœux;
Offrez-les sans relâche au grand dieu des batailles,
Tandis que mes canons foudroieront les murailles,
Et devant ses autels, prosternés à genoux,
Invoquez-le pour moi, je combattrai pour vous. »
Là se tait le monarque, et, sûr de ses conquêtes,
Aux triomphes nouveaux il tient ses armes prêtes.
Cet éclat surprenant de magnanimité
Par la nymphe à cent voix en tous lieux est porté.
Que de ravissemens suivent cette nouvelle!
Colbert y met le comble en ministre fidèle :
Ce grand homme sous lui, maître de ses trésors,

Mande par ordre exprès ce grand et nombreux corps,
Le force d'admirer des bontés sans mesure,
Et remet en ses mains ces dons avec usure.
　De là ces doux transports, ces prompts frémissemens
Qui poussent jusqu'au ciel mille applaudissemens,
Ces vœux si redoublés qui hâtent sa victoire,
Ces titres par avance élevés à sa gloire.
On voit Paris en foule accourir aux autels,
Implorer le grand Maître, et tous les immortels;
Ses temples sont ornés, des lumières sans nombre
Y redoublent le jour, y font des nuits sans ombre :
Son prélat donne l'ordre, et par un saint emploi
Répond aux dignités dont l'honore son roi.
　L'effet suit tant de vœux; les plus puissantes villes
Semblent n'avoir pour nous que des remparts fragiles;
On les perce, on les brise, on écrase les forts :
Il y pleut mille feux, il y pleut mille morts.
Les fleuves, les rochers ne sont que vains obstacles;
Notre camp à toute heure est fertile en miracles;
Et l'exemple d'un roi qui se mêle aux dangers,
Enflant le cœur aux siens, l'abat aux étrangers.
Besançon voit bientôt sa citadelle en poudre,
Dôle avertit Salins de ce que peut sa foudre :
Et toute la Comté, pour la seconde fois,
Rentre sous l'heureux joug du plus juste des rois.
Mais ce n'est encor rien; et tant de murs par terre
N'étalent aux regards que l'essai d'une guerre,
Où le manque de foi, qu'il commence à punir,
Voit le prélude affreux d'un plus rude avenir.
　Généreux citoyens de cette immense ville,
A qui par ce grand roi tout commerce est facile,
Vous qui ne trouvez point de bords si peu connus
Où son illustre nom ne vous ait prévenus;
Si vous n'exposez point de sang pour sa victoire,
Vos cœurs, vos dons, vos vœux, ont du moins cette gloire
Que votre exemple montre au reste des sujets
Comme il faut d'un tel prince appuyer les projets.
Plus à ses ennemis il fait craindre ses armes,
Plus la paix qu'il souhaite aura pour vous de charmes.
Ce sera, peuple, alors que par d'autres vertus
Ses lois triompheront des vices abattus;
Chaque jour, chaque instant lui fournira matière
A déployer sur vous sa bonté tout entière;
Les malheurs que la guerre aura trop fait durer,
Cette même bonté saura les réparer.
　Pour augure certain, pour assuré présage,
Dans ces dons qu'il vous rend il vous en donne un gage;

Et si jamais le ciel remplit ce doux souhait,
Vous voyez son amour, vous en verrez l'effet.
    (*Présenté par les gardes des marchands de la ville de Paris.*)

## LXXIII. AU ROI,

*Sur* CINNA, POMPÉE, HORACE, SERTORIUS, ŒDIPE, RODOGUNE,
*qu'il a fait représenter de suite devant lui à Versailles,
en octobre 1676.*

Est-il vrai, grand monarque, et puis-je me vanter
Que tu prennes plaisir à me ressusciter,
Qu'au bout de quarante ans *Cinna*, *Pompée*, *Horace*,
Reviennent à la mode, et retrouvent leur place,
Et que l'heureux brillant de mes jeunes rivaux
N'ôte point leur vieux lustre à mes premiers travaux?
  Achève : les derniers n'ont rien qui dégénère,
Rien qui les fasse croire enfans d'un autre père;
Ce sont des malheureux étouffés au berceau,
Qu'un seul de tes regards tireroit du tombeau.
On voit *Sertorius*, *OEdipe* et *Rodogune*,
Rétablis par ton choix dans toute leur fortune;
Et ce choix montreroit qu'*Othon* et *Suréna*
Ne sont pas des cadets indignes de *Cinna*.
*Sophonisbe* à son tour, *Attila*, *Pulchérie*,
Reprendroient pour te plaire une seconde vie;
*Agésilas* en foule auroit des spectateurs,
Et *Bérénice* enfin trouveroit des acteurs.
Le peuple, je l'avoue, et la cour, les dégradent,
Je foiblis, ou du moins ils se le persuadent;
Pour bien écrire encor j'ai trop longtemps écrit,
Et les rides du front passent jusqu'à l'esprit;
Mais contre cet abus que j'aurois de suffrages,
Si tu donnois les tiens à mes derniers ouvrages!
Que de tant de bonté l'impérieuse loi
Ramèneroit bientôt et peuple et cour vers moi!
  « Tel Sophocle à cent ans charmoit encore Athènes,
Tel bouillonnoit encor son vieux sang dans ses veines,
Diroient-ils à l'envi, lorsque Œdipe aux abois
De ses juges pour lui gagna toutes les voix. »
Je n'irai pas si loin; et si mes quinze lustres
Font encor quelque peine aux modernes illustres,
S'il en est de fâcheux jusqu'à s'en chagriner,
Je n'aurai pas longtemps à les importuner.
Quoi que je m'en promette, ils n'en ont rien à craindre :
C'est le dernier éclat d'un feu prêt à s'éteindre;
Sur le point d'expirer il tâche d'éblouir,

Et ne frappe les yeux que pour s'évanouir.
Souffre, quoi qu'il en soit, que mon âme ravie
Te consacre le peu qui me reste de vie :
L'offre n'est pas bien grande, et le moindre moment
Peut dispenser mes vœux de l'accomplissement.
Préviens ce dur moment par des ordres propices;
Compte mes bons désirs comme autant de services.
 Je sers depuis douze ans, mais c'est par d'autres bras
Que je verse pour toi du sang dans nos combats :
J'en pleure encore un fils[1], et tremblerai pour l'autre,
Tant que Mars troublera ton repos et le nôtre :
Mes frayeurs cesseront enfin par cette paix
Qui fait de tant d'États les plus ardens souhaits.
Cependant, s'il est vrai que mon service plaise,
Sire, un bon mot, de grâce, au père de La Chaise.

## LXXIV. AU ROI.

*Pour le retardement du payement de sa pension.*

Grand roi dont nous voyons la générosité
Montrer pour le Parnasse un excès de bonté,
  Que n'ont jamais eu tous les autres,
Puissiez-vous dans cent ans donner encor des lois,
Et puissent tous vos ans être de quinze mois
  Comme vos commis font les nôtres !

## LXXV. AU ROI.

  Plaise au roi ne plus oublier
Qu'il m'a depuis quatre ans promis un bénéfice,
Et qu'il avoit chargé le feu père Ferrier
  De choisir un moment propice
Qui pût me donner lieu de l'en remercier :
  Le père est mort, mais j'ose croire
  Que si toujours Sa Majesté
  Avoit pour moi même bonté,
Le père de La Chaise auroit plus de mémoire,
  Et le feroit mieux souvenir
Qu'un grand roi ne promet que ce qu'il veut tenir.

---

1. Un des fils de Corneille, lieutenant de cavalerie, avait été tué au siège de Grave, en 1674.

## LXXVI. A MONSEIGNEUR.

*Sur son mariage.* (1680.)

Prince, l'appui des lis, et l'amour de la France,
Toi, dont au berceau même elle admira l'enfance,
Et pour qui tous nos vœux s'efforçoient d'obtenir
Du souverain des rois un si bel avenir,
Aujourd'hui qu'elle voit tes vertus éclatantes
Répondre à nos souhaits, et passer nos attentes,
Quel supplice pour moi, que l'âge a tout usé,
De n'avoir à t'offrir qu'un esprit épuisé!
   D'autres y suppléeront, et tout notre Parnasse
Va s'animer pour toi de ce que j'eus d'audace,
Quand sur les bords du Rhin, pleins de sang et d'effroi,
Je fis suivre à mes vers notre invincible roi.
   Ce cours impétueux de rapides conquêtes,
Qui jeta sous ses lois tant de murs et de têtes,
Sembloit nous envier dès lors le doux loisir
D'écrire le succès qu'il lui plaisoit choisir :
Je m'en plaignis dès lors; et, quoi que leur histoire
A qui les écriroit dût promettre de gloire,
Je pardonnai sans peine au déclin de mes ans,
Qui ne m'en laissoient plus la force ni le temps:
J'eus même quelque joie à voir leur impuissance
D'un devoir si pressant m'assurer la dispense;
Et, sans plus attenter aux miracles divers
Qui portent son grand nom au bout de l'univers,
J'espérai dignement terminer ma carrière,
Si j'en pouvois tracer quelque ébauche grossière
Qui servît d'un modèle à la postérité
De valeur, de prudence, et d'intrépidité :
Mais, comme je tremblois de n'y pouvoir suffire,
Il se lassa de vaincre, et je cessai d'écrire;
Et ma plume, attachée à suivre ses hauts faits,
Ainsi que ce héros acheva par la paix.
   La paix, ce grand chef-d'œuvre, où sa bonté suprême
Pour triomphe dernier triompha de lui-même,
Il la fit, mais en maître : il en dicta les lois;
Il rendit, il garda les places à son choix :
Toujours grand, toujours juste, et parmi les alarmes
Que répandoit partout le bonheur de ses armes,
Loin de se prévaloir de leurs brillans succès,
De cette bonté seule il en crut tout l'excès:
Et l'éclat surprenant d'un vainqueur si modeste
De mon feu presque éteint consuma l'heureux reste.

Ne t'offense donc point si je t'offre aujourd'hui
Un génie épuisé, mais épuisé pour lui :
Tu dois y prendre part; son trône, sa couronne,
Cet amas de lauriers qui partout l'environne,
Tant de peuples réduits à rentrer sous sa loi,
Sont autant de dépôts qu'il conserve pour toi;
Et mes vers, à ses pas enchaînant la victoire,
Préparoient pour ta tête un rayon de sa gloire.
  Quelle gloire pour toi d'être choisi des cieux
Pour digne successeur de tous nos demi-dieux!
Quelle faveur du ciel, de l'être à double titre
D'un roi que tant d'États ont pris pour seul arbitre,
Et d'avoir des vertus prêtes à soutenir
Celles qui le font craindre et qui le font bénir!
C'est de tes jeunes ans ce que la France espère
Quand elle admire en toi l'image d'un tel père.
  N'aspire pas pourtant à ses travaux guerriers :
Où trouveras-tu, prince, à cueillir des lauriers,
Des peuples à dompter, et des murs à détruire?
Vois-tu des ennemis en état de te nuire?
Son bras ou sa valeur les a tous désarmés;
S'ils ont tremblé sous l'un, l'autre les a charmés.
Quelques lieux qu'il te plaise honorer de ta vue,
Un respect amoureux y prévient ta venue;
Tous les murs sont ouverts, tous les cœurs sont soumis,
Et de tous ses vaincus il t'a fait des amis.
A nos vœux les plus doux si tu veux satisfaire,
Vois moins ce qu'il a fait que ce qu'il aime à faire :
La paix a ses vertus, et tu dois y régler
Cette ardeur de lui plaire et de lui ressembler.
Vois quelle est sa justice, et quelle vigilance
Par son ordre en ces lieux ramène l'abondance,
Rétablit le commerce, et quels heureux projets
Des charges de l'État soulagent ses sujets;
Par quelle inexorable et propice tendresse
Il sauve des duels le sang de sa noblesse;
Comme il punit le crime, et par quelle terreur
Dans les cœurs les plus durs il en verse l'horreur.
Partout de ses vertus tu verras quelque marque,
Quelque exemple partout à faire un vrai monarque.
  Mais sais-tu quel salaire il s'en promet de toi?
Une postérité digne d'un si grand roi,
Qui fasse aimer ses lois chez la race future,
Et les donne pour règle à toute la nature.
  C'est sur ce digne espoir de sa tendre amitié
Qu'il t'a choisi lui-même une illustre moitié.
Ses ancêtres ont su de plus d'une manière

Unir le sang de France à celui de Bavière;
Et l'heureuse beauté qui t'attend pour mari
Descend ainsi que toi de notre grand Henri;
Vous en tirez tous deux votre auguste origine,
L'un par Louis le Juste, et l'autre par Christine,
En degré tout pareil : ses aïeux paternels
Firent avec les tiens ligue pour nos autels,
Joignirent leurs drapeaux contre le fier insulte[1]
Que Luther et sa secte osoient faire au vrai culte;
Et Prague du dernier vit les fameux exploits
De Rome dans ses murs faire accepter les lois.
  Ils ont assez donné de Césars à l'empire,
Pour en donner encor, s'il en falloit élire :
Et notre grand monarque est assez redouté
Pour faire encor voler l'aigle de leur côté.
  Quel besoin toutefois de vanter leur noblesse
Pour assurer ton cœur à la jeune princesse,
Comme si ses vertus et l'éclat de ses yeux
A son mérite seul ne l'assuroient pas mieux?
  La grandeur de son âme et son esprit sublime
S'élèvent au-dessus de la plus haute estime;
Son accueil, ses bontés, ont de quoi tout charmer;
Et tu n'auras enfin qu'à la voir pour l'aimer.
  Vois bénir en tous lieux l'hymen qui te l'amène
Des rives du Danube aux rives de la Seine;
Vois-le suivi partout des grâces et des jeux;
Vois la France à l'envi lui porter tous ses vœux.
  Je t'en peindrois ici la pompeuse allégresse :
Mais pour s'y hasarder il faut de la jeunesse.
De quel front oserois-je, avec mes cheveux gris,
Ranger autour de toi les Amours et les Ris?
Ce sont de petits dieux enjoués, mais timides,
Qui s'épouvanteroient dès qu'ils verroient mes rides;
Et ne me point mêler à leur galant aspect,
C'est te marquer mon zèle avec plus de respect.

---

1. *Insulte* était encore du genre masculin.

FIN DES POÉSIES DIVERSES.

# POËMES
## SUR LES VICTOIRES DU ROI.

### I. POËME SUR LES VICTOIRES DU ROI,
#### TRADUIT DU LATIN EN FRANÇOIS.

#### AU LECTEUR.

Quelque favorable accueil que Sa Majesté ait daigné faire à cet ouvrage, et quelques applaudissemens que la cour lui ait prodigués, je n'en dois pas faire grande vanité, puisque je n'en suis que le traducteur. Mais, dans une si belle occasion de faire éclater la gloire du roi, je n'ai point considéré la mienne : mon zèle est plus fort que mon ambition : et, pourvu que je puisse satisfaire en quelque sorte aux devoirs d'un sujet fidèle et passionné, il m'importe peu du reste. Le public m'aura du moins l'obligation d'avoir déterré ce trésor, qui, sans moi, seroit demeuré enseveli sous la poussière d'un collége : et j'ai été bien aise de pouvoir donner par là quelque marque de reconnoissance aux soins que les PP. jésuites ont pris d'instruire ma jeunesse et celle de mes enfans, et à l'amitié particulière dont m'honore l'auteur de ce panégyrique[1]. Je ne l'ai pas traduit si fidèlement, que je ne me sois enhardi plus d'une fois à étendre ou resserrer ses pensées : comme les grâces des deux langues sont différentes, j'ai cru à propos de prendre cette liberté, afin que ce qui étoit excellent en latin ne devînt pas si insupportable en françois ; vous en jugerez, et ne serez pas fâché que j'y aie fait joindre quelques autres pièces, que vous avez déjà vues, sur le même sujet. L'amour naturel que nous avons tous pour les productions de notre esprit m'a fait espérer qu'elles se pourroient ainsi conserver l'une par l'autre, ou périr un peu plus tard.

Mânes des grands Bourbons, brillans foudres de guerre,
Qui fûtes et l'exemple et l'effroi de la terre,
Et qu'un climat fécond en glorieux exploits
Pour le soutien des lis vit sortir de ses rois,
Ne soyez point jaloux qu'un roi de votre race
Égale tout d'un coup votre plus noble audace.

1. Le P. de La Rue.

Vos grands noms dans le sien revivent aujourd'hui :
Toutes les fois qu'il vainc, vous triomphez en lui;
Et ces hautes vertus que de vous il hérite
Vous donnent votre part aux encens qu'il mérite
 C'est par cette valeur qu'il tient de votre sang,
Que le lion belgique a vu percer son flanc;
Il en frémit de rage, et, devenu timide,
Il met bas cet orgueil contre vous intrépide,
Comme si sa fierté qui vous sut résister
Attendoit ce héros pour se laisser dompter !
Aussi cette fierté, par le nombre alarmée,
Voit en un chef si grand encor plus d'une armée,
Dont par le seul aspect ce vieil orgueil brisé
Court au-devant du joug si longtemps refusé.
De là ces feux de joie et ces chants de victoire
Qui font briller partout et retentir sa gloire :
Et, bien que la déesse aux cent voix et cent yeux
L'ait publiée en terre et fait redire aux cieux,
Qu'il ne soit pas besoin d'aucune autre trompette,
Le cœur paroît ingrat quand la bouche est muette,
Et d'un nom que partout la vertu fait voler
C'est crime de se taire où tout semble parler.
 Mais n'attends pas, grand roi, que mes ardeurs sincères
Appellent au secours l'Apollon de nos pères;
A mes foibles efforts daigne servir d'appui,
Et tu me tiendras lieu des muses et de lui.
Toi seul y peux suffire, et dans toutes les âmes
Allumer de toi seul les plus célestes flammes,
Tel qu'épand le soleil sa lumière sur nous,
*Unique dans le monde, et qui suffit à tous.*
 Par l'ordre de son roi, les armes de la France
De la triste Hongrie avoient pris la défense;
Sauvé du Turc vainqueur un peuple gémissant,
Fait trembler son Asie et rougir son croissant;
Par son ordre on voyoit d'invincibles courages,
D'Alger et de Tunis arrêter les pillages,
Affranchir nos vaisseaux de ces tyrans des mers,
Et leur faire à leur tour appréhender nos fers :
L'Anglois même avoit vu jusque dans l'Amérique
Ce que c'est qu'avec nous rompre la foi publique.
Et sur terre et sur mer reçu le digne prix
De l'infidélité qui nous avoit surpris.
Enfin du grand Louis aux trois parts de la terre
Le nom se faisoit craindre à l'égal du tonnerre.
L'Espagnol s'en émeut; et, gêné de remords,
Après de tels succès il craint pour tous ses bords;
L'injure d'une paix à la fraude enchaînée,

Les dures pactions[1] d'un royal hyménée,
Tremblent sous les raisons et la facilité
Qu'aura de s'en venger un roi si redouté.
　Louis s'en aperçoit, et tandis qu'il s'apprête
A joindre à tant de droits celui de la conquête,
Pour éblouir l'Espagne et son raisonnement,
Il tourne ses apprêts en divertissement;
Il s'en fait un plaisir, où par un long prélude
L'image de la guerre en affermit l'étude,
Et ses passe-temps même instruisant ses soldats
Préparent un triomphe où l'on ne pense pas.
Il se met à leur tête aux plus ardentes plaines,
Fait en se promenant leçon aux capitaines,
Se délasse à courir de quartier en quartier,
Endurcit et soi-même et les siens au métier,
Les forme à ce qu'il faut que chacun cherche ou craigne,
Et par de feints combats apprend l'art qu'il enseigne.
　Il leur montre à doubler leurs files et leurs rangs,
A changer tôt de face aux ordres différens,
Tourner à droite, à gauche, attaquer et défendre,
Enfoncer, soutenir, caracoler, surprendre;
Tantôt marcher en corps, et tantôt défiler,
Pousser à toute bride, attendre, reculer,
Tirer à coups perdus, et par toute l'armée
Faire l'oreille au bruit et l'œil à la fumée.
　Ce héros va plus outre; il leur montre à camper:
A la tente, à la hutte on les voit s'occuper;
Sa présence aux travaux mêle de si doux charmes,
Qu'ils apprennent sans peine à dormir sous les armes;
Et, comme s'ils étoient en pays dangereux,
L'ombre de Saint-Germain est un bivouac pour eux.
　Achève, grand monarque! achève, et pars sans crainte.
Si tu t'es fait un jeu de cette guerre feinte,
Accoutumé par elle à la poussière, au feu,
La véritable ailleurs ne te sera qu'un jeu :
Tes guerriers t'y suivront sans y voir rien de rude,
Combattront par plaisir, vaincront par habitude;
Et la victoire, instruite à prendre ici ta loi,
Dans les champs ennemis n'obéira qu'à toi.
　L'Espagne cependant, qui voit des Pyrénées
Donner ce grand spectacle aux dames étonnées,
Loin de craindre pour soi, regarde avec mépris,
Dans un camp si pompeux, des guerriers si bien mis,
Tant d'habits, comme au bal, chargés de broderie,
Et parmi des canons tant de galanterie

---

1. « Conventions. »

« Quoi! l'on se joue en France, et ce roi si puissant
Croit m'effrayer, dit-elle, en se divertissant! »
Il est vrai qu'il se joue, Espagne, et tu devines;
Mais tu mettras au jeu plus que tu n'imagines,
Et, de ton dernier vol si tu ne te repens,
Tu ne verras finir ce jeu qu'à tes dépens.
   Son père et son aïeul t'ont fait voir que sa France
Sait trop, quand il lui plaît, dompter ton arrogance;
Tant d'escadrons rompus, tant de murs emportés,
T'ont réduite souvent au secours des traités;
Ces disgrâces alors te donnoient peu d'alarmes,
Tes conseils réparoient la honte de tes armes;
Mais le ciel réservoit à notre auguste roi
D'avoir plus de conduite et plus de cœur que toi.
   Rien plus ne le retarde, et déjà ses trompettes
Aux confins de l'Artois lui servent d'interprètes;
C'est de là, c'est par là qu'il s'explique assez haut.
Il entre dans la Flandre et rase le Hainaut.
Le François court et vole, une mâle assurance
Le fait à chaque pas triompher par avance;
Le désordre est partout, et l'approche du roi
Remplit l'air de clameurs et la terre d'effroi.
Jusqu'au fond du climat ses lions en rugissent,
Leur vue en étincelle, et leurs crins s'en hérissent;
Les antres et les bois, par de longs hurlemens,
Servent d'affreux échos à leurs rugissemens :
Et les fleuves mal sûrs dans leurs grottes profondes
Hâtent vers l'Océan la fuite de leurs ondes;
Incertains de la marche, ils tremblent tous pour eux.
Songe encor, songe, Espagne, à mépriser nos jeux!
   Ainsi, quand le courroux du maître de la terre
Pour en punir l'orgueil prépare son tonnerre,
Qu'un orage imprévu qui roule dans les airs
Se fait connoître au bruit et voir par les éclairs,
Ces foudres, dont la route est pour nous inconnue,
Paroissent quelque temps se jouer dans la nue,
Et ce feu qui s'échappe et brille à tous momens,
Semble prêter au ciel de nouveaux ornemens :
Mais enfin le coup tombe; et ce moment horrible,
A force de tarder devenu plus terrible,
Étale aux yeux surpris des hommes écrasés,
Une plaine fumante, et des rochers brisés.
Tel on voit le Flamand présumer ta venue,
Grand roi! Pour fuir ta foudre il cherche à fuir ta vue;
Et, de tes justes lois ignorant la douceur,
Il abandonne aux tiens des murs sans défenseur.
   La Bassée, Armentière, aussitôt sont désertes;

Charleroi, qui t'attend, mais à portes ouvertes,
A forts démantelés, à travaux démolis,
Sur le nom de son roi laisse arborer tes lis :
C'est là le prompt effet de la frayeur commune;
C'est ce que font sans toi ton nom et ta fortune.
Heureux tous nos Flamands, si l'exemple suivi
Eût partout à tes droits fait justice à l'envi!
Furne n'auroit point vu ses portes enfoncées;
Bergue n'auroit point vu ses murailles forcées;
Et Tournai, de tout temps tout françois dans le cœur,
T'eût reçu comme maître, et non comme vainqueur;
Les muses à Douai n'auroient point pris les armes
Pour coûter à son peuple et du sang et des larmes;
Courtrai, sans en verser, eût changé de destin;
Ce refuge orgueilleux de l'Espagnol mutin,
Alost, n'eût point fourni de matière à ta gloire;
Oudenarde jamais n'eût pleuré ta victoire.
Que dirai-je de Lille, où tant et tant de tours,
De forts, de bastions, n'ont tenu que dix jours?

Ces murs si rechantés, dont la noble ruine
De tant de nations flatte encor l'origine,
Ces remparts que la Grèce et tant de dieux ligués
En deux lustres à peine ont pu voir subjugués,
Eurent moins de défense, et l'art en leur structure
Avoit moins secouru l'effort de la nature;
Et ton bras en dix jours a plus fait à nos yeux
Que la fable en dix ans n'a fait faire à ses dieux.

Ainsi, par des succès que nous n'osions attendre,
Ton État voit sa borne au milieu de la Flandre;
Et la Flandre, qui craint de plus grands changemens,
Voit ses fleuves captifs diviser ses Flamands.
C'est là ton pur ouvrage, et ce qu'en vain ta France
Elle-même a tenté sous une autre puissance;
Ce que sembloit le ciel défendre à nos souhaits;
Ce qu'on n'a jamais vu, qu'on ne verra jamais;
Ce que tout l'avenir à peine voudra croire....
Mais de quel front osé-je ébaucher tant de gloire,
Moi dont le style foible et le vers mal suivi
Ne sauroient même atteindre à ceux qui t'ont servi?

Souffre-moi toutefois de tâcher à portraire
D'un roi tout merveilleux l'incomparable frère;
Sa libéralité pareille à sa valeur;
A l'espoir du combat ce qu'il sent de chaleur;
Ce que lui fait oser l'inexorable envie
D'affronter les périls au mépris de sa vie,
Lorsque de sa grandeur il peut se démêler,
Et trompe autour de lui tant d'yeux pour y voler.

Les tristes champs de Bruge en rendront témoignage :
Ce fut là que pour suite il n'eut que son courage ;
Il fuyoit tous les siens pour courir sur tes pas,
Marcin ; et ta déroute eût signalé son bras,
Si le destin jaloux qui l'avoit arrêtée
Pour en croître l'affront ne l'eût précipitée,
Et sur ton nom fameux déployé sa rigueur
Jusques à t'envier un si noble vainqueur.
 Enghien le suit de près, et n'est pas moins avide
De ces occasions où l'honneur sert de guide.
L'Escaut épouvanté voit ses premiers efforts
Le couronner de gloire au travers de cent morts,
Donner sur l'embuscade, en pousser la retraite,
Triompher des périls où sa valeur le jette,
Et montrer dans un cœur aussi haut que son rang
De l'illustre Condé le véritable sang.
 Saint-Paul, de qui l'ardeur prévient ce qu'on espère,
De son côté Dunois, et Condé par sa mère,
A l'un et l'autre nom répond si dignement,
Que des plus vaillans même il est l'étonnement.
Des armes qu'il arrache aux mains qui le combattent
Il commence un trophée où ses vertus éclatent ;
Et, pour forcer la Flandre à prendre un joug plus doux,
Les pals les plus serrés font passage à ses coups.
Mais où va m'emporter un zèle téméraire ?
A quoi m'expose-t-il ? et que prétends-je faire,
Lorsque tant de grands noms, tant d'illustres exploits,
Tant de héros enfin s'offrent tous à la fois ?
 Magnanimes guerriers, dont les hautes merveilles
Lasseroient tout l'effort des plus savantes veilles,
Bien que votre valeur étonne l'univers,
Qu'elle mette vos noms au-dessus de mes vers,
Vos miracles pourtant ne sont point des miracles ;
L'exemple de Louis vous lève tous obstacles :
Marchez dessus ses pas, fixez sur lui vos yeux,
Vous n'avez qu'à le voir, qu'à le suivre en tous lieux,
Qu'à laisser faire en vous l'ardeur qu'il vous inspire,
Pour vous faire admirer plus qu'on ne vous admire.
 Cette ardeur, qui des chefs passe aux moindres soldats,
Anime tous les cœurs, fait agir tous les bras :
Tout est beau, tout est doux sous de si grands auspices ;
La peine a ses plaisirs, la mort a ses délices ;
Et, de tant de travaux qu'il aime à partager,
On n'en voit que la gloire et non pas le danger.
 Il n'est pas de ces rois qui, loin du bruit des armes,
Sous des lambris dorés donnent ordre aux alarmes,
Et, traçant en repos d'ambitieux projets,

Prodiguent, à couvert, le sang de leurs sujets.
Il veut de sa main propre enfler sa renommée,
Voir de ses propres yeux l'état de son armée,
Se fait à tout son camp reconnoître à la voix,
Visite la tranchée, y fait suivre ses lois :
S'il faut des assiégés repousser les sorties,
S'il faut livrer assaut aux places investies.
Il montre à voir la mort, à la braver de près,
A mépriser partout la grêle des mousquets,
Et lui-même essuyant leur plus noire tempête
Par ses propres périls achète sa conquête.
  Tel le grand saint Louis, la tige des Bourbons,
Lui-même du Soudan forçoit les bataillons :
Tel son aïeul Philippe acquit le nom d'Auguste
Dans les fameux hasards d'une guerre aussi juste;
Avec le même front, avec la même ardeur
Il terrassa d'Othon la superbe grandeur,
Couvrit devant ses yeux la Flandre de ruines,
Et du sang allemand fit ruisseler Bovines :
Tel enfin, grand monarque, aux campagnes d'Ivry,
Tel en mille autres lieux l'invincible Henri,
De la Ligue obstinée enfonçant les cohortes,
Te conquit de sa main le sceptre que tu portes.
  Vous, ses premiers sujets, qu'attache à son côté
La splendeur de la race ou de la dignité,
Vous, dignes commandans, vous, dextres aguerries,
Troupes aux champs de Mars dès le berceau nourries,
Dites-moi de quels yeux vous vîtes ce grand roi,
Après avoir rangé tant de murs sous sa loi,
Descendre parmi vous de son char de victoire
Pour vous donner à tous votre part à sa gloire.
De quels yeux vîtes-vous son auguste fierté
Unir tant de tendresse à tant de majesté,
Honorer la valeur, estimer le service,
Aux belles actions rendre prompte justice,
Secourir les blessés, consoler les mourans,
Et pour vous applaudir passer dans tous vos rangs?
  Parlez, nouveaux François, qui venez de connoître
Quel est votre bonheur d'avoir changé de maître,
Vous qui ne voyiez plus vos princes qu'en portrait,
Sujets en apparence, esclaves en effet,
Pouvez-vous regretter ces démarches pompeuses,
Ces fastueux dehors, ces grandeurs sourcilleuses,
Ces gouverneurs enfin envoyés de si loin,
Tout-puissans en parade, impuissans au besoin,
Qui, ne montrant jamais qu'un œil farouche et sombre,
A peine vous jugeoient digne de voir leur ombre?

Nos rois n'exigent point cet odieux respect :
Chacun peut chaque jour jouir de leur aspect ;
On leur parle, on reçoit d'eux-mêmes le salaire
Des services rendus, ou du zèle à leur plaire ;
Et l'amoureux attrait qui règne en leurs bontés
Leur gagne d'un coup d'œil toutes les volontés.

Pourriez-vous en avoir une plus sûre marque,
Belges? Vous le voyez, cet illustre monarque
A vos temples ouverts conduire ses vainqueurs
Pour y bénir le ciel de vos propres bonheurs.
Est-il environné de ces pompes cruelles
Dont à Rome éclatoient les victoires nouvelles,
Quand tout autour d'un char elle voyoit traînés
Des peuples soupirans et des rois enchaînés,
Qu'elle admiroit l'amas des affreux brigandages
D'où tiroient leurs grands noms ses plus grands personnages,
Et des fleuves domptés les simulacres vains
Qui sous des flots de bronze adoroient ses Romains?
Il n'y fait point porter les dépouilles des villes,
Comme ses Marius, ses Métels, ses Émiles,
Et ce reste insolent d'avides conquérans,
Grands héros dans ses murs, partout ailleurs tyrans.

Il entre avec éclat, mais votre populace
Ne voit point sur son front de fast ni de menace ;
Il entre, mais d'un air qui ravit tous les cœurs,
En père des vaincus, en maître des vainqueurs.
Peuples, repentez-vous de votre résistance ;
Il ramène en vos murs la joie et l'abondance ;
Votre défaite en chasse un sort plus rigoureux :
Si vous aviez vaincu, vous seriez moins heureux.

On m'en croit, on l'aborde, on lui porte des plaintes :
Il écoute, il prononce, il fait des lois plus saintes ;
Chacun reste charmé d'un si facile accès,
Chacun des maux passés goûte le doux succès,
Jure avec l'Espagnol un éternel divorce,
Et porte avec amour un joug reçu par force.

C'est ainsi que la terre, au retour du printemps,
Des grâces du soleil se défend quelque temps,
De ses premiers rayons refuit les avantages,
Et pour les repousser élève cent nuages ;
Le soleil plus puissant dissipe ces vapeurs,
S'empare de son sein, y fait naître des fleurs,
Y fait germer des fruits, et la terre, à leur vue
Se trouvant enrichie aussitôt que vaincue,
Ouvre à ce conquérant jusques au fond du cœur,
Et pleine de ses dons, adore son vainqueur.

Poursuis, grand roi, poursuis : c'est par là qu'on s'assure

Du respect immortel chez la race future;
C'est par là que le ciel prépare ton Dauphin
A remplir hautement son illustre destin :
Il y répond sans peine, et son jeune courage
Accuse incessamment la paresse de l'âge;
Toute son âme vole après tes étendards,
Brûle de partager ta gloire et tes hasards,
D'aller ainsi que toi de conquête en conquête.
   Conservez, justes cieux, et l'une et l'autre tête;
Modérez mieux l'ardeur d'un roi si généreux :
Faites-le souvenir qu'il fait seul tous nos vœux,
Que tout notre destin s'attache à sa personne,
Qu'il feroit d'un faux pas chanceler sa couronne;
Et, puisque ses périls nous forcent de trembler,
Du moins n'en souffrez point qui nous puisse accabler.

## II. AU ROI.

*Sur son retour de Flandre.*

Tu reviens, ô mon roi, tout couvert de lauriers;
Les palmes à la main tu nous rends nos guerriers;
Et tes peuples, surpris et charmés de leur gloire,
Mêlent un peu d'envie à leur chant de victoire.
   Ils voudroient avoir vu comme eux aux champs de Mars
Ton auguste fierté guider tes étendards,
Avoir dompté comme eux l'Espagne en sa milice,
Réduit comme eux la Flandre à te faire justice,
Et su mieux prendre part à tant de murs forcés
Que par des feux de joie et des vœux exaucés.
   Nos muses à leur tour, de même ardeur saisies,
Vont redoubler pour toi leurs nobles jalousies,
Et ta France en va voir les merveilleux efforts
Déployer à l'envi leurs plus rares trésors.
Elles diront quels soins, quels rudes exercices,
Quels travaux assidus étoient lors tes délices,
Quels secours aux blessés prodiguoit ta bonté,
Quels exemples donnoit ton intrépidité,
Quels rapides succès ont accru ton empire,
Et le diront bien mieux que je ne le puis dire.
C'est à moi de m'en taire, et ne pas avilir
L'honneur de ces lauriers que tu viens de cueillir
De mon génie usé la chaleur amortie
A leur gloire immortelle est trop mal assortie,
Et défigureroit tes grandes actions
Par l'indigne attentat de ses expressions.
Que ne peuvent, grand roi, les hautes destinées

Me rendre la vigueur de mes jeunes années !
Qu'ainsi qu'au temps du *Cid* je ferois de jaloux !
Mais j'ai beau rappeler un souvenir si doux,
Ma veine, qui charmoit alors tant de balustres,
N'est plus qu'un vieux torrent qu'ont tari douze lustres;
Et ce seroit en vain qu'aux miracles du temps
Je voudrois opposer l'acquis de quarante ans.
Au bout d'une carrière et si longue et si rude
On a trop peu d'haleine et trop de lassitude;
A force de vieillir un auteur perd son rang;
On croit ses vers glacés par la froideur du sang;
Leur dureté rebute, et leur poids incommode,
Et la seule tendresse est toujours à la mode.
　Ce dégoût toutefois ni ma propre langueur
Ne me font pas encor tout à fait perdre cœur;
Et, dès que je vois jour sur la scène à te peindre,
Il rallume aussitôt ce feu prêt à s'éteindre.
Mais, comme au vif éclat de tes faits inouïs
Soudain mes foibles yeux demeurent éblouis,
J'y porte, au lieu de toi, ces héros dont la gloire
Semble épuiser la faîle et confondre l'histoire;
Et, m'en faisant un voile entre la tienne et moi,
J'assure mes regards pour aller jusqu'à toi.
　Ainsi de ta splendeur mon idée enrichie
En applique à leur front la clarté réfléchie,
Et forme tous leurs traits sur le moindre des tiens,
Quand je veux faire honneur aux siècles anciens.
Sur mon théâtre ainsi tes vertus ébauchées
Sèment ton grand portrait par pièces détachées:
Les plus sages des rois, comme les plus vaillans,
Y reçoivent de toi leurs plus dignes brillans.
J'emprunte, pour en faire une pompeuse image,
Un peu de ta conduite, un peu de ton courage;
Et j'étudie en toi ce grand art de régner,
Qu'à leur postérité je leur fais enseigner.
C'est tout ce que des ans me peut souffrir la glace.
Mais j'ai d'autres moi-même à servir en ma place.
Deux fils dans ton armée, et dont l'unique emploi
Est d'y porter du sang à répandre pour toi :
Tous deux ils tâcheront, dans l'ardeur de te plaire
D'aller plus loin pour toi que le nom de leur père;
Tous deux, impatiens de le mieux signaler,
Ils brûleront d'agir, quand je tremble à parler;
Et ce feu qui sans cesse eux et moi nous consume
Suppléera par l'épée au défaut de ma plume.
Pardonne, grand vainqueur, à cet emportement :
Le sang prend malgré nous quelquefois son moment;

D'un père pour ses fils l'amour est légitime;
Et j'ai droit pour les miens de garder quelque estime,
Après qu'en leur faveur toi-même as bien voulu
M'assurer que l'abord ne t'en a point déplu.
   Le plus jeune a trop tôt reçu d'heureuses marques
D'avoir suivi les pas du plus grand des monarques :
Mais, s'il a peu servi, si le feu des mousquets
Arrêta dès Douai ses plus ardens souhaits,
Il fait gloire du lieu que perça la tempête :
Ceux qu'elle atteint au pied ne cachent pas leur tête ;
Sur eux à ta fortune ils laissent tout pouvoir ;
Ils s'offrent tout entiers aux hasards du devoir.
   De nouveau je m'emporte. Encore un coup, pardonne
Ce doux égarement que le sang me redonne ;
Sa flatteuse surprise aisément nous séduit ;
La pente est naturelle, avec joie on la suit ;
Elle fait une aimable et prompte violence,
Dont pour me garantir je n'ai que le silence.
   Grand roi, qui vois assez combien j'en suis confus,
Souffre que je t'admire, et ne te parle plus.

---

## III. TRADUCTION ET IMITATIONS

*De l'épigramme latine de M. de Montmor, premier maître des requêtes de l'hôtel du roi*[1]

### TRADUCTION.

Sur l'Escaut étonné tu lances la tempête,
Grand prince, et fais trembler partout tes ennemis ;
Mais, quand tu ne crains pas d'y hasarder ta tête,
Tu fais trembler aussi ceux que Dieu t'a soumis.

### IMITATION.

Tes glorieux périls remplissent tes projets,
Grand roi : mais tu fais peur aux deux partis ensemble ;
Et, si devant tes pas toute l'Espagne tremble,
Ces périls où tu cours font trembler tes sujets.

### AUTRE.

Ton courage, grand roi, que la gloire accompagne,
Jette les deux partis dans un pareil effroi ;
Et si, quand tu parois, tu fais trembler l'Espagne,
Les lieux où tu parois nous font trembler pour toi.

---

1.     Fulminat attonitas Scaldis Lodoïcus ad arces,
      Intrepidusque hostes terret ubique suos :
    Dum tamen augustum caput objectare periclis
      Non timet, heu! populos terret et ille suos.

AUTRE.

Et l'Espagne et les tiens, grand prince, à te voir faire,
De pareilles frayeurs se laissent accabler :
L'Espagne à ton aspect tremble à son ordinaire,
Les tiens par tes périls apprennent à trembler.

---

### IV. AU ROI.

*Sur sa conquête de la Franche-Comté*

Quelle rapidité, de conquête en conquête,
En dépit des hivers guide tes étendards?
Et quel dieu dans tes yeux tient cette foudre prête
Qui fait tomber les murs d'un seul de tes regards?

A peine tu parois, qu'une province entière
Rend hommage à tes lis et justice à tes droits;
Et ta course en neuf jours achève une carrière
Que l'on verroit coûter un siècle à d'autres rois.

En vain pour t'applaudir ma muse impatiente,
Attendant ton retour, prête l'oreille au bruit;
Ta vitesse l'accable, et sa plus haute attente
Ne peut imaginer ce que ton bras produit.

Mon génie, étonné de ne pouvoir te suivre,
En perd haleine et force; et mon zèle confus,
Bien qu'il t'ait consacré ce qui me reste à vivre,
S'épouvante, t'admire, et n'ose rien de plus.

Je rougis de me taire, et d'avoir tant à dire;
Mais c'est le seul parti que je puisse choisir :
Grand roi, pour me donner quelque loisir d'écrire,
Daigne prendre pour vaincre un peu plus de loisir !

---

### V. AU ROI.

*Sur le rétablissement de la foi catholique en ses conquêtes
de Hollande.*

Tes victoires, grand roi, si pleines et si promptes,
N'ont rien qui me surprenne en leur rapide cours,
Ni tout ce vaste effroi des peuples que tu domptes,
Qui t'ouvre plus de murs que tu n'y perds de jours.

C'est l'effet, c'est le prix des soins dont tu travailles
A ranimer la foi qui s'y laisse étouffer :
Tu mets de leur parti le Maître des batailles,
Et, dès qu'ils ont vaincu, tu les fais triompher.

Tu prends ses intérêts, il brise tous obstacles;
Tu rétablis son culte, il se fait ton appui;
Sur ton zèle intrépide il répand ses miracles,
Et prête son secours à qui combat pour lui.

Ils font de jour en jour nouvelle peine à croire,
Ils vont de marche en marche au delà des projets,
Lassent la renommée, épouvantent l'histoire,
Préviennent l'espérance, et passent les souhaits.

Poursuis, digne monarque, et rends-lui tous ses temples,
Fais-lui d'heureux sujets de ceux qu'il t'a soumis;
Et, comme il met ta gloire au-dessus des exemples,
Mets la sienne au-dessus de tous ses ennemis.

Mille autres à l'envi peindront ce grand courage,
Ce grand art de régner qui te suit en tout lieu;
Je leur en laisse entre eux disputer l'avantage,
Et ne veux qu'admirer en toi le don de Dieu.

## VI. TRADUCTION D'UNE INSCRIPTION LATINE POUR L'ARSENAL DE BREST [1].

Palais digne de Mars, qui fournis pour armer
Cent bataillons sur terre, et cent vaisseaux sur mer;
De l'empire des lis foudroyant corps de garde
Que jamais sans pâlir corsaire ne regarde,
    De Louis, le plus grand des rois,
    Vous êtes l'immortel ouvrage.
Vents, c'est ici qu'il faut lui rendre hommage;
Mers, c'est ici qu'il faut prendre ses lois.

## VII. LES VICTOIRES DU ROI

### SUR LES ÉTATS DE HOLLANDE, EN L'ANNÉE 1672,

*Imitées du latin du P de La Rue.*

Les douceurs de la paix, et la pleine abondance
Dont ses tranquilles soins comblent toute la France,
Suspendoient le courroux du plus grand de ses rois:
Ce courroux sûr de vaincre, et vainqueur tant de fois
Vous l'aviez éprouvé, Flandre, Hainaut, Lorraine;
L'Espagne et sa lenteur n'en respiroient qu'à peine;
Et ce triomphe heureux sur tant de nations

---

[1]. L'inscription latine est de Santeuil.

Sembloit mettre une borne aux grandes actions
Mais une si facile et si prompte victoire
Pour le victorieux n'a point assez de gloire :
Amoureux des périls et du pénible honneur,
Il ne sauroit goûter ce rapide bonheur ;
Il ne sauroit tenir pour illustres conquêtes
Des murs qui trébuchoient sans écraser de têtes,
Des forts avant l'attaque entre ses mains remis,
Ni des peuples tremblans pour justes ennemis.
Au moindre souvenir qui peigne à sa vaillance
Chez tant d'autres vainqueurs la fortune en balance,
Les triomphes sanglans, et longtemps disputés,
Il voit avec dédain ceux qu'il a remportés :
Sa gloire, inconsolable après ces hauts exemples,
Brûle d'en faire voir d'égaux ou de plus amples ;
Et, jalouse du sang versé par ces guerriers,
Se reproche le peu que coûtent ses lauriers.
　Pardonne, grand monarque, à ton destin propice !
Il va de ses faveurs corriger l'injustice,
Et t'offre un ennemi fier, intrépide, heureux,
Puissant, opiniâtre, et tel que tu le veux.
Sa fureur se fait craindre aux deux bouts de la terre :
Au levant, au couchant, elle a porté la guerre ;
L'une et l'autre Java, la Chine, et le Japon,
Frémissent à sa vue et tremblent à son nom.
C'est ce jaloux ingrat, cet insolent Batave,
Qui te doit ce qu'il est et hautement te brave ;
Il te déchire, il arme, il brigue contre toi,
Comme s'il n'aspiroit qu'à te faire la loi.
　Ne le regarde point dans sa basse origine,
Confiné par mépris aux bords de la marine :
S'il n'y fit autrefois la guerre qu'aux poissons,
S'il n'y connut le fer que par ses hameçons,
Sa fierté, maintenant au-dessus de la roue,
Méconnoît ses aïeux qui rampoient dans la boue.
C'est un peuple ennobli par cent fameux exploits,
Qui ne veut adorer ni vivre qu'à son choix ;
Un peuple qui ne souffre autels ni diadèmes ;
Qui veut borner les rois et les régir eux-mêmes ;
Un peuple enflé d'orgueil et gorgé de butin,
Que son bras a rendu maître de son destin ;
Pirate universel, et pour gloire nouvelle
Associé d'Espagne, et non plus son rebelle.
　Sur ce digne ennemi venge le ciel et toi ;
Venge l'honneur du sceptre, et les droits de la foi.
Tant d'illustres fureurs, tant d'attentats célèbres,
L'ont fait assez gémir chez lui dans les ténèbres :

Romps les fers qu'elle y traîne, et rends-lui le plein jour;
Règne, et fais-y régner le vrai culte à son tour.
　Ce grand prince m'écoute, et son ardeur guerrière
Le jette avidement dans cette âpre carrière,
La juge avantageuse à montrer ce qu'il est;
Et plus la course est rude, et plus elle lui plaît.
Il s'oppose déjà des troupes formidables,
Des Ostendes, trois ans à tout autre imprenables,
Des fleuves teints de sang, des champs semés de corps,
Cent périls éclatans, et mille affreuses morts :
Car enfin d'un tel peuple, à lui rendre justice,
Après une si longue et si dure milice,
Après un siècle entier perdu pour le dompter,
Quelle plus foible image ose se présenter?
Des orageux reflux d'une mer écumeuse;
Des trois canaux du Rhin, de l'Yssel, de la Meuse;
De ce climat jadis si fatal aux Romains,
Et qui défie encor tous les efforts humains;
De ces flots suspendus où l'art soutient des rives
Pour noyer les vainqueurs dans les plaines captives;
De cent bouches partout si prêtes à tonner,
Qui peut se former l'ombre, et ne pas s'étonner?
Si ce peuple au secours attire l'Allemagne,
S'il joint le Mein au Tage, et l'empire à l'Espagne,
S'il fait au Danemark craindre pour ses deux mers,
Si contre nous enfin il ligue l'univers,
Que sera-ce? Mon roi n'en conçoit point d'alarmes;
Plus l'orage grossit, plus il y voit de charmes;
Son ardeur s'en redouble au lieu de s'arrêter;
Il veut tout reconnoître et tout exécuter,
Et, présentant le front à toute la tempête,
Agir également du bras et de la tête.
La même ardeur de gloire emporte ses sujets :
Chacun veut avoir part à ses nobles projets;
Chacun s'arme, et la France, en guerriers si féconde,
Jamais sous ses drapeaux ne rangea tant de monde.
　L'Anglois couvre pour nous la mer de cent vaisseaux ·
Cologne après Munster nous prête ses vassaux;
Ses prélats, pour marcher contre des sacriléges,
De leur sacré repos quittent les priviléges,
Et pour les intérêts d'un Dieu leur souverain
Se joignent à nos lis, le tonnerre à la main.
　Cependant la Hollande entend la Renommée
Publier notre marche et vanter notre armée.
Le nautonier brutal, et l'artisan sans cœur,
Déjà de sa défaite osent se faire honneur :
Cette âme du parti, cet Amsterdam, qu'on nomme

Le magasin du monde et l'émule du Rome,
Pour se flatter d'un sort à ce grand sort égal,
S'imagine à sa porte un second Annibal;
S'y figure un Pyrrhus, un Jugurthe, un Persée;
Et, sur ces rois vaincus promenant sa pensée,
S'applique tous ces temps où les moindres bourgeois
Dans Rome avec mépris regardoient tous les rois :
Comme si son trafic et des armes vénales
Lui pouvoient faire un cœur et des forces égales!

Voyons, il en est temps, fameux républicains,
Nouveaux enfans de Mars, rivaux des vieux Romains.
Tyrans de tant de mers, voyons de quelle audace
Vous détachez du toit l'armet et la cuirasse,
Et rendez le tranchant à ces glaives rouillés
Que du sang espagnol vos pères ont souillés.

Juste ciel! me trompé-je? ou si déjà la guerre
Sur les deux bords du Rhin fait bruire son tonnerre?
Condé presse Vesel, tandis qu'avec mon roi
Le généreux Philippe assiége et bat Orsoi;
Ce monarque avec lui devant Rhimbergue tonne,
Et Turenne promet Buric à sa couronne.
Quatre siéges ensemble, où les moindres remparts
Ont bravé si longtemps nos modernes Césars,
Où tout défend l'abord (qui l'auroit osé croire?),
Mon prince ne s'en fait qu'une seule victoire.
Sous tant de bras unis il a peur d'accabler,
Et les divise exprès pour faire moins trembler;
Il s'affoiblit exprès pour laisser du courage;
Pour faire plus d'éclat il prend moins d'avantage;
Et, n'envoyant partout que des partis égaux,
Il cherche à voir partout répondre à ses assauts.

Que te sert, ô grand roi, cette noble contrainte?
Partager tes drapeaux, c'est partager la crainte,
L'épandre en plus de lieux, et faire sous tes lois
Tomber plus de remparts et de peuple à la fois.
Pour t'affoiblir ainsi tu n'en deviens pas moindre;
Ta fortune partout sait l'art de te rejoindre :
L'effet est sûr au bras dès que ton cœur résout;
Tu ne bats qu'une place, et tes soins vont partout;
Partout on croit te voir, partout on t'appréhende,
Et tes ordres font tout, quelque chef qui commande.

Ainsi tes pavillons à peine sont plantés,
A peine vers les murs tes canons sont pointés,
Que l'habitant s'effraye, et le soldat s'étonne;
Un bastion le couvre, et le cœur l'abandonne;
Et le front menaçant de tant de boulevards,
De tant d'épaisses tours qui flanquent ses remparts,

Tant de foudres d'airain, tant de masses de pierre,
Tant de munitions et de bouche et de guerre,
Tant de larges fossés qui nous ferment le pas,
Pour tenir quatre jours ne lui suffisent pas.
L'épouvante domine, et la molle prudence
Court au-devant du joug avec impatience,
Se donne à des vainqueurs que rien n'a signalés,
Et leur ouvre des murs qu'ils n'ont pas ébranlés.
  Misérables! quels lieux cacheront vos misères
Où vous ne trouviez pas les ombres de vos pères,
Qui, morts pour la patrie et pour la liberté,
Feront un long reproche à votre lâcheté?
Cette noble valeur autrefois si connue,
Cette digne fierté, qu'est-elle devenue?
Quand sur terre et sur mer vos combats obstinés
Brisoient les rudes fers à vos mains destinés;
Quand vos braves Nassaus, quand Guillaume et Maurice,
Quand Henri vous guidoit dans cette illustre lice;
Quand du sceptre danois vous paroissiez l'appui,
N'aviez-vous que les cœurs, que les bras d'aujourd'hui?
Mais n'en réveillons point la mémoire importune;
Vous n'êtes pas les seuls, l'habitude est commune,
Et l'usage n'est plus d'attendre sans effroi
Des François animés par l'aspect de leur roi.
Il en rougit pour vous, et lui-même il a honte
D'accepter des sujets que le seul effroi dompte;
Et, vainqueur malgré lui sans avoir combattu,
Il se plaint du bonheur qui prévient sa vertu.
  Peuples, l'abattement que vous faites connoître
Ne fait pas bien sa cour à votre nouveau maître;
Il veut des ennemis, et non pas des fuyards
Que saisit l'épouvante à nos premiers regards :
Il aime qu'on lui fasse acheter la victoire;
La disputer si mal, c'est envier sa gloire;
Et ce tas de captifs, cet amas de drapeaux,
Ne font qu'embarrasser ses projets les plus beaux.
  Console-t'en, mon prince; il s'ouvre une autre voie
A te combler de gloire aussi bien que de joie :
Si ce peuple à l'effroi se laisse trop dompter,
Ses fleuves ont des flots à moins s'épouvanter.
Ils ont fait aux Romains assez de résistance
Pour en espérer une en faveur de ta France;
Et ces bords où jamais l'aigle ne fit la loi
S'oseront quelque temps défendre contre toi.
A ce nouveau projet le monarque s'enflamme,
Il l'examine, tâte, et résout en son âme;
Et, tout impatient d'en recueillir le fruit.

Il part dans le silence et l'ombre de la nuit
Des guerriers qu'il choisit l'escadron intrépide,
Glorieux d'un tel choix, et ravi d'un tel guide,
Marche incertain des lieux où l'on veut son emploi,
Mais assuré de vaincre où l'emploiera son roi.
  Le jour à peine luit, que le Rhin se rencontre;
Tholus frappe les yeux; le fort de Skeink se montre :
On s'apprête au passage, on dresse les pontons;
Vers la rive opposée on pointe les canons.
La frayeur que répand cette troupe guerrière
Prend les devans sur elle, et passe la première;
Le tumulte à la suite et sa confusion
Entraînent le désordre et la division.
La discorde effarée à ces monstres préside,
S'empare au fort de Skeink des cœurs qu'elle intimide,
Et d'un cor enroué fait sonner en ces lieux
La fureur des François et le courroux des cieux,
Leur étale des fers, et la mort préparée,
Et des autels brisés la vengeance assurée.
La vague au pied des murs à peine ose frapper,
Que le fleuve alarmé ne sait où s'échapper;
Sur le point de se fendre, il se retient, et doute
Ou du Rhin ou du Whal s'il doit prendre la route.
  Les tremblemens de l'île ouvrant jusqu'aux enfers
(Écoute, Renommée, et répète mes vers),
Le grand nom de Louis et son illustre vie
Aux champs Élysiens font descendre l'Envie,
Qui pénètre à tel point les mânes des héros,
Que, pour s'en éclaircir, ils quittent leur repos.
On voit errer partout ces ombres redoutables
Qu'arrêtèrent jadis ces bords impénétrables :
Drusus marche à leur tête, et se poste au fossé
Que pour joindre l'Yssel au Rhin il a tracé;
Varus le suit tout pâle, et semble dans ces plaines
Chercher le reste affreux des légions romaines;
Son vengeur après lui, le grand Germanicus,
Vient voir comme on vaincra ceux qu'il n'a pas vaincus :
Le fameux Jean d'Autriche, et le cruel Tolède,
Sous qui des maux si grands crûrent par leur remède;
L'invincible Farnèse, et les vaillans Nassaus,
Fiers d'avoir tant livré, tant soutenu d'assauts,
Reprennent tous leur part au jour qui nous éclaire
Pour voir faire à mon roi ce qu'eux tous n'ont pu faire,
Eux-mêmes s'en convaincre, et d'un regard jaloux
Admirer un héros qui les efface tous.
  Il range cependant ses troupes au rivage,
Mesure de ses yeux Tholus et le passage,

Et voit de ces héros ibères et romains
Voltiger tout autour les simulacres vains.
Cette vue en son sein jette une ardeur nouvelle
D'emporter une gloire et si haute et si belle,
Que, devant ces témoins à le voir empressés,
Elle ait de quoi ternir tous les siècles passés :
« Nous n'avons plus, dit-il, affaire à ces Bataves
De qui les corps massifs n'ont que des cœurs d'esclaves;
Non, ce n'est plus contre eux qu'il nous faut éprouver,
C'est Rome et les Césars que nous allons braver.
De vos ponts commencés abandonnez l'ouvrage,
François; ce n'est qu'un fleuve, il faut passer à nage,
Et laisser, en dépit des fureurs de son cours,
Aux autres nations un si tardif secours :
Prenez pour le triomphe une plus courte voie;
C'est Dieu que vous servez, c'est moi qui vous envoie,
Allez, et faites voir à ces flots ennemis
Quels intérêts le ciel en vos mains a remis. »
  C'étoit assez en dire à de si grands courages :
Des barques et des ponts on hait les avantages;
On demande, on s'efforce à passer des premiers :
Grammont ouvre le fleuve à ces bouillans guerriers :
Vendôme, d'un grand roi race tout héroïque,
Vivonne, la terreur des galères d'Afrique,
Briole, Chavigny, Nogent, et Nantouillet,
Sous divers ascendans montrent même souhait;
De Termes, et Coislin, et Soubise, et La Salle,
Et de Saulx, et Revel, ont une ardeur égale;
Et Guitry, que la Parque attend sur l'autre bord,
Sallart et Beringhen font un pareil effort.
Je n'achèverois point si je voulois ne taire
Ni pas un commandant, ni pas un volontaire :
L'histoire en prendra soin, et sa fidélité
Les consacrera mieux à l'immortalité.
De la maison du roi l'escadre ambitieuse
Fend après tant de chefs la vague impétueuse,
Suit l'exemple avec joie; et peut-être, grand roi,
Avois-je là quelqu'un qui te servoit pour moi :
Tu le sais, il suffit. Ces guerriers intrépides
Percent des flots grondans les montagnes liquides.
La tourmente et les vents font horreur aux coursiers,
Mais cette horreur en vain résiste aux cavaliers;
Chacun pousse le sien au travers de l'orage;
Le péril redoublé redouble le courage;
Le gué manque, et leurs pieds semblent à pas perdus
Chercher encor le fond qu'ils ne retrouvent plus;
Ils battent l'eau de rage, et, malgré la tempête

Qui bondit sur leur croupe et mugit sur leur tête,
L'impérieux éclat de leurs hennissemens
Veut imposer silence à ses mugissemens :
Le gué renaît sous eux; à leurs crins qu'ils secouent
Des restes du péril on diroit qu'ils se jouent,
Ravis de voir qu'enfin leur pied mieux affermi,
Victorieux des flots, n'a plus qu'un ennemi.
　Tout à coup il se montre, et de ses embuscades
Il fait pleuvoir sur eux cent et cent mousquetades;
Le plomb vole, l'air siffle, et les plus avancés
Chancellent sous les coups dont ils sont traversés.
Nogent, qui flotte encor dans les gouffres de l'onde,
En reçoit dans la tête une atteinte profonde :
Il tombe, l'onde achève, et, l'éloignant du bord,
S'accorde avec le feu pour cette double mort.
　Que vois-je? les chevaux, que leur sang effarouche,
Bouleversent leur charge, et n'ont ni frein ni bouche,
Et le fleuve grossit son tribut pour Thétis
De leurs maîtres et d'eux pêle-mêle engloutis;
Le mourant qui se noie à son voisin s'attache,
Et l'entraîne après lui sous le flot qui le cache.
Quel spectacle d'effroi, grand Dieu! si toutefois
Quelque chose pouvoit effrayer des François.
　Rien n'étonne; on fait halte, et toute la surprise
N'obtient de ces grands cœurs qu'un moment de remise,
Attendant qu'on les joigne, et qu'un gros qui les suit
Enfle leur bataillon que l'œil du roi conduit.
Le bataillon grossi gagne l'autre rivage,
Fond sur ces faux vaillans, leur fait perdre courage,
Les pousse, perce, écarte, et, maître de leur bord,
Leur porte à coups pressés l'épouvante et la mort.
　Tel est sur tes François l'effet de ta présence,
Grand monarque! tels sont les fruits de ta prudence,
Qui par des feints combats prit soin de les former
A tout ce que la guerre a d'affreux ou d'amer.
Tu les faisois dès lors à ce qu'on leur voit faire;
Et l'espoir d'un grand nom ni celui du salaire
Ne font point cette ardeur qui règne en leurs esprits :
Tu les vois, c'est leur joie, et leur gloire, et leur prix
Tandis que l'escadron, fier de cette déroute,
Mêle au sang hollandois les eaux dont il dégoutte,
De honte et de dépit les mânes disparus
De ces bords asservis qu'en vain ils ont courus,
Y laissent à mon roi, pour éternel trophée,
Leurs noms ensevelis et leur gloire étouffée.
　Mais qu'entends-je? et d'où part cette grêle de coups?
Généreuse noblesse, où vous emportez-vous?

## SUR LES VICTOIRES DU ROI.

La troupe qu'à passer vous voyez empressée
A courir les fuyards s'est toute dispersée,
Et vous donnerez seuls dans ce retranchement
Où l'embûche est dressée à votre emportement ;
A peine y serez-vous cinquante contre mille ;
Le vent s'est abattu, le Rhin s'est fait docile,
Mille autres vont passer, et vous suivre à l'envi :
Mais je donne un avis que je vois mal suivi ;
Guitry tombe par terre : ô ciel, quel coup de foudre !
Je te vois, Longueville, étendu sur la poudre ;
Avec toi tout l'éclat de tes premiers exploits
Laisse périr le nom et le sang des Dunois,
Et ces dignes aïeux qui te voyaient les suivre
Perdent et la douceur et l'espoir de revivre.
Condé va te venger, Condé dont les regards
Portent toute Norlinghe et Lens aux champs de Mars,
Il ranime, il soutient cette ardente noblesse
Que trop de cœur épuise ou de force ou d'adresse ;
Et son juste courroux, par de sanglans effets,
Dissipe les chagrins d'une trop longue paix.
L'ennemi qui recule, et ne bat qu'en retraite,
Remet au plomb volant à venger sa défaite :
On l'enfonce. Arrêtez, héros ! où courez-vous ?
Hasarder votre sang, c'est les exposer tous ;
C'est hasarder Enghien, votre unique espérance,
Enghien, qui sur vos pas à pas égaux s'avance ;
Tous les cœurs vont trembler à votre seul aspect.
Mais le plomb n'a point d'yeux, et vole sans respect
Votre gauche l'éprouve. Allez, Hollande ingrate,
Plaignez-vous d'un malheur où tant de gloire éclate ;
Plaignez-vous à ce prix de recevoir nos fers ;
Trois gouttes d'un tel sang valent tout l'univers :
Oui, de votre malheur la gloire est sans seconde,
D'avoir rougi vos champs du premier sang du monde,
Les plus heureux climats en vont être jaloux ;
Et quoi que vous perdiez, nous perdons plus que vous.
 La Hollande applaudit à ce coup téméraire :
Le François indigné redouble sa colère ;
Contre elle Knosembourg ne dure qu'une nuit ;
Arnheim, qui l'ose attendre, en deux jours est réduit ;
Et ce fort merveilleux sous qui l'onde asservie
Arrêta si longtemps toute la Batavie,
Qui de tous ses vaillans onze mois fut l'écueil,
L'inaccessible Skeink coûte à peine un coup d'œil.
 Que peut Orange ici pour essais de ses armes,
Que dérober sa gloire aux communes alarmes,
Se séparer d'un peuple indigne d'être à lui,

Et dédaigner des murs qui veulent notre appui?
    La rive de l'Yssel si bien fortifiée,
Par ce juste mépris à nos mains confiée,
Ne trouve parmi nous que des admirateurs
De ses retranchemens et de ses déserteurs.
    Yssel trop redouté, qu'ont servi tes menaces?
L'ombre de nos drapeaux semble charmer tes places
Loin d'y craindre le joug, on s'en fait un plaisir;
Et sur tes bords tremblans nous n'avons qu'à choisir
Ces troupes qu'un beau zèle à nos destins allie
Font dans l'Over-Yssel régner la Westphalie;
Et Grolle, Zwol, Kempen, montrent à Deventer
Qu'il doit craindre à son tour les bombes de Munster.
Louis porte à Doësbourg sa majesté suprême,
Et fait battre Zutphen par un autre lui-même:
L'un ouvre, l'autre traite, et soudain s'en dédit
De ce manque de fois Philippe le punit,
Jette ses murs par terre, et le force à lui rendre
Ce qu'une folle audace en vain tâche à défendre.
Ces colosses de chair robustes et pesans
Admirent tant de cœur en de si jeunes ans;
D'un héros dont jamais ils n'ont vu le visage
En cet illustre frère ils pensent voir l'image,
L'adorent en sa place, et, recevant sa loi,
Reconnoissent en lui le sang d'un si grand roi.
Ainsi, lorsque le Rhin, maître de tant de villes,
Fier de tant de climats qu'il a rendus fertiles,
Enflé des eaux de source et des eaux de tribut,
Approche de la mer que sa course a pour but,
Pour s'acquérir l'honneur d'enrichir plus de monde,
Il prête au Whal, son frère, une part de son onde;
Le Whal, qui porte ailleurs cet éclat emprunté,
En soutient à grand bruit toute la majesté,
Avec pareil orgueil précipite sa course,
Montre aux mêmes effets qu'il vient de même source,
Qu'il a part aux grandeurs de son être divin,
Et sous un autre nom fait adorer le Rhin.
    Qu'il m'est honteux, grand roi, de ne pouvoir te suivre
Dans Nimègue qu'on rend, dans Utrecht qu'on te livre,
Et de manquer d'haleine alors qu'on voit la foi
Sortir de ses cachots, triompher avec toi,
Et, de ses droits sacrés par ton bras ressaisie,
Chez tes nouveaux sujets détrôner l'hérésie!
La victoire s'attache à marcher sur tes pas,
Et ton nom seul consterne aux lieux où tu n'es pas.
Amsterdam et la Haye en redoutent l'insulte;
L'un t'oppose ses eaux, l'autre est tout en tumulte

La noire politique a des secrets ressorts
Pour y forcer le peuple aux plus injustes morts;
Les meilleurs citoyens aux mutins sont en butte :
L'ambition ordonne, et la rage exécute;
Et qui n'ose souscrire à leurs sanglans arrêts,
Qui s'en fait un scrupule, est dans tes intérêts :
Sous ce cruel prétexte on pille, on assassine;
Chaque ville travaille à sa propre ruine;
Chacun veut d'autres chefs pour calmer ses terreurs
Laisse-les, grand vainqueur, punir à leurs fureurs;
Laisse leur barbarie arbitre de la peine
D'un peuple qui ne vaut ni tes soins ni ta haine :
Et, tandis qu'on s'acharne à s'entre-déchirer,
Pour quelques mois ou deux laisse-moi respirer.

## VIII. SUR LA PRISE DE MASTRICHT.

### Sonnet.

Grand roi, Mastricht est pris, et pris en treize jours!
Ce miracle étoit sûr à ta haute conduite,
Et n'a rien d'étonnant que cette heureuse suite
Qui de tes grands destins enfle le juste cours.

La Hollande, qui voit du reste de ses tours
Ses amis consternés, et sa fortune en fuite,
N'aspire qu'à baiser la main qui l'a détruite,
Et fait de tes bontés son unique recours.

Une clef qu'on te rend t'ouvre quatre provinces;
Tu ne prends qu'une place, et fais trembler cent princes;
De l'Escaut jusqu'à l'Èbre en rejaillit l'effroi.

Tout s'alarme; et l'Empire à tel point se ménage,
Qu'à son aigle lui-même il ferme le passage
Dès que son vol jaloux ose tourner vers toi.

## IX. AU ROI.

### SUR SON DÉPART POUR L'ARMÉE, EN 1676.

*Pièce imitée d'une ode latine du P. Lucas, jésuite.*

Le printemps a changé la face de la terre;
Il ramène avec lui la saison de la guerre,
Et nos champs reverdis font renaître, grand roi,
En ton cœur martial des soins dignes de toi.
La trompette a sonné; ton armée intrépide,

Prête à marcher, te demande pour guide,
Et tous ses escadrons, sur ta frontière épars,
    Ambitionnent tes regards.
Joins ta présence et tes destins propices
Au zèle impatient qui presse leurs efforts;
Daigne servir de tête et d'âme à ce grand corps,
    Et sous tes illustres auspices
Ses bras feront pleuvoir d'inévitables morts.
Que je plains votre aveugle et folle confiance,
Obstinés ennemis de nos plus doux souhaits,
    Qu'enorgueillit une triple alliance
Jusques à dédaigner les bontés de la France!
Que de pleurs, que de sang, que de cuisans regrets
    Vous va coûter ce refus de la paix!
        Son vengeur à partir s'apprête,
        Cent lauriers lui ceignent la tête,
Cent lauriers que sa main elle-même a cueillis
Sur autant de vos murs foudroyés par des lis.
Bellone, qui l'attend au sortir de son Louvre,
Veut tracer à ses pas la carrière qu'elle ouvre:
Son zèle, impatient d'arborer ce grand nom,
Pour conduire son char s'empare du timon :
D'un prompt et sûr triomphe écoutez le prélude,
    Et par quels vœux poussés tous à la fois
De ses heureux sujets la noble inquiétude
        Hâte ses glorieux exploits.
Pars, grand monarque, et vole aux justes avantages
Que te promet l'ardeur de tant de grands courages :
        C'est ce que dit toute sa cour :
Pars, grand monarque, et vole aux conquêtes nouvelles
Dont te répond l'amour de tant de cœurs fidèles :
        C'est ce que dit tout Paris à son tour.
Il part; et la frayeur, chez les siens inconnue,
Annonce en même temps parmi vous sa venue
La victoire le suit dans une majesté
        Dont l'inexorable fierté
        Semble du ciel autorisée
A venger le mépris d'une paix refusée
        Avec tant de témérité.
        Et, commençant par un miracle,
Bellone fait partout retentir cet oracle :
« Ennemis de la paix, vous la voudrez trop tard :
Le ciel ne peut aimer ceux qui troublent la terre
        Et, je vous le dis de sa part,
La guerre punira ceux qui veulent la guerre. »
L'Anglois avec chaleur souscrit à cet arrêt;
Au belliqueux Suédois également il plaît;

Le Danois en frémit, Brandebourg s'en alarme ;
Et pour nos François c'est un charme
Qui laisse leur esprit d'autant plus satisfait
Que c'est à leur valeur d'en faire voir l'effet.
Déjà le Rhin pâlit, la Meuse s'épouvante,
Et l'Escaut, dont le front jaune et cicatrisé
Porte empreints les grands coups dont il s'est vu brisé,
Craint une plaie encor plus étonnante,
Et cache au plus creux de ses eaux
Sa tête de nouveau tremblante
Pour le reste de ses roseaux.

## X. VERS PRÉSENTÉS AU ROI,
### SUR SA CAMPAGNE DE 1676.

Ennemis de mon roi, Flandre, Espagne, Allemagne,
Qui croyiez que Bouchain dût finir sa campagne,
Et n'avanciez vers lui que pour voir comme il faut
Régler l'ordre d'un siége, ou livrer un assaut ;
Ne vous fatiguez plus d'études inutiles
A prendre ses leçons quand il vous prend des villes ;
N'y perdez plus de temps : ses François aujourd'hui
Sont les disciples seuls qui soient dignes de lui,
Et nul autre n'a droit à ces nobles audaces
D'embrasser son exemple et marcher sur ses traces.
Lassés de toujours perdre, et fiers de son retour,
Vous vous étiez promis de vaincre à votre tour ;
Vous aviez espéré de voir par son absence
Nos troupes sans vigueur, et nos murs sans défense :
Mais vous n'aviez pas su qu'un courage si grand
De loin comme de près sur les siens se répand ;
De loin comme de près sa prudence les guide ;
De loin comme de près son destin y préside.
Les rois savent agir tout autrement que nous ;
Souvent sans être en vue ils frappent les grands coups
Dieu lui-même, ce Dieu dont ils sont les images,
De son trône en repos fait partir les orages,
Et jouit dans le ciel de sa gloire et de soi,
Tandis que sur la terre il remplit tout d'effroi.
Mon prince en use ainsi ; ses fêtes de Versailles
Lui servent de prélude à gagner des batailles,
Et d'un plaisir pompeux l'éclat rejaillissant
Dissipe vos projets en le divertissant.
Muses, l'aviez-vous cru, vous qui faites les vaines
De prévoir l'avenir des fortunes humaines,
D'en percer le plus sombre et le plus épineux ?

Aviez-vous deviné que ce parc lumineux,
Ces belles nuits sans ombre avec leurs jours d'applique,
Préparoient à vos chants un objet héroïque?
Dans ces délassemens où tant d'art a paru.
Voyez-vous Aire prise, et Mastricht secouru?
C'étoit là toutefois, c'étoit l'heureuse suite
Qu'y destinoit dès lors son auguste conduite.
Dans ce brillant amas de feux et de beautés,
Sa grande âme s'ouvroit à ses propres clartés:
Au milieu de sa cour au spectacle empressée,
La guerre s'emparoit de toute sa pensée;
Et ce qui ne sembloit que nous illuminer
Lui montroit des remparts ailleurs à fulminer.
J'en prends Aire à témoin, et les mers de Sicile,
L'esprit de liberté qui règne en toute l'île,
L'âme du grand Ruyter, et ses vaisseaux froissés,
Sous l'abri de Sardaigne à peine ramassés.
  Votre orgueil s'en console, ennemis de la France,
A revoir Philisbourg sous votre obéissance;
L'empereur et l'Empire, unis à l'investir,
Enfin au bout d'un an ont su l'assujettir :
Mais l'effort d'une ligue en guerriers si féconde
Devoit y consumer moins de temps et de monde.
Il falloit, en dépit des plus hardis secours,
Comme notre Condé, le prendre en onze jours;
Et vous déshonorez vos belles destinées
Quand l'œuvre d'onze jours vous coûte des années.
  Cependant à vos yeux, et dans le même été,
Aire, Condé, Bouchain, n'ont presque rien coûté;
Et Mastricht voit tourner vos desseins en fumée,
Quand ce qu'il vous en coûte auroit fait une armée.
Ainsi, bien que la prise ait suivi le blocus,
Que devant Philisbourg nous paroissions vaincus,
Si pour rendre à vos lois cette place fameuse
Le Rhin vous favorise au refus de la Meuse,
Si pour d'autres exploits il anime vos bras,
Pour un peu de bonheur ne nous insultez pas;
Et surtout gardez-vous de le croire si ferme,
Que vous vous dispensiez de trembler pour Palerme,
Pour Ypres, pour Cambrai, Saint-Omer, Luxembourg;
Tremblez même déjà pour votre Philisbourg.
Le nom seul de mon roi vous est partout à craindre :
A triompher de vous cessez de le contraindre;
Et jusques à la paix qu'il vous offre en héros,
Craignez sa vigilance, et même son repos.

## XI. SUR LES VICTOIRES DU ROI,

### EN L'ANNÉE 1677.

Je vous l'avois bien dit, ennemis de la France,
Que pour vous la victoire auroit peu de constance,
Et que de Philisbourg à vos armes rendu
Le pénible succès vous seroit cher vendu.
A peine la campagne aux zéphyrs est ouverte,
Et trois villes déjà réparent notre perte;
Trois villes dont la moindre eût pu faire un État,
Lorsque chaque province avoit son potentat;
Trois villes qui pouvoient tenir autant d'années,
Si le ciel à Louis ne les eût destinées :
Et comme si leur prise étoit trop peu pour nous,
Mont-Cassel vous apprend ce que pèsent nos coups.

Louis n'a qu'à paroître, et vos murailles tombent;
Il n'a qu'à donner l'ordre, et vos héros succombent :
Et tandis que sa gloire arrête en d'autres lieux
L'honneur de sa présence et l'effort de ses yeux,
L'ange de qui le bras soutient son diadème
Vous terrasse pour lui par un autre lui-même :
Et Dieu, pour lui donner un ferme et digne appui,
Ne fait qu'un conquérant de Philippe et de lui.

Ainsi quand le soleil fait naître un parhélie,
La splendeur qu'il lui prête à la sienne s'allie;
Leur hauteur est égale, et leur éclat pareil;
Nous voyons deux soleils qui ne sont qu'un soleil;
Sous un double dehors il est toujours unique,
Seul maître des rayons qu'à l'autre il communique;
Et ce brillant portrait qu'illuminent ses soins
Ne brilleroit pas tant, s'il lui ressembloit moins.

Mais c'est assez, grand roi, c'est assez de conquêtes :
Laisse à d'autres saisons celles où tu t'apprêtes :
Quelque juste bonheur qui suive tes projets,
Nous envions ta vue à tes nouveaux sujets.
Ils bravent tes drapeaux, tes canons les foudroient,
Et pour tout châtiment tu les vois, ils te voient
Quel prix de leur défaite! et que tant de bonté
Rarement accompagne un vainqueur irrité!
Pour nous, qui ne mettons notre bien qu'en ta vue,
Venge-nous du long temps que nous l'avons perdue;
Du vol qu'ils nous en font viens nous faire raison;
Ramène nos soleils dessus notre horizon.
Quand on vient d'entasser victoire sur victoire,
Un moment de repos fait mieux goûter la gloire;

Et, je te le redis, nous devenons jaloux
De ces mêmes bonheurs qui t'éloignent de nous.
S'il faut combattre encor, tu peux, de ton Versailles,
Forcer des bastions et gagner des batailles ;
Et tes pareils, pour vaincre en ces nobles hasards,
N'ont pas toujours besoin d'y porter leurs regards.
   C'est de ton cabinet qu'il faut que tu contemples
Quel fruit tes ennemis tirent de tes exemples,
Et par quel long tissu d'illustres actions
Ils sauront profiter de tes instructions.
   Passez, héros, passez ; venez courir nos plaines ;
Égalez en six mois l'effet de six semaines :
Vous seriez assez forts pour en venir à bout,
Si vous ne trouviez pas notre grand roi partout ;
Partout vous trouverez son âme et son ouvrage,
Des chefs faits de sa main, formés de son courage,
Pleins de sa haute idée, intrépides, vaillans,
Jamais presque assaillis, toujours presque assaillans ;
Partout de vrais François, soldats dès leur enfance,
Attachés au devoir, prompts à l'obéissance ;
Partout enfin des cœurs qui savent aujourd'hui
Le faire partout craindre, et ne craindre que lui.
   Sur le zèle, grand roi, de ces âmes guerrières
Tu peux te reposer du soin de tes frontières,
Attendant que leur bras, vainqueur de tes Flamands,
Mêle un nouveau triomphe à tes délassemens ;
Qu'il réduise à la paix la Hollande et l'Espagne,
Que par un coup de maître il ferme ta campagne ;
Et que l'aigle jaloux n'en puisse remporter
Que le sort des lions que tu viens de dompter.

---

## XII. AU ROI.

#### SUR LA PAIX DE 1678.

Ce n'étoit pas assez, grand roi, que la victoire
A te suivre en tous lieux mît sa plus haute gloire ;
Il falloit, pour fermer ces grands événemens,
Que la paix se tînt prête à tes commandemens.
A peine parles-tu, que son obéissance
Convainc tout l'univers de ta toute-puissance,
Et le soumet si bien à tout ce qu'il te plaît,
Qu'au plus fort de l'orage un plein calme renaît
   Une ligue obstinée aux fureurs de la guerre
Mutinoit contre toi jusques à l'Angleterre :
Ses projets tout à coup se sont évanouis ;
Et, pour toute raison *ainsi le veut Louis*

Ce n'est point une paix que l'impuissance arrache,
Et dont l'indignité sous de faux jours se cache;
Pour la donner à tous ne consulter que toi,
C'est la résoudre en maître, et l'imposer en roi;
Et c'est comme un tribut que tes vaincus te rendent,
Sitôt que par pitié tes bontés le commandent.

   Prodige! ton seul ordre achève en un moment
Ce qu'en sept ans Nimègue a tenté vainement :
Ce que des députés la fameuse assemblée,
D'intérêts opposés trop souvent accablée,
Ce que n'espéroit plus aucun médiateur,
Tu le fais par toi-même, et le fais de hauteur.

   On l'admire avec joie; et, loin de t'en dédire,
Tes plus fiers ennemis s'empressent d'y souscrire :
Un zèle impatient de t'avoir pour soutien
Réduit leur politique à ne contester rien.
Ils ont vu tout possible à tes ardeurs guerrières,
Et, sûrs que ta justice y mettra des barrières,
Qu'elle se défendra de rien garder du leur,
Ils la font seule arbitre entre eux et ta valeur.

   Qu'il t'épargne de sang, Espagne! il te veut rendre
Des villes qu'il faudroit tout un siècle à reprendre;
Il en est en Hainaut, en Flandre, que son choix,
En t'imposant la paix, remettra sous tes lois :
Mais au commun repos s'il fait ce sacrifice,
En tous tes alliés il veut même justice,
Et qu'aux lois qu'il se fait leurs intérêts soumis
Ne laissent aucun lieu de plainte à ses amis.

   O vous qu'il menaçoit, et qui vous teniez prêtes
A l'infaillible honneur d'être de ses conquêtes,
Places dignes de lui, Mons, Namur, plaignez-vous :
La paix vous ôte un maître à préférer à tous;
Et Louis au vieux joug vous laisse condamnées,
Quand vous vous promettiez nos bonnes destinées.

   Heureux, au prix de vous, Ypres et Saint-Omer!
Ils ont eu comme vous de quoi les alarmer;
Ils ont vu comme vous leur campagne fumante
Faire passer chez eux la faim et l'épouvante :
Mais pour cinq ou six jours que ces maux ont duré,
Ils ont mon roi pour maître, et tout est réparé.

   Ainsi fait le bonheur de l'Égypte inondée
Du Nil impétueux la fureur débordée;
Ainsi les mêmes flots qu'elle fait regorger
Enrichissent les champs qu'il vient de ravager.

   Consolez-vous pourtant, places qu'il abandonne,
Qu'il semble dédaigner d'unir à sa couronne;
Charles, dont vous aurez à recevoir les lois,

Voudra d'un si grand maître apprendre l'art des rois,
Et vous verrez l'effort de sa plus noble étude
S'attacher à le suivre avec exactitude.
Magnanime Dauphin, n'en soyez point jaloux
Si jamais on le voit s'élever jusqu'à vous;
Il pourra faire un jour ce que déjà vous faites,
Être un jour en vertus ce que déjà vous êtes;
Mais exprimer au vif ce grand roi tout entier,
C'est ce qu'on ne verra qu'en son digne héritier :
Le privilége est grand, et vous serez l'unique
A qui du juste ciel le choix le communique.
  J'allois vous oublier, Bataves généreux,
Vous qui sans liberté ne sauriez vivre heureux,
Et que l'illustre horreur d'un avenir funeste
A fait de l'alliance ébranler tout le reste.
En ce grand coup d'État si longtemps balancé,
Si tout ce reste suit, vous avez commencé;
Et Louis, qui jamais n'en perdra la mémoire,
Se promet de vous rendre à toute votre gloire;
De rétablir chez vous l'entière liberté,
Mais ferme, mais durable à la postérité,
Et telle qu'en dépit de leurs destins sévères
Vos aïeux opprimés l'acquirent à vos pères.
M'en désavoueras-tu, grand roi, si je le dis?
Me pardonneras-tu, si par là je finis?
  Mille autres te diront que pour ce bien suprême,
Vainqueur de toutes parts, tu t'es vaincu toi-même;
Ils diront à l'envi les bonheurs que la paix
Va faire à gros ruisseaux pleuvoir sur tes sujets :
Ils diront les vertus que vont faire renaître
L'observance des lois et l'exemple du maître,
Le rétablissement du commerce en tous lieux,
L'abondance partout répandue à nos yeux,
Le nouveau siècle d'or qu'assure ton empire,
Et le diront bien mieux que je ne le puis dire.
  Moi, pour qui ce beau siècle est arrivé si tard
Que je n'y dois prétendre ou point ou peu de part;
Moi, qui ne le puis voir qu'avec un œil d'envie
Quand il faut que je songe à sortir de la vie;
Je n'ose en ébaucher le merveilleux portrait,
De crainte d'en sortir avec trop de regret.

FIN DES POEMES SUR LES VICTOIRES DU ROI.

# POÉSIES LATINES.

### I. PETRI CORNELII, ROTHOMAGENSIS,

AD ILLUSTRISSIMI FRANCISCI HARLÆI, ARCHIEPISCOPI,
PRIMATIS, NORMANNIÆ INVITATIONEM;
QUA GLORIOSISSIMUM REGEM, EMINENTISSIMUMQUE CARDINALEM
DUCEM VERSIBUS CELEBRARE JUSSUS EST,

## EXCUSATIO.

Neustriacæ lux alma plagæ, quo nostra superbit
    Insula, et Aonii laurus opaca jugi,
Heroum ad laudes, dignosque Marone triumphos
    Parce, precor, tenuem sollicitare chelyn.
Non ingrata canit, sed et impar fortibus ausis,
    Quæ canat, exiguis viribus apta legit.
Ad scenam teneros deducere gaudet amores,
    Et vetus insuetis drama novare jocis.
Regnat in undanti non tristis musa theatro,
    Atque hilarem populum tædia nosse vetat:
Hanc doctique, rudesque, hanc mollis et aulicus, et jam
    Exeso mitis Zoïlus ungue stupet.
Nil tamen hic fortes opus alte intendere nervos,
    Nostraque nil duri scena laboris eget;
Vulgare eloquium, sed quo improvisus amator
    Occurrens dominæ fundere vota velit.
Obvius hoc blandum compellet amicus amicum;
    Hoc subitum excipiat læta puella procum.
Ars artem fugisse mihi est, et sponte fluentes
    Ad numeros facilis pleraque rhythmus obit
Nec solis addicta jocis, risuque movendo,
    Semper in exiguo carmine vena jacet:
Sæpius et grandes soccis miscere cothurnos,
    Et simul oppositis docta placere modis.
In lacrimas natam pater, aut levis egit amator
    Sæpius, aut lusu sæviit ira proci.
Atque ubi pene latus venalis pergula rumpit,
    Hic aliquid dignum laude, Lysandre, furis:
Nec minus Angelicæ dolor et suspiria spretæ,
    Quam placuere tui, Phylli jocosa, sales;
Et quorum in patulos solvis lata ora cachinnos,
    Multa his angelica lacrima flente cadit:
Sed tamen hic scena est, et gestu et voce juvamur,
    Forsitan et mentem Roscius implet opus.

Tollit si qua jacent, et toto corpore prodest,
　Forsan et inde ignis versibus, inde lepos
Vix sonat a magno divulsa camœna theatro,
　Blæsaque nil proprio sustinet ore loqui.
Hi mihi sunt fines, nec me quæsiveris extra,
　Carminibus ponent clausa theatra modum
Nec, Lodoïce, tuos ausim temerare triumphos.
　Richeliumve humili dedecorare lyra.
Regis ad adventum fusos Rhea protinus Anglos
　Tundere spumantes libera vidit aquas :
Victa sibi nullo Rupella cruore madendum
　Mirata est, iram vicerat ille prius :
Victores dominum, victi sensere parentem,
　Mœnibus admisit cum benesuada fames.
Quem sprevit socium, dominum tulit inde Sabaudus,
　Quique fide potuit cedere, cessit agris :
Cessit et obsesso pugnax a Cazale Iberus,
　Jamque suo servit Mantua læta duci.
Arx quoque totius non impar viribus orbis
　Nanceium viso vix bene rege patet.
Richelius tanto ingentes sub principe curas
　Explicat, et tantis pars bona rebus adest;
Nec pretiosam animam Lodoïci impendere palmis,
　Aut patriæ dubitet postposuisse bonis.
Tempora rimatur, pavidum ruiturus in hostem,
　Et ruit, et solo nomine sæpe domat.
Nestora Richelius, rex vincere possit Achillem.
　Hæc levibus metris credere, quale nefas!
Tanta canant quorum præcordia Cynthius urget
　Plenior, et mentem grandior æstus agit :
Sit satis ad nostros plausisse utrumque lepores;
　Forsitan et nomen novit uterque meum.
Laudibus apta minus, curis fuit apta levandis
　Melpomene, et longos sit, precor, apta dies.
Hos gestit versare modos, hic nescia vinci
　Nostra coronato vertice laurus ovat :
Me pauci hic fecere parem, nullusque secundum,
　Nec spernenda fuit gloria pone sequi.
Desipiat nota forsan qui primus in arte,
　Ultimus ignotis artibus esse velit.
Suspicio vates, et carmina pronus adoro,
　Materiam queis rex, Richeliusve dedit :
Sed neque Godæis accedat musa tropæis,
　Nec Capellanum fas mihi velle sequi;
Ut taceam reliquos, quorum sonat undique fama
　Non minor, et grandi pectore vena salit.
Hos ego sperarim nequidquam æquare canendo,

Hos sua perpetuum, me mea palma juvet.
Tu modo, quem meritis dudum minor infula cingit,
    Neustriacæ, præsul, gloria luxque plagæ,
Heroum ad laudes, dignosque Marone triumphos,
    Parce, precor, tenuem sollicitare chelyn.

---

## II. REGI.

### PRO DOMITIS SEQUANIS.

Quis te per medias hiemes, rex maxime, turbo,
    Quisve triumphandi præscius ardor agit?
Quis deus in sacra fulmen tibi fronte ministrum,
    Quis dedit ut nutu mœnia tacta ruant°

Venisti, et populos provincia territa subdit,
    Qui tua suspiciant lilia, jura probent.
Quodque alio absolvant vix integra sæcula rege,
    Hoc tibi ter terni dant potuisse dies.

Ecce avida famam properans dum devorat aure,
    Et quærit reduci quæ tibi musa canat,
Præcipiti obruitur cursu victoris, et alta
    Spe licet arripiat plurima, plura videt.

Impar tot rerum sub pondere deficit ipse
    Spiritus, et vires mole premente cadunt:
Quique tibi reliquos vates devoverat annos
    . Hæret, et insueto cuncta pavore stupet.

Turpe silere quidem, seges est ubi tanta loquendi,
    Turpius indigno carmine tanta loqui;
Carmina quippe moram poscunt: vel parce tacenti,
    Victor, vincendi vel tibi sume moras.

---

## III. REGI.

### PRO RESTITUTA APUD BATAVOS CATHOLICA FIDE.

Quid mirum rapido tibi si victoria cursu
Tot populos subdit acilis, tot mœnia pandit?
Vix sua cuique dies urbi, nec pluribus horis
Castra locas, quam justa vides tibi crescere regna
    Nempe Deus, Deus ille, sui de culmine cœli
Quem trahis in partes, cui sub te militat omnis
In Batavos effusa phalanx, Deus ille tremendum
Ponere cui properas communi ex hoste tropæum.
Ipse tibi frangitque obices, arcetque pericla

Fidus, et æterna tecum mercede paciscens,
Prævia pro reduce appendit miracula cultu.
  Jamque fidem excedunt, jam lassis viribus impar
Sub te fama gemit, rerumque interrita custos
Te pavet historia, it tantorum conscius ordo
Fatorum, ac merito eventu spem votaque vincit.
  Perge modo, et pulsum victor redde omnibus aris,
Victis redde Deum, fac regnet et ipse, tibique
Quantum exempla præire dedit, tantum et sua cunctas
Et belli et pacis præeat tibi gloria curas.
  Interea totus dum te unum suspicit orbis,
Dum musæ fortemque animum, mentemque profundam,
Tot regnandi artes certatim ad sidera tollent,
Fas mihi sit tacuisse semel, rex magne, Deique
Nil nisi in invicto mirari principe donum.

FIN DES POÉSIES LATINES ET DU SEPTIÈME ET DERNIER VOLUME

# TABLE.

|   |   | Pages. |
|---|---|---|
| LES SEPT PSAUMES PÉNITENTIAUX | | 1 |
| VÊPRES ET COMPLIES DES DIMANCHES | | 26 |
| HYMNES du Bréviaire romain | | 48 |
| HYMNES DE SANTEUIL, pour la fête de saint Victor | | 108 |
| HYMNES DE SAINTE GENEVIÈVE pour le jour de sa fête | | 110 |
| LOUANGES DE LA SAINTE VIERGE | | 116 |
| INSTRUCTIONS CHRÉTIENNES, tirées de l'*Imitation de Jésus-Christ*. | | 136 |
| PRIÈRES CHRÉTIENNES, tirées de l'*Imitation de Jésus-Christ* | | 180 |

## POÉSIES DIVERSES.

| | | |
|---|---|---|
| I. | A. M. D. L. T. | 208 |
| II. | Ode sur un prompt amour | 210 |
| III. | Sonnet à Mgr le cardinal de Richelieu | 211 |
| IV. | Sonnet pour M. D. V., envoyant un galand à Mme L. C. D. L. | 211 |
| V. | Madrigal pour un masque donnant une boîte de cerises, etc. | 212 |
| VI. | Épitaphe de Didon, traduite d'Ausone | 212 |
| VII. | Mascarade des enfants gâtés | 213 |
| VIII. | Récit pour le ballet du Château de Bissêtre | 215 |
| IX. | Épigramme pour M. L. C. D. F. | 216 |
| X. | Stances sur une absence en temps de pluie | 216 |
| XI. | Sonnet | 217 |
| XII. | Madrigal | 217 |
| XIII. | Épigrammes traduites d'Owen | 217 |
| XIV. | Dialogue | 218 |
| XV. | Chanson | 220 |
| XVI. | Chanson | 221 |
| XVII. | Excuse à Ariste | 222 |
| XVIII. | Rondeau | 224 |
| XIX. | Sonnet à Mgr de Guise | 224 |
| XX. | Le presbytère d'Hénouville | 225 |
| XXI. | A M. de Scudéry sur la comédie du *Trompeur trompé*. | 230 |
| XXII. | Sonnet sur la mort de Louis XIII | 231 |
| XXIII. | Vers sur le cardinal de Richelieu | 231 |
| XXIV. | Remercîment à M. le cardinal Mazarin | 231 |
| XXV. | Sonnet à maître Adam Billaut | 234 |
| XXVI. | Inscriptions | 234 |
| XXVII. | Sonnet à M. de Campion | 238 |
| XXVIII. | A M. de Boisrobert, sur ses *Épitres* | 239 |
| XXIX. | Le Lis | 239 |
| XXX. | La Tulipe | 239 |
| XXXI. | L'Hyacinthe | 240 |
| XXXII. | La Fleur d'orange | 240 |
| XXXIII. | La Fleur de Grenade | 241 |
| XXXIV. | L'Immortelle blanche | 241 |
| XXXV. | Épitaphe d'Élisabeth Ranquet | 241 |
| XXXVI. | Remercîment au président du Puy de l'Immaculée Conception de Rouen, pour Jacqueline Pascal | 242 |

|  |  | Pages |
|---|---|---|
| XXXVII. | La Poésie à la Peinture.................................... | 245 |
| XXXVIII. | Sonnet...................................................... | 245 |
| XXXIX | Sonnet...................................................... | 245 |
| XL. | Épigramme................................................. | 246 |
| XLI. | Jalousie..................................................... | 246 |
| XLII. | Bagatelle................................................... | 247 |
| XLIII. | Stances..................................................... | 248 |
| XLIV. | Sonnet...................................................... | 249 |
| XLV. | Sur le départ de Mme la marquise de B. A. T........... | 250 |
| XLVI. | Madrigal pour une dame qui représentoit la Nuit, etc... | 252 |
| XLVII. | Élégie....................................................... | 252 |
| XLVIII. | Sonnet...................................................... | 255 |
| XLIX. | Sonnet...................................................... | 256 |
| L. | Sonnet au roi pour obtenir la confirmation des lettres de noblesse accordée à son frère....................... | 256 |
| LI. | Stances..................................................... | 256 |
| LII. | Stance à la reine.......................................... | 257 |
| LIII. | Sonnet...................................................... | 258 |
| LIV. | Sonnet perdu au jeu....................................... | 258 |
| LV. | Chanson.................................................... | 258 |
| LVI. | Stances..................................................... | 259 |
| LVII. | Madrigal à Mlle Serment................................. | 260 |
| LVIII. | Madrigal................................................... | 260 |
| LIX. | Stances..................................................... | 261 |
| LX. | Épigramme................................................. | 261 |
| LXI. | Rondeau.................................................... | 262 |
| LXII. | Remerciment au roi....................................... | 262 |
| LXIII. | Plainte de la France à Rome............................. | 264 |
| LXIV. | Quatrain pour le Christ de Saint-Roch.................. | 268 |
| XLV. | Ode au R. P. Delidel...................................... | 268 |
| XLVI. | Imitation d'une ode latine adressée à M. Pellisson..... | 269 |
| LXVII. | Défense des fables dans la poésie........................ | 271 |
| LXVIII. | Billet à M. Pellisson....................................... | 273 |
| LXIX. | Vers sur la pompe du pont Notre-Dame................ | 274 |
| LXX. | Pour la fontaine des Quatre-Nations.................... | 274 |
| LXXI. | Sur le canal du Languedoc................................ | 274 |
| LXXII. | Au roi, sur la libéralité envers les marchands de la ville de Paris................................................... | 275 |
| LXXIII. | Au roi, sur *Cinna, Pompée, Horace*, etc............... | 278 |
| LXXIV. | Au roi, sur le retard du payement de sa pension........ | 279 |
| LXXV. | Au roi....................................................... | 279 |
| LXXVI. | A Monseigneur, sur son mariage......................... | 280 |

## POËMES SUR LES VICTOIRES DU ROI.

| I. | Poëme sur les victoires du roi............................ | 281 |
|---|---|---|
| II. | Au roi, sur son retour de Flandre........................ | 291 |
| III. | Traduction et imitations de l'épigramme latine de M. de Montmor................................................. | 293 |
| IV. | Au roi, sur sa conquête de la Franche-Comté........... | 294 |
| V | Au roi, sur le rétablissement de la foi catholique en Hollande....................................................... | 294 |
| VI | Traduction d'une inscription latine pour l'arsenal de Brest.. | 295 |

|      |                                                              | Pages |
|------|--------------------------------------------------------------|-------|
| VII. | Les victoires du roi sur les États de Hollande               | 295   |
| VIII.| Sonnet sur la prise de Mastricht                             | 305   |
| IX.  | Au roi, sur son départ pour l'armée en 1676                  | 305   |
| X.   | Vers présentés au roi, sur sa campagne de 1676               | 307   |
| XI.  | Sur les victoires du roi en l'année 1677                     | 309   |
| XII. | Au roi, sur la paix de 1678                                  | 310   |

## POÉSIES LATINES.

|      |                                                              |     |
|------|--------------------------------------------------------------|-----|
| I.   | Petri Cornelii, Rothomagensis, Excusatio                     | 313 |
| II.  | Regi, pro domitis Sequanis                                   | 315 |
| III. | Regi, pro restituta apud Batavos catholica fide              | 315 |

FIN DE LA TABLE DU SEPTIÈME ET DERNIER VOLUME.

Coulommiers. — Typ. Paul BRODARD et Cⁱᵉ.

A LA MÊME LIBRAIRIE

## ŒUVRES

# DES PRINCIPAUX ÉCRIVAINS FRANÇAIS

VOLUMES IN-18 JÉSUS

On peut se procurer chaque volume de cette série relié en percaline gaufrée, sans être rogné, moyennant 50 cent.; en demi-reliure, dos en chagrin, tranches jaspées, moyennant 1 fr. 50 cent.; et avec tranches dorées, moyennant 2 fr. en sus du prix marqué.

1re Série à 1 franc 25 c. le volume.

**Barthélemy** : *Voyage du jeune Anacharsis en Grèce dans le milieu du IVe siècle avant l'ère chrétienne.* 3 volumes.
*Atlas* pour le Voyage du jeune Anacharsis, dressé par J.-D. Barbié du Bocage, revu par A.-D. Barbié du Bocage. In-8, 1 fr. 50 c.
**Boileau** : *Œuvres complètes.* 2 vol.
**Bossuet** : *Œuvres choisies.* 5 vol.
**Corneille** : *Œuvres complètes.* 7 vol.
**Fénelon** : *Œuvres choisies.* 4 vol.
**La Fontaine** : *Œuvres complètes.* 3 volumes.
**Marivaux** : *Œuvres choisies.* 2 vol.
**Molière** : *Œuvres complètes.* 3 vol.
**Montaigne** : *Essais*, précédés d'une lettre à M. Villemain sur l'Éloge de Montaigne, par P. Christian. 2 vol.
**Montesquieu** : *Œuvres complètes.* 3 volumes.
**Pascal** : *Œuvres complètes.* 3 vol.
**Racine** : *Œuvres complètes.* 3 vol.
**Rousseau (J.-J.)** : *Œuvres complètes.* 13 volumes.
**Saint-Simon (le duc de)** : *Mémoires complets et authentiques* sur le siècle de Louis XIV et la Régence, collationnés sur le manuscrit original par M. Chéruel, et précédés d'une notice de M. Sainte-Beuve, de l'Académie française. 13 vol.
**Sédaine** : *Œuvres choisies.* 1 vol.
**Voltaire** : *Œuvres complètes.* 46 vol.

2º Série à 3 francs 50 cent. le volume.

**Chateaubriand** : *Le Génie du Christianisme.* 1 vol.
— *Les Martyrs; — le Dernier des Abencerrages.* 1 vol.
— *Atala; — René; — les Natchez.* 1 vol.
**Fléchier** : *Mémoires sur les Grands-Jours d'Auvergne en 1665*, annotés par M. Chéruel et précédés d'une notice par M. Sainte-Beuve. 1 vol.
**Malherbe** : *Œuvres poétiques*, réimprimées pour le texte sur la nouvelle édition des *Œuvres complètes de Malherbe*, publiées par M. Lud. Lalanne dans la Collection des GRANDS ÉCRIVAINS DE LA FRANCE. 1 vol.
**Sévigné (Mme de)** : *Lettres de Mme de Sévigné, de sa famille et de ses amis*, réimprimées pour le texte sur la nouvelle édition publiée par M. Monmerqué dans la Collection des GRANDS ÉCRIVAINS DE LA FRANCE. 8 vol.

COULOMMIERS. — TYPOGRAPHIE PAUL BRODARD.

www.ingramcontent.com/pod-product-compliance
Lightning Source LLC
Chambersburg PA
CBHW060648170426
43199CB00012B/1709